Os Juízes e a Política

A ORIGEM POLÍTICA DO CONSELHO SUPERIOR
DA MAGISTRATURA

Os Juízes e a Política

A ORIGEM POLÍTICA DO CONSELHO SUPERIOR DA MAGISTRATURA

2023

Wladimir Brito

ALMEDINA

OS JUÍZES E A POLÍTICA
A ORIGEM POLÍTICA DO CONSELHO SUPERIOR
DA MAGISTRATURA

AUTOR
Wladimir Brito

EDITOR
EDIÇÕES ALMEDINA, S.A.
Avenida Emídio Navarro, 81, 3D
3000-151 Coimbra
Tel.: 239 851 904 • Fax: 239 851 901
www.almedina.net • editora@almedina.net

DESIGN DE CAPA
EDIÇÕES ALMEDINA, S.A.

EDITOR
EDIÇÕES ALMEDINA, S.A.

IMPRESSÃO E ACABAMENTO
PAPELMUNDE

Abril, 2023

ISBN
978-989-40-1128-6

DEPÓSITO LEGAL
513946/23

ALMEDINA | GRUPOALMEDINA

PREFÁCIO

O livro que agora se publica é, na sua essência, constituído por um conjunto articulado de três estudos sobre o Poder Judicial e os Juízes. O primeiro, com o título "A participação dos Juízes na política. Dos Juiz dependente à independência dos Juízes", foi escrito em homenagem ao meu amigo e Colega Jorge Carlos Fonseca; o segundo intitulado "Os Juízes e a Política. O mito da apoliticidade dos Juízes", foi escrito em homenagem à Revista Scientia Ivridica, de que fui Director, nos seus 70 anos. O último, intitulado "A Origem Política do Conselho Superior da Magistratura", é originariamente escrito e agora publicado em homenagem a outros dois amigos e Colegas, os Professores Doutores Rui Manuel Gens Moura Ramos e Joaquim José Coelho de Sousa Ribeiro, tributo que não me foi possível prestar-lhes nos respectivos livros de homenagem, mas que não poderia deixar de o fazer, pela amizade e pelo elevado respeito pessoal e científico.

Esses textos têm de comum o estudo crítico do mesmo tema, Poder Judicial e Juiz, que não tem sido feita entre nós com a profundidade que merece, nem no meio académico nem comunitariamente, apesar do grande interesse público que suscita. Por essa razão, deve ser objecto de discussão científica desveladora das distintas dimensões que o tema convoca.

Na verdade, o tema Poder Judicial e dos Juízes enquanto titulares desse poder soberano investidos no poder de julgar, tem sido objecto do meu ensino e, por essa razão, pareceu-me que seria útil para os leitores uma visão conjunta das várias e polémicas dimensões dessa temática que, nas minhas aulas, tem sido tratado e discutido, o que agora faço neste livro.

Neste trabalho, em que partimos de uma leitura crítica da separação dos poderes bem diferente daquela que nos ensinam nas Faculdades, tratamos temas – já discutidos noutros países – como, por exemplo, o auto-governo e o controlo político e comunitário do Poder Judicial, o dever de prestar contas e de ser responsabilizado pelo modo como se governa, o controlo comunitário das decisões pelos Juízes depois de proferidas e publicadas, nomeadamente através dos meios de comunicação, que têm suscitado polémicas tomadas de posição. Por isso, a sua leitura deverá ser feita com enorme sentido crítico, sem preconceitos, nem posições dogmáticas de qualquer espécie, portanto, tanto mais que com ele se pretende é propor novas perspectivas de análise desse Poder e da figura do Juiz e provocar discussão em torno dessas temáticas que contribuam para desmitificar todos os mitos criados à volta do Poder Judicial e da figura do Juiz.

O leitor irá ser confrontado, portanto, com uma visão, entre nós, heterodoxa do Poder Judicial e do Juiz em que aquele poder é reconduzido ao seu lugar de origem, o político, e este seu titular é desnudado e apresentado já não como um "*sumo sacerdote que media entre lo humano y lo divino*", mas sim como titular de um poder soberano, logo de um poder político, "*cuja actividade puede ser criticada em cualquer momento, y por cualquer persona*", como escreve Dieter Simon em La Independencia del Juez.

É claro que neste nosso trabalho defendemos intransigentemente a independência do Juiz e que ela tem de ser absolutamente salvaguardada no momento em que ele julga e decide, o que não afasta, antes reclama, o direito de controlo do Poder Judicial e o seu dever de prestar contas à comunidade, nomeadamente através dos órgãos de soberania democraticamente eleitos, implica a necessidade de uma concordância prática entre esses direitos e deveres.

Por outro lado, por termos aprendido nas Faculdades de Direito uma concepção acrítica e simplista da teoria da separação dos poderes, decorrente de uma leitura também simplista quer da sua versão lockeana quer da sua versão montesquiana, o ensino do Poder Judicial e da figura do Juiz, salvo raras excepções, tem vindo a corresponder à ideia de que o Poder Judicial é um poder nulo e invisível, o que tem servido, e serve, para ocultar a cada vez mais profunda intervenção desse Poder em todas os sectores de actividade das sociedades modernas e o crescente poder jurídico-político de que Juízes hoje são detentores e que lhes permite controlar os demais poderes soberanos e participar na política pela via jurisprudencial, ao mesmo tempo se declaram rebeldes ao controlo do seu poder, como se a teoria da separação dos poderes os isentasse de controlo.

Defendemos ainda que é imperativo da sociedade, com respeito pelo princípio da separação dos poderes, criar e aplicar mecanismos de controlo do Poder Judicial que salvaguardem em absoluto a independência externa e interna do Juiz, mas que lhe revelem que nenhum poder soberano é absoluto, que todo o poder soberano, incluindo o Judicial, intenciona controlo, responsabilidade e prestação de contas, sob pena de se assumirem e de agirem como poderes absolutos, o que é inaceitável numa sociedade democrática. Neste sentido, e por entendermos que poder sem contro é necessariamente poder absoluto, propomos neste trabalho a criação de mecanismos de controlo do Poder Judicial que não interfiram na independência interna e externa do Juiz, mas que assegurem a prestação de contas aos demais poderes soberanos e à comunidade e a efectividade responsabilidade do Juiz.

Contudo, esse controlo também exige a efectiva independência orgânica e funcional do Poder Judicial, que o liberte do subtil e necessariamente espúrio controlo externo pelo Executivo, através do Ministério da Justiça, que é aceite por aqueles que rasgam as vestes quando ouvem falar de controlo do Poder Judicial, como se esse espúrio controlo não interferisse, como interfere, na independência externa do Poder Judicial e não ofendesse, como ofende, o princípio da separação dos poderes.

Como não aceitamos essa subtil e espúria ingerência no Poder Judicial, com a arquitectura estrutural e funcional que apresentamos neste trabalho, defendemos o auto-governo do Poder Judicial, com vista a conferir-lhe plena autonomia e responsabilidade; por não aceitarmos o poder absoluto de nenhum poder soberano, advogamos que esse Poder deve ser constituído na obrigação de prestar contas e de aceitar o controlo pelos outros poderes soberanos e pela comunidade do modo como governa. Numa palavra, auto-governo e o seu correlato, o controlo, a prestação de contas e a responsabilidade dos titulares desse Poder é esse o *leitmotiv* deste trabalho.

Guimarães, Janeiro de 2022

WLADIMIR BRITO

Capítulo I
A participação dos Juízes na política. Dos Juiz dependente à independência dos Juízes

Em homenagem a Jorge Carlos Fonseca

I. EXÓRDIO

Pela sua importância político-jurídica o Juiz e o Poder Judicial mereciam maior atenção dos constitucionalistas, o que infelizmente não tem acontecido entre nós, e não só, salvo António Hespanha que, nas suas obras, tratou esses temas com alguma profundidade. Mas, quer entre nós quer noutras paragens europeias essa temática foi sendo secundarizada pelos constitucionalistas que, por dever de ofício, a ela dedicavam poucas páginas, como se esse tema não revestisse de, pelo menos, tanta importância quanto o do Poder Executivo ou Legislativo, amplamente tratados nas suas obras.

Curiosamente, foram os cultores da história, da sociologia política e da ciência política – em especial os anglo-saxónicos – os que mais se debruçam sobre essas temáticas – Juiz e Poder Judicial – , quanto mais não seja para perguntarem pela legitimidade dos Juízes, reclamarem a necessidade de mecanismos sociais e políticos de controlo do Poder Judicial, discutirem os sistemas organizacionais e funcionais desse Poder e alertarem para o modo como, através da interpretação da lei e, por essa via, da criação do direito judiciário, bem como da aplicação da lei com recurso a esse seu direito, os Juízes deixaram de ser a "*boca da lei*" para, quase sempre, com recurso à interpretação e da aplicação do direito judicial participarem, com maior ou menor activismo judicial, na política *lato sensu*.

Pensamos que a parcimónia no tratamento e na discussão desse tema – Poder Judicial – tem causas históricas profundas na Europa, que remontam, pelo menos, ao século XVII/XVIII – e que se prendem com a desconfiança que, historicamente, se teve dos Juízes e dos Tribunais (designados em França por Parlaments), causada pelo papel político que exerceram através desses Tribunais nos finais da Idade Média e início do Estado Moderno, contra a monarquia feudal, depois contra o absolutismo e de, seguida, contra a primeira e a segunda República francesa. Disso nos dá conta Montesquieu no *L'Esprit des Lois*, Voltaire do *Dictionnaire Philosophique*, Jeremy Bentham, no seu *The Principles of Morals Legislation*, John Austin, nas suas *Lectures*, Condorcet, no seu *Projet de Constituition Françoise présenté à la Convention Nationale*, Michelet na *Histoire de la Révolution* e Tocqueville no *Ancién Regime et la Révolution*.

Para além dessa desconfiança, outra razão também pode justificar o desinteresse pelo estudo do Poder Judicial e da figura do Juiz, que é a de, no quadro do jusnaturalismo, o Juiz ter sido considerado, como um funcionário dependente de Executivo e, como diria Cristina Garcia Pascual, "'*una máquina de subsunciones' destinada a aplicar el derecho a través de un procedimento de carácter silogístico-deductivo*"[1]; por outro lado, de acordo com a corrente positivista, o Juiz é ideado como um verdadeiro "robot" do Direito, sem vontade própria, que não pode interpretar a lei, mas deve limitar-se a aplicá-la, pois cabia ao legislador a tarefa de clarificar o sentido de leis obscuras ou ambíguas; ou, quando lhe era permitido interpretar, não se lhe admitia qualquer acto volitivo na tarefa da interpretação. Com essa configuração do Juiz perde-se o interesse pelo seu estudo e o do

[1] Cristina García Pascual, *Legitimidad Democrática y Poder Judicial*, (Valencia: Edicions Alfons el Magnànim, Institució Valenciana d'Estudis i Investigació: Generalitat Valenciana, Diputació Provincial de València, 1997), p.ª 16.

Poder Judicial, por se entender que vale mais estudar os outros órgãos de soberania e as leis que o Juiz tem de aplicar.

Dessa desconfiança e da construção jusnaturalista da imagem do Juiz como "*la bouche de la loi*" e funcionário do Executivo com um poder "*nule et vide*", apesar de se saber que, pelo menos, desde os finais da Idade Média nunca o foram, a doutrina jurídica "decidiu" relegar o tema para um segundo plano, talvez convencida de que assim colocava Poder Judicial num no plano secundário como um poder neutro e apolítico, não se discutindo a submissão dos Juízes, logo do Poder Judicial, ao Executivo, através da sua "integração" no Ministério da Justiça. Esta desconsideração da doutrina pelo Poder Judicial e pelo Juiz, em especial da doutrina jusconstitucionalista, é também fruto, como se vê, de uma leitura simplista de Locke e de Montesquieu e dos efeitos do positivismo jurídico, leitura que também bloqueou a análise da natureza do Poder Judicial, isto é, o estudo da questão de saber se esse poder é ou não um verdadeiro poder inserido nos poderes soberanos do Estado e qual a sua legitimidade. Urge assim rejeitar essa imagem do Juiz e do Poder Judicial, se quisermos conhecer a verdadeira importância e relevância que ambos tiveram e continuam a ter na vida política, social e institucional de qualquer país.

Acontece que, hoje, felizmente começa a perceber-se a decisiva importância política do Poder Judicial e a aceitar que deve ser constituído em objecto de tratamento doutrinário e de discussão pública, para descortinar o seu verdadeiro papel e a necessidade do seu controlo, o que vem abrindo espaço para o debate entre os defensores de uma visão tradicionalista – neutral e apolítica – desse Poder e os defensores de uma nova arquitectura organizacional, funcional e de controle do Poder Judicial que revele a sua natureza política, a sua função jurisdicional e a articulação entre aquela natureza e essa função, demonstrando que não há nisso qualquer incompatibilidade. Essa nova arquitectura permite abrir o debate sobre a questão de saber se é ou não conforme com a "natureza das coisas" a construção de um verdadeiro auto-governo do Poder Judicial, limitado pela natureza das suas funções e pelo seu controlo pelos outros poderes soberanos e pela opinião pública, nos termos que noutro lugar já explicamos sumariamente, mas que teremos de voltar a discutir, logo de um auto-governo democraticamente legitimado e controlado por instâncias jurídico-políticas representativas do Povo, em nome de quem constitucionalmente os Tribunais julgam e decidem.

Contudo, pensamos que só poderemos tratar este tema com rigor se previamente conhecermos o percurso histórico da figura do Juiz e o da sua participação, mais ou menos activa, no processo político transformador dos modelos de sociedade. É o que passaremos a fazer de seguida.

II. OS JUÍZES E AS SUAS CIRCUNSTÂNCIAS

2.1. Para compreendermos a relação (de desconfiança) entre o Poder Político e os Juízes[2] temos de recuar até à Idade Média para estudar, mesmo que sumariamente, o papel dos Juízes e o modo como, a partir dos seus Tribunais e das suas decisões, foram interferindo na política para desagrado dos detentores do poder político, interferência que se acentuou nas vésperas da Revolução Francesa, provocando reacção crítica desses poderes. É claro que não vamos aqui fazer a história do papel dos Juízes ao longo da História – Idade Média, Moderna e Contemporânea –, mas somente traçar um quadro geral da acção desses magistrados e dos seus efeitos nas suas relações com o Poder Político, que tiveram sempre como primeiro e decisivo pano de fundo a questão da interpretação e aplicação da lei e a da independência do Juiz. Utilizaremos como exemplo mais expressivo a França, pelos efeitos que a luta política e a doutrina francesa, nas vésperas e depois da Revolução, produziram em toda Europa.

2.2. Idade Média

Sabemos que, no decurso da baixa Idade Média – nos séculos X a XII –, a justiça era fragmentada[3] e o poder de julgar estava nas mãos dos chefes locais, os suseranos, que o exerciam através de tribunais senhoriais, – "tribunal comtal". Na Europa dos Castelos, a justiça feudal era, portanto,

---

[2] Falamos aqui de Juízes e não de Poder Judicial porquanto no princípio era o Juíz. O Poder judicial nem sequer integrava a idiossincrasia dos poderes quer na antiguidade clássica, quer na Idade Média, quer ainda na Idade Moderna.

[3] Estamos numa época histórica da Europa com enorme fragmentação dos poderes e grande enfraquecimento dos poderes centrais. Cfr. Piere Grimal, J.-P. Millotte, and René Raynal, *História Geral da Europa*, vol. 1 (Lisboa: Europa-América, 1986), pª 370.

senhorial, estava nas mãos dos "*chefs des temps féodaux*"[4], para usamos a expressão de Marc Bloch e os Juiz dependia desses senhores. A palavra justiça – *justitia* –, diz esse medievalista francês, "*vit parfois son acception s'entendre au point de designer l'ensemble des pouvoir seigneuriaux*"[5].

Mais tarde, os Monarcas foram progressivamente estabelecendo a prevalência da Justiça régia, sendo os Juízes por eles nomeados e deles dependentes. Quer os Juízes régios quer os nomeados pelos chefes feudais – os suseranos – passavam a ter um "emprego" honorífico e lucrativo. Todos esses senhores queriam ser Juízes, por, diz-nos Marc Bloch, "*le droit de juger permettait seul de mantenir efficacement dans le devoir les subordonnés et, en évitant de les laisser se plier aux arrêts de tribunaux étrangers, fournissait le moyen le plus sûr à la fois de les proteger et de les dominer. Parce que ce droit, aussi, était essentiellement lucratif*"[6].

Na verdade, a justiça pertencia ao Monarca[7], mas os Tribunais régios continuavam a ser incapazes de cobrir todo o território. Os Monarcas tomam consciência de que os seus Tribunais só se afirmariam nos

---

[4] Cfr. Marc Bloch, *La Société Féodale* (Paris: Albin Michel, 1973), p.ª 496. São chefes feudais "*porque dispõem de vastas e ricas propriedades e, muitas vezes, porque têm ao seu serviço clientela relativamente numerosas de vassalos*", explica Grimal, Millotte, and Raynal, *História Geral da Europa*, 1:p.ª 371.

[5] Bloch, *La Société Féodale*, p.ª 496.

[6] Bloch, *cit.* p.ª 496. De acordo com este medievalista, desde o início do século XI através de aquisição de condados pelos reis, estes vão caminhando para a "*rassemblement*" da França embora sem conseguir a sua unificação. Cfr. Mattoso, 1: cit. p.ª 433.

[7] O que também acontecia em Portugal como ensina José Mattoso. Cfr. José Mattoso, *Identificação de um País. Ensaio sobre as Origens de Portugal. 1096-1325*, vol. 1 (Lisboa: Editorial Estampa, 1985), passim.

Na verdade, nesta obra, este medievalista português ensina que "*o peso da intervenção régia na escolha dos magistrados não só dos que estavam encarregados de cobrar impostos e multas, mas mesmo dos judiciais, foi-se acentuando*". Mattoso, 1:cit. p.ª 433. p.ª 433 – e, ainda, que também tendo em conta que caberia ao abade ser o primeiro a decidir sobre a sanção a aplicar nos casos de rixas entre os moradores do couto que tinha os seus juízes, este historiador diz que é de pressupor que "*o senhor do couto mantém ciosamente todo o controle do poder judicial*", o que o leva a perguntar "*Qual será o papel do Juiz? Simples mandatário do senhorio? Responsável apenas de casos menores? Eleito pelos habitantes? Ou designado pelo abade?*". Mattoso, 1:cit. p.ª 276.

Noutra passagem dessa mesma obra, José Mattoso afirma que "*não admira, por isso que os juízes não nos apareçam nunca como defensores ou representantes dos homens livres, mas antes como administradores de propriedades ou funcionários defensores dos direitos régios, que se aproveitavam da situação para se enriquecer*" – Mattoso, 1:cit. p.ª 219.p.ª 219.

respectivos sistemas judiciais se e quando recobrissem a totalidade do território, o que só começa a acontecer a partir dos finais do século XII e princípios do século XIII, já na Europa dos Mosteiros, pese embora os esforços de restauração da autoridade monárquica iniciado por Otão I, o Grande, nos finais do século X[8].

As funções dos juízes, desde o século X, eram hereditárias e vitalícias, pelo que, como explicam Jean Bérenger et *alli*, em França essa prática foi reconhecida pelo "*Édito de 1604, que instituiu a Paullette ou direito anual, [e que] fez dos magistrados ao serviço do rei autênticos proprietários dos seus cargos*".[9]

Esta é a situação em que o Rei, na "visão do povo" e também no xadrez político da época, é o "*justiceiro supremo*", para usarmos a expressão de Jean Bérenger *et alii*, que vai perdurar, com as modificações que a história política do *Ancién Régime* vai tecendo, até ao final da Idade Média, como explica António Hespanha[10]. Poderíamos dizer que, a partir do século XVI, essa posição do rei enquanto titular supremo do poder de julgar[11] é reforçada e consolidada, com a ordenança de Orleães de 1562 que veio consagrar que os Juízes senhoriais tinham de ser examinados e aceites pelos Juízes reais, pondo termo à natureza feudal das justiças senhoriais.

António Hespanha diz-nos que, ao longo do *Ancién Règime*, não só havia uma identificação entre a *iustitia e o officium regni* e uma relação essencial entre *iurisdictio* e o *imperium*[12] "*a justiça não era apenas uma das actividades do poder. Ela era – enquanto se manteve pura a sua imagem tradicional – a primeira, senão a única, actividade do poder*"[13], o que conferia ao Juiz medievo uma posição relevante na hierarquia social e política e lhe permitia intervir

---

[8] Bloch, *La Société Féodale*. Grimal, Millotte and Raynal, *História Geral da Europa*.

[9] Jean Bérenger et al., *História Geral da Europa, cit.* vol. 2 (Lisboa: Europa-América, 1987), 327.

[10] Cfr. António Manuel Hespanha, *Justiça e Litigiosidade: História e Prospectiva* (Lisboa, Portugal: Funadação Calouste Gulbenkian, 1993), p.ª 385.

[11] O que de certo modo, é confirmado por Jules Michelet na sua Histoire de la Révolution Française, quando aí afirma que "*Au moyen âge elle est matérielle, dans la terre et dans la race, dans le fief et dans le sang. Les seigneur, ou bien celui qui succède à tous, le seigneur des seigneurs, le roi, dit: «La justice est à moi, je puis juger ou faire juger; par qui? n'importe, par mon lieutenant quelconque, mon domestique, mon intendant, mon portier... Viens, je suis content de toi, je te donne une justice*". Cfr. Jules Michelet, *Historie de la Révolutin Française* (Paris: J Hetzel, 1868), p.ª 187.

[12] Hespanha, *Justiça e Litigiosidade: História e Prospectiva*, p.ª 386.

[13] Hespanha, p.ª 385.

na esfera do *imperium*, nomeadamente no da fiscalização da legitimidade dos actos do poder[14]. A justiça, confirma António Hespanha, era uma actividade do poder ou seja integrava o poder político sobre o qual também exercia controlo[15]. Essa posição hierárquica e política da Justiça, logo dos Juízes, que lhes permitia confrontar o poder real, só se modifica com o advento do Iluminismo, sem prejuízo de no decurso dessa época histórica os Juízes continuarem a envolver-se "em provas de força", para usarmos a expressão desse historiador, com o poder político e, pela via do poder privilegiado que ocupavam, conseguiam constituir-se num grupo sócio-político "*insindicado e quase insindicável*"[16].

Mas, importa dizer, para melhor compreendermos o que se segue, que, desde o século XIV, com base no exercício do "*droit de remontrance*"[17] os Juízes exerciam poder político, no âmbito da produção normativa, e

---

[14] Para maior desenvolvimento veja-se Hespanha, p.ª 385 e segs.

[15] No mesmo sentido Hespanha, p.ª 395.

[16] Hespanha, p.ª 424. Pensamos ser interessante transcrever aqui o que António Hespanha diz a esse respeito. Assim, de acordo com este Historiador do Direito, no "*plano da política, a assimilação do governo à justiça e desta a uma ratio – mais, a uma scientia – produz, para os titulares desta ciência, um lugar político privilegiado. Na verdade, sendo o direito uma ratio, mais do que uma voluntas, eles eram – como detentores socialmente reconhecidos de uma notitia rerum humanarum atque divinarum ou de uma iusti atque iniusti scientia – os depositários dos critérios para julgar a legitimidade do direito, mesmo do direito real (...). Neste plano, a única concorrência possível era a dos teólogos. Mas a progressiva dessacralização da teoria do poder impedia uma aplicação directa do discurso teológico ao mundo da política, exigindo, em contrapartida a mediação dos juristas (que as fontes romanas decoravam, de resto, com o título de sacerdotes). Assim se, no plano doutrinal, se duvidava da validade de actos reais (nomeadamente, de actos legislativos ou, em geral, de actos jurídicos) praticados sem o seu conselho (...), no plano prático, os seus pontos de vista materializados em decisões (para os assuntos de justiça) ou consultas (para as matérias de governo) não apenas decidiam os mais importantes conflitos políticos e sociais como, registadas e coligidas uma tradição literária cada vez mais imponente, convertiam-se na própria memória política e jurídica da sociedade, na sua tradição e, logo, na sua constituição. Isto convertia os juristas num grupo político insindicado e quase insindicável*". Hespanha, p.ª 424.

[17] De acordo com Jacques Krynen,a *remontrance* era um instituto do direito medieval que "*consistaient en des observations 'très humbles et très respectueuses' destinées, en une seule foi et sans publicité, à informer le souverain des défauts, inconvénients et risques de tous ordres que les cours estimaient de leur devoir de signaler, à réception de la cécision royale*". Jacques Krynen, *L'Idéologie de La Magistrature Ancienne*, Bibliothèque Des Histoires (Paris: Gallimard, 200932), p.ª 239. Importa dizer que é no uso desse poder que os Juízes e os seus Parlements se recusam a registar os éditos sobre os impostos e as decisões governamentais ou administrativas, transformando, como diria este autor, todas essas decisões reais em *casus belli*. No quadro de uma ideologia conservadora – "*idéologie robine*" –, os Juízes estavam convencidos de que deviam exercer um

utilizavam esse poder para se oporem ao Monarca. Contra essa oposição política, o Monarca reagiu, proibindo o Parlement de tomar conhecimentos dos negócios políticos – "*affaire d'État*" – e impondo-lhe o dever de obedecer às decisões do Conselho do Rei que, relembrou aos Juízes, é uma autoridade superior aos Tribunais (Parlements). Os Magistrados reagiram contra esse "arrêt" por, diz-nos Jacques Krynen, considerem ser um golpe contra a sua dignidade.

Já na primeira metade do século XVIII, "*la haute magistrature adopta une attitude à peu près constante de rébellion*"[18], transformando todas as decisões do poder político num verdadeiros "*casus belli*", para usarmos a expresso de Krynen, e assumindo essa elite da Justiça uma clara postura de desobediência extrema contra o Monarca. A aristocracia da toga, que vinha perdendo prestígio público e estava cada vez mais desacreditada e em crise, entrou em revolta contra o Monarca, constituindo-se em verdadeira Fronda parlamentar (judicial), por não aceitar o seu afastamento progressivo dos negócios políticos ou, seja, da política[19].

2.3. Do Iluminismo à Revolução Francesa

Do Iluminismo até à Revolução Francesa, a posição sócio-política dos Juízes europeus passa a assumir outra relevância, na medida em que, a partir do século XVIII se inicia a luta pela independência dos Juízes, logo de cada Juiz, quer no sentido de independência em relação às partes no processo quer no de independência em relação ao poder político. Só agora os Juízes tomam consciência da necessidade e da importância para o Poder Judicial da independência individual de cada Juiz. Vejamos sucintamente como se desenvolve esse processo.

Vimos já que, a partir do século XIV até ao século XVI, o poder real vai fortalecendo o seu controle sobre o Poder Judicial através da nomeação "*de um novo tipo de funcionários régio que viria a ter grande importância nas épocas*

---

papel (obviamente político) no seio do Estado com fundamento na "*conception romano-crétienne de la soumission du pouvoir à la justice (...)*". Cfr. Krynen, p.ª 244.fr.

[18] Krynen, *L'Idéologie de La Magistrature Ancienne*, p.ª 241.

[19] Para maior desenvolvimento desse papel político e da ideologia dos Juízes antes da Revolução Francesa, veja-se, por todos, Krynen, *L'Idéologie de La Magistrature Ancienne.*

subsequentes – os juízes de fora"[20], todos letrados ou, como se dizia *doctor in utroque iure*, que, até ao século XVIII, vão encontrar uma forte resistência no poder local, cujas magistraturas populares locais ou juízes ordinários, que gozavam de um muito baixo prestígio, vão sendo substituídas por esses juízes régios, afirmando-se assim, a partir do século XVIII, o controle do Monarca sobre o Poder Judicial e sobre os Juízes.

Podemos concluir dizendo que, no decurso da Idade Média – séculos XI a XV – e até ao século XVII/XVIII, os juízes eram considerados funcionários locais ou reais dependentes dos senhores locais ou do rei, sem qualquer independência e sem qualquer representação da titularidade de um poder judicial. Meros funcionários que tinham alguma intervenção na política local o que, diz-nos Hespanha, era o único atrativo do cargo, para além, é claro, das benesses ilegais que poderia proporcionar "*numa administração judiciária que as fontes nos descrevem como dominada pela corrupção*"[21].

A partir do século XVII/XVIII, os Juízes começam a formar um espírito de corpo e a utilizar politicamente o seu poder de julgar, como iremos ver.

2.4. A luta pela independência individual ou a conquista da inamovibilidade

Podemos dizer que até aos finais do século XVII e início do século XVIII a independência dos Juízes não integrava o seu estatuto, para usamos uma expressão actual, na medida em que estes Magistrados, como tivemos já a oportunidade de ver, eram funcionários da administração real ou local e dependiam do Monarca ou do senhor feudal, que os nomeava, controlava e ao serviço de quem estavam. Eram, no dizer de Quesnay de Beaurepaire[22], os soldados do Direito.

---

[20] António Manuel Hespanha, *História das Intituições. Época Medieval e Moderna* (Coimbra: Almedina, 1982), p.ª 254. Sobre as diversas categorias de Juízes nessa época, veja-se Marcello Caetano, *História do Direito Português – 1140-1495* (Lisboa: Editorial Verbo, n.d.), 494. e, ainda as Ordenações Afonsinas, Livro I, títulos 25 e 26, Livro II, título 24.

[21] Hespanha, *História das Instituições*, p.ª 277/278.

[22] Citado por Valeriano Hernández Martín, *Independencia Del Juez y Desorganización Judicial*, Monografías Civitas (Madrid, España: Centro de Publicaciones del Ministerio de Justicia, 1991), p.ª 41, nota 47.

A partir do Iluminismo e com a emergência do Estado absolutista todos os poderes, incluindo, obviamente, o de julgar, ficam concentrados nas mãos do rei que também sabe que um dos aparelhos dos Estado que lhe permitiria controlar a aristocracia e exercer efectivamente o poder era o judicial e, com ele, os Juízes. Contudo, a nobreza tradicional e a de toga – saída da burguesia nascente e que comprava o seu título nobiliárquico – lutavam ambas no seio do aparelho judicial, a nobreza tradicional com o objectivo de manter o já pouco controle que dela historicamente tinha[23], e nobreza de toga esforçava-se por assumir o controle desse poder e dos Juízes. Mas, ambas se socorriam do judiciário para se opor ao poder absoluto do Monarca. Este por sua vez, pela via da reorganização e racionalização do aparelho judicial, procurava assegurar o controle sobre os Juízes e o aparelho judicial e impor o seu poder absoluto[24].

Assim, o poder judicial é também constituído em palco desse afrontamento entre essas forças sociais e políticas, o que vai envolver os Juízes – não esqueçamos, agora, letrados formados nas Universidades, portadores de um saber especializado, que lhes confere prestígio pela posição social que ocupam[25] – na própria luta política, o que fazem usando o seu saber na aplicação do direito. Juízes letrados, dizíamos, ou seja com formação jurídica adquirida nas Universidades que começa nos finais do século XIII e que, a partir do século XVI, é exigida para a profissionalização do cargo, o que é já uma realidade na Europa, onde "*no século XVI todos ou quase todos*

---

[23] De acordo com Tocqueville no século XVIII "*À vrai dire, les nobles français ne touchaient plus depuis longtemps à l'administration publique que par um seul point, la Justice. Les principaux d'entre eux avaient conservé le droit d'avoir des juge qui décidaient certains procès en leur nom, et faisaient encore de temps en temps des règlements de police dans les limites de la seigneurie (...)*" Cfr. Alexis Tocqueville, *L´Ancien Régime et la Révolution* (Paris: Michel Lévi Frères, s/d), p.ª 36. .

[24] Explicando essa situação em França do século XVIII, diz Valeriando Hernandez Martin que "*Esta situación se daba en Francia en el siglo XVIII. De un lado, los nobles, reliquias del poder feudal, aunque ya no intervenían en la Adiministración publica se aferraban todavia a los restos de poder que les quedaban em la Administración de Justicia. De otro lado, la clase social en alza, la burguesia, «estaba toda más o menos relacionada com los Tribunales*" – Hernández Martín, *Independencia Del Juez y Desorganización Judicial*, p.ª 42. –, burguesia esta que, na opinião de Dieter Simon, "*veía en la judicatura el bastión de la liberdad burguesa contra los excessos del Monarca*". Dieter Simon, *La independencia del juez* (Barcelona: Ariel, 1985), p.ª 5.

[25] Para maior desenvolvimento veja-se, por todos, Hespanha, *Justiça e Litigiosidade: História e Prospectiva*, 411 e segs.

deviam ser licenciados", diz-nos John Gilissen[26]. No século XVIII, essa profissionalização atinge o ponto de não retorno nas mais altas jurisdições ou, seja, "*a função do juiz passa progressivamente para as mãos de juízes profissionais, possuindo uma formação jurídica adquirida numa ou outra universidade. É assim, sobretudo nas altas jurisdições reais e dos principados (Parlamentos, Conselhos de Justiça, Grande Conselho de Malines)*"[27].

Mas, se até ao século XVIII os Juízes constituíam um corpo social e político conservador que se opunha, às reformas, defendendo o poder do Monarca de quem dependia, nas vésperas da Revolução Francesa, a luta pelo poder que se trava nos Tribunais – então denominados em França por Parlamentos – leva a que os Juízes, cada vez mais recrutados no seio da burguesia nascente, utilizem esse aparelho como campo de luta para aí oferecer resistência ao poder real. É esta situação que Tocqueville nos descreve na sua obra L'Ancien Régime et la Révolution quando aí, a propósito da acção de esvaziamento dos poderes dos nobres pelo rei, escreve que "*Le pouvoir judiciaire seul l'avait gêné dans cette grande entreprise (...)*" e, de seguida, esclarece que "*Si l'on veut bien faire attention à la lutte des parlements contre le puvoir royal, on verra que c'est presque toujours sur le terrain de la politique, et non sur celui de l'administration, qu'on se rencontre*", o que se tornou mais nítido à medida que aproxima a Revolução, momento em que "*le parlement se mêle avantage à la politique ; et comme, dans le même temps, le pouvoir central et ses agents deviennent plus expérimentés et plus habiles, ce même parlement s'ocupe de moins en moins de l'administration proprement dite; chaque jour, moins administrateur et plus tribun.*"[28] . Como pode ver--se os Juízes, nas vésperas da revolução, deixam de ser os meros comissários do rei que exercem o cargo para se enriquecerem, como acontecia na Idade Média, para passarem a participar na política enfrentado politicamente o Monarca absoluto.

---

[26] John Gilissen, *Introdução histórica ao direito*, 2. ed (Lisboa: Fund. Calouste Gulbenkian, 1995), p.ª 390/391.

[27] Gilissen, p.ª 390/391.

[28] Tocqueville, *L'Ancien Régime et la Révolution*, p.ª 56/57. Em Portugal também esse afrontamento entre a magistratura judicial e o poder real ocorreu na mesma época (século XVII/ /XVIII) como nos explica António Hespanha quando diz que os juízes letrados, nomeadamente os desembargadores da Casa da Suplicação não se deixaram de envolver em provas de força com o poder político – cfr. Hespanha, *Justiça e Litigiosidade: História e Prospectiva*, p.ª 425.

A questão que se coloca agora é a de saber se agem politicamente em defesa exclusiva da sua sobrevivência, enquanto grupo social, ou se o fazem como participantes do grande movimento social e cultural que abalava a França da época com vista, no dizer de Tocqueville, a "*abolir a antiga forma de sociedade*". Tudo leva a crer que nessa fase os Juízes e os seus Parlamentos "*étaient sans doute plus préocupés d'eux-mêmes que de la chose publique; mais il faut reconnaître que, dans la defense de leur propre indépendance et de leur honneur ils se montrent toujours intrépides (....)*"[29]. Tudo leva a crer que é então, entre os séculos XVII e XVIII, que se começa a formar o ***espírito do corpo da magistratura judicial*** e que também que ela começa a tomar ***consciência da importância da sua independência***[30] ***individual***, agora seguros de que a sua ***inamovibilidade***[31] seria garantida também pela própria nobreza, por esta entender que os Juízes eram responsáveis perante a nação representada em assembleia e que só poderiam ser destituídos pela assembleia geral[32]. Estão agora colocadas as três pedras angulares do estatuto sociológico e jurídico-político dos Juízes: **profissionalização, coporativismo, independência individual** sob a forma de **inamovibilidade.**

2.5. Juízes ao lado dos Revolucionários Franceses

Na verdade, conscientes desse espírito de corpo e do poder que, entrincheirados nos seus Tribunais (Parlamentos) vinham conquistando na luta contra o poder real – o que leva Tocqueville a afirmar que a "sublevação dos Juízes" era mais perigosa para o Governo do que todas as outras – os Juízes, nas vésperas da Revolução Francesa, lutam abertamente contra

[29] Tocqueville, *L'Ancien Régime et la Révolution*, p.ª 95.

[30] Em sentido próximo António Hespanha quando traça o retrato "robot" do Juiz Desembargador do Paço – cfr. Hespanha, *História das Instituições*, p.ª 364/365.– e, também, sobre a independência, Tocqueville, quando escreve que " *Le magistrat était inamovible et ne cherchait pas à avancer, deux choses aussi necessaires l'une que l' autre à son indépendance;* (....)", embora diga que havia mil formas de suborná-los – cfr. Tocqueville, *L'Ancien Régime et la Révolution*, p.ª 95.

[31] Como, aliás, nos diz Tocqueville. Ver nota anterior.

[32] Cfr. a análise que Tocqueville faz aos cadernos da nobreza em 1789, nas vésperas da revolução. Cfr. Tocqueville, *L'Ancien Régime et la Révolution*, p.ª 270 e sgs.

a monarquia absoluta, não só para assegurar a sua independência, mas também para participar no derrube do antigo regime. Estavam ao lado da Revolução, o que fazia com que "*la batalla por el poder que terminó en la Revolución Francesa se entablase antes que en ningún sítio en los Tribunales (Parlements)*"[33] dominados por Magistrados cada vez em maior número oriundos da burguesia. Os Tribunais foram assim constituídos em palco da luta contra o poder real e o Antigo Regime e os Juízes apresentavam-se e agiam activamente na luta política[34].

Podemos assim dizer que, antes da Revolução, os Juízes começaram por ser serventuários do poder e comissários judiciários do Monarca e dos senhores locais, para, a partir dos finais do século XVII e princípios do século XVIII[35], tomarem consciência de que só participando na luta política que tinha como objectivo "*abolir a antiga forma de sociedade*" poderiam assegurar a sua independência individual. Por essa razão, dizia Tocqueville que "*a sublevação dos juízes era mais perigosa para o Governo do que todas as sublevações, incluindo a militar porque virava contra o Governo a força regular, civil e moral, que constitui o instrumento habitual do poder*", sublevação que era tanto mais eficaz quanto os Tribunais (Parlements) participavam indirectamente no poder legislativo e administrativo, chegando mesmo, a reivindicar-se que "*la police soit doréavant entre les mains des juges, même em cas d'émeute;* [36]. Cada vez mais, os Juízes se intrometiam na política[37], usando os meios judiciários que tinham ao seu dispor.

---

[33] Hernández Martín, *Independencia Del Juez y Desorganización Judicial*, p.ª 42.

[34] Ou, como diria Tocqueville, "*Si l'on veut bien faire attention à la lutte des parlements contre le puvoir royal, on verra que c'est presque toujours sur le terrain de la politique et non sur celui de l'administration, qu'on se rencontre*", aqui entendia como administração da justiça. Cfr. Tocqueville, *L´Ancien Régime et la Révolution*, p.ª 56.

[35] Agora, tudo indica com o apoio das novas ideias sobre os Tribunais e os Juízes que nas vésperas da revolução eram discutidas na sociedade francesa da época, como as da imunidade, da legitimação dos magistrados pela via da sua instituição pelo povo, perante quem devem ser responsáveis, a do juiz natural – "*personne ne puisse être arrête et jugé que par ses juges naturels*", lê-se nos cadernos da nobreza de 1789 – o reconhecimento do poder judiciário como um dos poderes que integra a "forma de Governo", etc. Cfr. Tocqueville, p.ª 272.

[36] Cfr. Tocqueville, p.ª 57.

[37] Cfr. Tocqueville, p.ª 57.

2.6. Os Juízes não são de confiança. *Le peuple ne peut se fier au pouvoir judiciaire*

Nas vésperas da Revolução Francesa os Tribunais (Parlamentos) participavam no poderes legislativos e executivo[38] o que, somado ao seu natural poder judicial, conferia aos Juízes um forte poder político de que os revolucionários tinham consciência e não estavam dispostos a aceitar, tanto mais que não ignoravam que eles próprios e as classes sociais que lutavam contra o Antigo Regime, os tinham utilizado nessa luta. Mais. Sabiam também que os Juízes, pese embora as arbitrariedades que cometiam, por terem participado na luta contra o absolutismo, politicamente tinham ganho relevância, o que lhes permitia figurar na cena política como importantes actores.

Essa participação na luta política dos Juízes (e também dos Advogados, diga-se) e o relevo sócio-político que lhe foi reconhecido em França nas véspera da Revolução levou Michelet, na sua *Historie de la Révolution* a definir a revolução como "*l'avènemet de la loi, la réssurrection du Droit, la réaction de la justice*"[39] e a assinalar o papel político dos Juízes, descrevendo o lugar que ocupam na procissão do dia 4 de Maio de 1789 para a abertura dos Estados Gerais, dizendo que os Juízes (bem como os Advogados) vinham à frente "*en tête de la procession*" e estavam "*tous hereux de ce grand jour qu'ils avaient fait et qui était leur victoire*" [40].

Essa presença dos Juízes na cabeça da procissão simboliza também a vitória não só do Direito, como defende Valeriano Hernandez Martin[41], mas acima de tudo de um grupo que começa a tomar consciência de que

---

[38] Ver, Tocqueville, nomeadamente, quando diz que "*Des cours de justice prennent part indirectement à la puissance législative (...)*" – cfr. Tocqueville, p.ª 40. – e, ainda, que "*Le gouvernement central laissait un moment les parlements administrer et leur permettait de faire un bruit qui souvent a retenti dans l'histoire*" Cfr. Tocqueville, p.ª 56.

[39] Jules Michelet, *Histoire de la Révolution française. 1: ...*, 3. réimpr, Bouquins (Paris: Laffont, 1988), p.ª 51.

[40] Eis a descrição da procissão feita por Michelet "*En la tête de la procession apparaissait d'abord une masse d'hommes vêtus de noir, le fort et profond bataillon des cinq cent cinquante députés du Tiers: sur ce nombre, plus de trois cent légistes, avocats ou magistrats, répresentaient avec force l'avènement de la loi. Modeste d'habits, ferme de marche et de regard, ils allaient encore, sans distinctin de partis, tous hereux de ce grand jour qu'ils avaient fait et qui était leur victoire*". Michelet, p.ª 102.

[41] Hernández Martín, *Independencia Del Juez y Desorganización Judicial*, p.ª 45.

é um corpo, não só judicial mas também sócio-político, que se posiciona no campo da luta política contra o Antigo Regime e o Monarca que o simboliza, para a defesa dos seus interesses grupais e para reivindicar a independência face aos outros poderes que agora se inscrevem nessa nova forma de organização política das comunidades humanas europeias que começa a afirmar-se como tal, o Estado.

Com efeito, pese embora o facto de os Juízes e os seus Tribunais se terem colocado ao lado dos que combatiam o absolutismo, transformando os Tribunais numa barreira contra as arbitrariedades do Monarca, pese embora as várias proclamações sobre a importância da Justiça e a sua constituição em bandeira revolucionária, como pode ver-se em Michelet quando fala e descreve exclamações e proclamações sobre a Justiça e o justo[42], os revolucionários não confiavam no Juízes e nos Tribunais, não só por conhecerem os abusos que os Juízes praticavam no exercício do poder de julgar[43] – sendo que as decisões não eram fundamentadas, pois só a partir do século XVIII[44] é que se começa a impor o dever de fundamentar as decisões judiciais[45] –, como porque receavam que os Tribunais voltassem a ser por eles constituídos em baluartes de luta, como acontecera

[42] Michelet, *Histoire de la Révolution française. 1*, passim.

[43] Basta relembrar estas passagens escritas por Michelet para nos apercebermos como a Justiça e os Juízes eram mal vistos quer por causa da sua crueldade, quer pela corrupção. Diz-nos este historiador da Revolução Francesa que "*Personne ne croyait à la justice, sinon à celle du peuple. Les légistes, spécialement, méprisaient la loi, le droit d'alors, en contradiction avec toutes les idées du siècle. Ils connaissaient les tribunaux, et savaient que la Révolution n'avait pas d'adversaires plus passionnés que le Parlement, le Chatelet, les juges en geénéral. Un tel juge, c'était l'ennemi*" e noutra passagem diz que "*Quels jugements populaires, disaient-ils encore, seront jamais plus barbares que les procedures des tribunax réguliers comme eles sont encore em 89?... Procèdure secret faite tout entière sur pièces que l'accusé ne voit pas; les piéces non communiqueés; les temoins non confrontés, sauf ce dernier petit moment où l'acusé, sortie à peine de la nuit de son cachot, effaré du jour, vient su la sellette, repond ou repond pas, voit ses juges pendant deux minutes pour s'entendre condamné? Barbare procédure, barbaré jugement plus barbares. On n'ose rappeler Damiens écartelé, tenaillé, arose de plomb fondu...*" Esta é a imagem que se tinha dos Tribunais e dos Juízes cuja descrição se repete ao longo da aqui citada obra de Michelet. Michelet, p.ª 170/171.

[44] Cfr. Gilissen, *Introdução histórica ao direito*, p.ª 396.

[45] Na verdade, de acordo com Gilissen "*Até ao seéculo XIII, os julgamentos raramente eram reduzidos a escrito; a partir e então são cada vez mais escritos e conservados os registos (....) mas (....), não são fundamentadas juridicamente*" o que era justificado entre outras razões, diz-nos esse historiador do Direito, "*pelo facto de, desde o século XIV, haver diplomas que proibiam aos membros do Parlamento violar o segredo da decisão dando a conhecer os fundamentos da sua decisão*" e por se entender que

durante a luta contra o absolutismo. Os Juízes eram considerados pelos revolucionários perigosos *"ennemis"* que deviam ser neutralizados para que a revolução pudesse afirmar-se ou, como diria Thouret (quando, por proposta de Lameth, a Assembleia, *"met les Parlements en vacance indefinie"*, *"nous les avons enterré vifs"*[46]) uma revolução que quer ser duradoura deve antes de mais arrancar a espada das mãos da justiça[47]. Isto porque a imagem que se tinha da Justiça e dos Juízes era a de que, escreve Michelet, *"le peuple ne peut se fier au pouvoir judiciaire"* , posto que de acordo com este historiador da Revolução Francesa, era um poder que se tinha *"brisé par son inconséquence et de ses contradicitons. Servile et hardi à la foi, pour ler roi et contre le roi, pour le pape et contre le pape, défenseur de la loi et champion de privilège, il parle de liberté et résiste um siècle a tou progrés liberale"*[48].

Por todas estas razões, o povo e os revolucionários de 1789 desconfiavam dos seus Juízes e viam em cada Juiz um potencial inimigo e um perigo para os revolucionários que sempre temeram que, na primeira ocasião, essa Magistratura se viraria contra eles e o processo revolucionário. Por isso, escreve Hernandes Martin que *"todo o novo estado político y social que el Parlamento habia contribuído a formar era contrario a um cuerpo de jueces que compraban el derecho de administrar justicia y la administraban hereditariamente, cuyos miembros poseían individual o corporativamente toda a clase de privilégios"*[49]. Toda esta prática da Magistratura judicial ao longo dos tempos era conhecida pelos revolucionários que, por isso, mesmo sabendo que esse corpo judicial se tinha oposto ao Rei e combatido o absolutismo, nele não confiava ou, se se quiser, sabia que nele não se podia confiar. Sabiam, portanto, que *"une revolution qui veut durer doit avant tout ôter ses ennemis l'épée de justice"*.

"os tribunais são soberanos e decidem por delegação do príncipe; não têm de justificar as suas decisões". Gilissen, p.ª 395.

[46] Michelet, *Histoire de la Révolution française. 1*, p.ª 259.

[47] A expressão citada por Michelet foi esta: *"une revolution qui veut durer doit avant tout ôter ses ennemis l'épée de justice"*. A este propósito crescenta este autor *"Donnez-mois le pouvoir judiciaire, gardez vos lois, vos ordonnances, tout ce monde de papier, je me charge de faire triompher le système le plus contraire à vos lois"*. Cfr. Michelet, p.ª 262/263.

[48] Michelet, p.ª 168.

[49] Hernández Martín, *Independencia Del Juez y Desorganización Judicial*, p.ª 47.

2.7. Inicio da luta para a submissão do Juiz ao império da Lei. O Juiz de Montesquieu – *la bouche qui prononce les paroles de la lois*

Se esta era a imagem da Justiça e dos Juízes nas vésperas da Revolução, a questão que se coloca agora é a de saber se ela mudou depois da revolução, deixando o povo e os revolucionários franceses e europeus de desconfiar dos seus Juízes. Tudo indica que não, como iremos ver. Começaremos por relembrar com Hernandez Martin que os Parlamentos (Tribunais) não teriam sobrevivido mesmo que tivessem sido outras as circunstâncias já que como instituição eram em si mesmos um perigo para o poder revolucionário tal como o tinham sido para o poder absoluto do rei[50], ou seja, mesmo após a Revolução mantinha-se a desconfiava relativamente aos Juízes e aos seus Tribunais.

Com efeito, a partir de 1771 começa a queda dos Parlements, instituição que tinha sido a última barreira contra o poder absoluto, para em 1789 serem suprimidos e substituídos por o que Michelet chamou de "*une justice digne de ce nom, non payée, non achetée, ni hériditaire, sortie du peuple et pour le peuple*"[51]. Por um lado, com a extinção dos Parlements realiza-se da ideia segundo a qual o modelo da Magistratura judicial até agora dominante deixou de ser necessária posto que, como explica Tocqueville, ela servia para resistir ao absolutismo, mas, desaparecida a Monarquia absoluta, ela deixou de ser necessário; por outro lado, abre-se caminho para a consagração da tese de Montesquieu defendida em 1748 na sua obra *L'Esprit des Lois* segundo a qual era necessário anular o poder do Juiz, esse poder que, na opinião deste autor era "*si terrible parmi les hommes*"[52]. Para tanto, necessário era que fosse considerado "*invisible et nulle*", pelo que, dos três poderes do Estado, diz-nos esse autor, "*celle de juger est, em quelque façon, nulle*"[53]. Montesquieu, que tinha sido Juiz no Parlement de Bordéus, cargo que herdou do seu tio paterno Jean-Baptiste de Secondat, bem sabia do que eram capazes os Juízes, enquanto corpo de Magistrados, e o papel que tinham vindo a exercer na luta contra o absolutismo. Consciente disso e

---

50 Hernández Martín, p.ª 47.

51 Michelet, *Histoire de la Révolution française. 1*, p.ª 262.

52 Montesquieu, *De L'Esprit des Lois*, vol. 1 (Paris: Garnier-Flammarion, paris, 1979), bk. Livro XI, Cap. VI, p.ª 296.

53 Montesquieu, vol. 1, bk. Livro XI, Capítulo VI, p.ª 298.

ainda temendo a própria Magistratura ou, se se quiser, o poder desta – "*l'on craint la magistrature (...)*[54]" dizia ele –, quis que o poder do Juiz, no momento em que a burguesia começava a controlá-lo, fosse anulado e reduzido a uma simples "*bouche qui prononce les paroles de la loi*"[55], ao mesmo tempo que dizia que os Juízes são "*des êtres inanimés qui n'en peuvent modérer ni la force ni la riguer*"[56] da lei. É o Juiz presidente de um Parlement, o aristocrata Charle-Louis de Secondat – barão de Montesquieu –, que para pôr a sua classe a salvo dos poderes dos Juízes burgueses, defende que deveria caber ao "legislativo do povo" – "*la partie legislative du peuple*" – acusar os nobres perante o "legislativo dos nobres" – "*la partie legislatif des nobles*" –, defendendo assim a manutenção da justiça de classe, por entender que os nobres estão expostos à inveja – "*les grands sont toujours exposés à l'énvie*"[57].

Agora é o Juiz Montesquieu que, prevendo profundas e radicais mudanças sociais e políticas decorrentes da previsível tomada do poder pela burguesia, alerta para o perigo que a Magistratura, enquanto corpo, representa para aqueles que deixaram de ter poder. Por isso, defende que "*si les tribunaux ne doivent pas être fixes, les jugements doivent l'être à un tel point, qu'ils ne soient jamais qu'un texte précis de la loi. S'ils étaient une opinion particulière du juge, in vivrait dans une société, sans savoir précisement les engagements que l'on contracte*"[58] e, para o efeito, reclama o império da lei e a submissão do Juiz a esse império, para que se ponha termo à prática até então dominante, do predomínio da opinião do Juiz, leia-se interpretação, geradora de abusos e de injustiças. O Juiz Presidente do Parlamento de Bordéus sabia do que falava.

Suprimido os Parlamentos em 1789, por se entender que tinha já cumprido a sua função política de lutar contra o absolutismo e o antigo regime, o que, segundo Tocqueville, foi reconhecido pelo Comité da Constituição, que entendia, que a Magistratura tinha sido constituída

---

[54] Montesquieu, 1:p.ª 296.

[55] Montesquieu, 1:p.ª 301.

[56] Montesquieu, 1:p-ª 301.

[57] Diz Montesquieu em defesa dos nobres e da aristocracia que "*Les grands sont toujours exposé à l'envie: s'ils étaient jugés par le peuple, il pourraient être em danger et ne jouiraient pas du privilège qu'a le moindre des citoyen dans um État libre, d'être juger par ses pairs*". Por isso mesmo, defende o autor do *L'Esprit des Lois* "que "*la partie legislative du peuple accuse devant la partie legislative des nobles*". Montesquieu, 1:301.

[58] Montesquieu, 1:p.ª 296.

para resistir ao despotismo, mas como este tinha desaparecido essa Magistratura já não era necessária –, impunha-se agora, como disse Thouret no seu discurso à Assembleia Constituinte sobre a reorganização do poder judiciário em que denunciava os abusos desse poder, "*une sage organisation du pouvoir judiciaire doit rendre impossibles à l'avenir toutes ces injustices qui détruisent l'égalité civile des citoyens dans la partie de l'administration publique où cette égalité doit être la plus inviolable*", o que, na opinião deste revolucionário francês, impunha que fosse estabelecida *"l'entière subordination des cours de justice à la puissance législative, et séparent très explicitement le pouvoir judiciaire du pouvoir d'administrer"*[59].

A Revolução não só aboliu a antiga sociedade, como atacou todos os poderes estabelecidos e arruinou todas as tradições e influências reconhecidas, para entregar o poder à burguesia que o inscreveu dominantemente no legislativo para aí fazer frente ao poder da aristocracia e das forças sociais conservadoras que se incrustavam no Executivo. Esses poderes lutavam pelo controle do Judicial, luta essa que também era travada no domínio das doutrinas políticas e jurídicas, sendo que estas últimas irão contribuir para a vitória do Legislativo sobre o Executivo com a afirmação do positivismo jurídico ao longo do século XIX.

Contudo, até que tal acontecesse as forças aristocráticas e conservadoras, detentoras do poder Executivo, continuavam a controlar o Poder Judicial, por lhes caber a nomeação e a inspecção dos Juízes, a criação dos Tribunais e a supervisão do seu funcionamento, o que continuou a justificar a luta política dos juízes para garantir a sua independência, ainda individual, face ao Executivo. Por seu lado, o Legislativo procurava assegurar o controle dos Juízes e a sua "neutralização" política através da sua submissão à lei, e só à lei, com vista também a excluir o soberano de qualquer ingerência na jurisprudência, diz-nos Valeriano Hernández Martín[60]. Para os novos poderes, o Juiz deveria ser um "técnico do direito" mera boca da lei. É o Juiz montesquiano que está a ser criado.

Como pode ver-se, desde a Revolução e durante todo o século XIX, a ideação dominante do Poder Judicial era aquela segundo a qual esse Poder estaria funcionalmente vinculado à Lei, logo à Assembleia Nacional, mas

---

[59] Jacques Gillaume Thouret, "Discours sur la Réorganization du Pouvoir Judiciaire la Justice," n.d., p.ª 1,2 e 3, Archives parlementaires de 1787 à 1860, accessed May 20, 2020.

[60] Hernández Martín, *Independencia Del Juez y Desorganización Judicial*, p.ª 51.

organicamente dependente do Executivo, razão pela qual toda a ideia da independência dos Juízes continuava a ser e era a de uma independência face ao Executivo, por também ser esta a vontade da burguesia politicamente dominante.

A independência dos Juízes, enquanto Magistratura Judicial, surge assim originariamente ligada à ideia da inamovibilidade[61] e como um instrumento de luta contra o absolutismo, aceite e apoiado pelas forças sociais revolucionária desde os finais da Idade Média, apoio que essa Magistratura aceita e aproveita para assegurar os seus privilégios corporativos, o que os revolucionários não viam com bons olhos, mas que até à Revolução toleraram exactamente porque lhes servia para a abalar os "alicerces" do absolutismo[62]. Findo o absolutismo, a luta pela afirmação dessa independência continuou exactamente porque o Executivo permanecia sob o domínio da aristocracia e das forças conservadoras e era preciso libertar o Judicial do controle dessas forças e submetê-lo aos novos poderes sediados no Legislativo, que tinham consciência do papel social e político dos Juízes e do Poder Judicial[63] e [64].

---

[61] Relembramos o que dissemos acima sobre a inamovibilidade referida por Tocqueville na análise que faz aos cadernos da nobreza de 1789, onde estes reclamam a responsabilidade dos Magistrados perante a nação e a inamovibilidade dos juízes com vista a assegurar o exercício das suas funções judiciais sem interferências externas excepto dos Estados Gerais. Cfr. Tocqueville, *L'Ancien Régime et la Révolution*, p.ª 278.

[62] O que pode ver-se no discurso de Thouret e na obra de Michelet aqui citados que são verdadeiros manifestos contra os abusos e os privilégios dos Juízes.

[63] O que aliás, é referido nos discursos e doutrina da época. Assim acontece com Thouret no seu discurso sobre a reorganização do Poder Judicial, onde começa por dizer que "*Le pouvoir judiciaire est celui des pouvoirs publics dont l'exercice habituel aura le plus d'influence sur le bonheur des particuliers, sur le progrès de l'esprit public, sur le maintien de l'ordre politique et sur la stabilité de la Constitution. Après ce que vous avez fait, votre devoir est devenu plus impérieux sur ce qui vous reste à faire: c'est lorsqu'on est parvenu au milieu d'une longue et difficile carrière que le courage et la vigilance doivent se ranimer pour atteindre le but*". Cfr. Thouret, "Discours sur la Réorganization du Pouvoir Judiciaire la Justice," p.ª 1.

[64] Em sentido próximo diz-nos Cristina García Pascual que "*La independencia como revíndicación frente al Monarca aparece en el marco histórico de la Revolución Francesa, pues anteriormente la independencia era uma exigência de los jueces considerados individualmente. Identificada con la inamovilidad correspondía a lo que se ha venido denominando independencia personal. Es en la decadencia del régimen absolu-tista francés del siglo XVIII donde comúnmente se sitúa una concepcíón de la independencia judicial que podemos denominar politica y que se concreta en lo que se ha llamado independencia material, esto es, la exigência de que el ejecutivo o el Monarca carezcan de postestades de íntervención en la función*

Podemos assim dizer que, até à Revolução Francesa, os Juízes e os seus Tribunais estiveram na dependência do Monarca ou, seja, do Executivo, e a luta pela independência do Poder Judicial foi, ao longo desse tempo, uma luta contra o Monarca e o seu poder Executivo. Para tanto, participavam na luta revolucionária contra o poder absoluto acolhendo as ideias liberais e as doutrinas racionalistas que começava a florescer no seio da sociedade francesa e europeia. Apesar disso, e dizemo-lo com Cristina Garcia Pascual, os revolucionários franceses não se esqueciam dos abusos praticados pelos Parlements e viam no Juiz um inimigo potencial de quem se devia desconfiar, desconfiança que "*se vio potenciada con la constatación de las dificultades que ofrecía la democratización del poder judicial, respecto al cual era inconcebible aplicar mecanismos tan esenciales a la democracia como la exigencia de responsabilidade política ante la cámara*" [65]. Por tudo isso, tornava-se necessário neutralizar e apolitizar o Juiz, fazendo dele **la bouche qui prononce les paroles de la loi.**

2.8. A defesa política da submissão do Juiz à lei e da proibição da interpretação desta pelo Juiz

Esses revolucionários e a classe que representavam sabiam que tinham de continuar a lutar pelo controle do Poder Judicial, o que teriam de fazer através do Poder legislativo, e para construir um modelo de juiz neutral e apolítico, com vista a garantir, por um lado, a independência dos Juízes e do Poder Judicial face ao Executivo, mas, por outro, a sua dependência da nação reunida em Assembleia[66]. Para realizar esse desiderato, a teoria de Montesquieu, em parte, serve o poder revolucionário, agora dominante, na exacta medida em que defendia, relembre-se, que "*si les tribunaux ne doivent pas être fixes, les jugements doivent être à un tel point, qu'ils*

---

judicial. Es en ese preciso momento histórico cuando comienza en cierta manera a anteponerse, todavía en forma incipiente, la función del juez como poder o instrumento de poder a su función de resolución de conflictos o litígios". García Pascual, *Legitimidad Democrática y Poder Judicial*, p.ª 31.

[65] García Pascual, p.ª 33.

[66] O que, voltamos a lembrar, era reivindicado nos Cahiers da la Noblessse de 1789 analisado por Tocqueville que nos diz que aí – Note, Page 164, ligne 12 –se declarava que "*les magistrats seront responsables du fait de leurs charges à la nation assemblé*" Tocqueville, *L´Ancien Régime et la Révolution*, p:º 278.

ne soient jamais q'un texte précis de la loi. S'ils étaient une opinion particulière du juge, on vivrait dans la sociètè, sans savoir précisément les engagements que l'on y contracte"[67]. Mas, entendia que só o poder legislativo poderia interferir na actividade judicial, constituindo-se em Tribunal, sempre que o juiz, por estar impedido de interpretar a lei e obrigado a aplicá-la rigorosamente de forma literal, por via desse dever praticasse uma injustiça. Nesse caso, Montesquieu percebeu que se tornava necessário encontrar uma solução capaz de permitir a realização da justiça e a solução estava, na opinião desse filósofo, em constituir o legislativo em tribunal necessário, para intervir, enquanto autoridade suprema, com poder para moderar o rigor da lei em favor da própria lei[68]. Defende-se agora que o Juiz deve depender unicamente da lei[69].

Mas, se da obra do barão de Montesquieu, pese embora a sua posição de defesa dos velhos Parlements e da aristocracia, a filosofia política da Ilustração vai extrair parte da fundamentação teórico-ideológico do novo modelo do Juiz, é na Escola da Exegese que vamos encontrar a fundamentação jurídico-ideológica desse modelo que, a prazo, como iremos ver, vai transformar o Juiz num funcionário dependente do Executivo, agora controlado pela nova classe dominante, a burguesia.

Podemos dizer que este modelo de Juiz montesquiano vai encontrar eco nos principais vultos da Ilustração, como por exemplo Voltaire e Condorcet que também defendem que o Juiz não pode interpretar a lei por entenderem que daí resultaria grande incerteza e insegurança. Nesse sentido, Voltaire dizia que a lei devia ser clara, uniforme e precisa – "*Que toute loi soit claire, uniforme et précise....*" visto que, na opinião desse filósofo do Iluminismo, interpretar a lei é corrompê-la – "*l'interpréter c'est presque toujours la corrompre*"[70]. Por seu lado, Condorcet revela a mesma

---

[67] Montesquieu, *De L'Esprit des Lois*, 1:Livre XI, Chap. VI, ª 296.

[68] Na verdade, escreve Montesquieu que "*Il pourrait arriver que la lois, qui est en même temps clairvoyante et aveugle, serait, en de certains cas, trop rigeurerse. Mais les juges de la nation ne sont, comme nous avons dit, que la bouche qui prononce les paroles de la lois; des êtres inanimés qui n'en peuvent modérer ni la force, ni la rigueur. C'est donc la partie du corps législatif, que nous venons de dire être, dans une attre occasion, um tribunal necessaire, qu'il est encore dans celle-ci.; c'est à son autorité suprême à modérer la loi en faveur de la loi même, em prononçant moins rigoureusement, qu'elle*". Montesquieu, vol. 1, bk. XI, Chap. VI, p.ª 301.

[69] Forma eufemística de dizer que depende unicamente do Legislativo, enquanto poder.

[70] Voltaire, *Oeuvres Philosophiques* (Arvensa, 2020), s.v. Lois Civile et écclesiastiques.

desconfiança dos Juízes e dos Tribunais que encontramos em Voltaire, começando desde logo por afirmar no seu texto *Idées sur le despotisme* que "*le despotisme des tribunaux est le plus odieux de tous, parce qu'ils emploient pour le soutenir et l´exercer l'arme la plus respectable, la loi*" e por propor remédios para combater esse despotismo cujas causas, diz ele, são conhecidas, – "*Puisque l'on connaît les causes de ce despotisme, on en voit aisément les remédes*". Para demonstrar a enorme perigosidade desse despotismo Condorcet compara-o com o do governo e o dos militares, dizendo que "*Dans les pays pù les moeurs sont douces, le despotisme du gouvernement, celui du chef de l'armée ne peut être ni sanglant, ni cruel; le despotisme judiciaire l'est toujours, parce qu'il peut déployer toute la rigueur des lois, et les tribunaux ont soin de conserver des lois feroces, même quando les moeurs se sont adoucies*". Para combater tal despotismo, esse iluminista apresenta, entre outras, as seguintes soluções: a eleição dos Juízes por um certo período de tempo – "*à temps*" –, a liberdade de defesa dos cidadãos perante os Tribunais e a criação de Tribunais para punir os Juízes[71]. De acordo com essa posição, Condorcet defende que os Juízes devem ser responsáveis perante a Nação – *Celui de ne pouvoir être jugé que d'après les loix, et par les Juges légaux, reconnus ou établis par elle, sans que lesdits Juges puissent modifier, ni interpréter les lois; ni les causes être révoquées pour aucuns motifs, en déclarant les Juges responsables à la Nation de l'exercice de leurs fonctions. Les Magistrats, une fois établis Mandataires de la Nation, pour l'ordre judiciaire, doivent seuls être chargés de ce dépôt sacré, et par une conséquence immédiate, en sont responsables à la Nation*"[72] –, o que, em bom rigor, significa que o Poder Legislativo e os Juízes não podem interpretar a lei – "*lesdits Juges ne puissent modifier, ni interpréter les lois*".

Coerente com esta sua posição, Condorcet escreve no artigo primeiro do Título X – *De l'Administration de la Justicie* – Secção I do seu *Project de Constitution Françoise* que "*il y aura um code de lois civiles, de loix criminelles, qui seront uniformes pour toute la République*" para de seguida defender, no ponto VI dessa mesma secção, que os Juízes não devem interferir nas funções

[71] Condorcet, Idées sur le despotisme XII, Loc. 115 (ou nas Ouevres Loc. 26 34 e 2635).

[72] Condorcet, *Réflexions sur les pouvoirs & instructions a donner par les Provinces a leur Députés aux États-Généreaux* (Paris, 1789), p.ª 14. Pode ser visto e consultado em https://play.google.com/books/reader?id=89QtIG07g3oC&hl=pt_PT&pg=GBS.PA14 . Consulta feita em 2020-05-29.

do Poder Legislativo nem nas da Administração – "*Les tribunaux et les juges ne peuvent s'immiscuer dans l'exercise du pouvoir legislative; il ne peuvent interpréter les lois, ni les étendre, en arrêter ou suspendre l'exécution, entreprendre sur les funtions administratives, ni citer devant eux les administratuers pour raison de leurs fonctions*"[73]. [74]. Para concluir esta análise da posição de Condorcet, importa dizer que esse filósofo, tal como Montesquieu e Voltaire e, mais tarde, Michelet, levanta a questão da legitimidade do Juiz por entenderem que é um poder não representativo, o que os leva a defender que esse poder não pode criar Direito[75].

2.9. O Proto-Estatuto do Juiz

Como já dissemos, o Juiz agora submetido ao Legislativo através da sua vinculação à Lei e da proibição de a interpretar, é representado jurídico-politicamente como um Juiz-máquina de subsunções. A independência desse Juiz era, assim, a mais impressiva representação formal da sua dependência da lei, logo do Legislativo. Este é o novo modelo de Juiz que se pretende construir nessa época[76]. Mas esse modelo, apesar de tudo reclamava um "estatuto" que teria de assegurar as conquistas já feitas e impor algumas obrigações gerais conformes com a ideia da submissão à lei e ao Poder Legislativo.

Assim, o primeiro elemento que tem de ser reconhecido é a **inamovibilidade,** já conquistada no final do Antigo Regime, que, como já sabemos, se traduzia também na **independência individual** do Juiz, no sentido acima referido. De seguida, a obrigação de **fundamentar as decisões**, que foi imposta pelo édito de 7 de Maio de 1788 para as decisões em processo

[73] Condorcet, *Projet de Constituition Françoise présenté à la Convention Nationale* (A Montauban, 1793), p.ª 38/39, https://archive.org/details/projetdeconstitu00cond/page/38/mode/2up/search/Tribunaux. Consultado em 2020-05-28.

[74] Condorcet, p.ª 38/39. Consultado em 2020-05-28.

[75] No mesmo sentido, veja-se García Pascual, *Legitimidad Democrática y Poder Judicial*, p.ª 81.

[76] Modelo que Cristina Pascual Garcia descreve da seguinte forma: "*El modelo de juez al que conducían las tesis de los jusnaturalistas revolucionarios y sobre todo sus posteriores desarrollos se configuraba, de este modo, como el de una 'máquina de subsunciones' destinada a aplicar el Derecho a través de un procedimiento de carácter silogístico-deductivo*". García Pascual, p.ª 16.

criminal e mais tarde todas as decisões[77]. A **responsabilização dos Juízes** perante a Nação, ou seja, perante o Legislativo de que nos fala Condorcet quando diz que, recordemos, "*Les Magistrats, une fois établis Mandataires de la Nation, pour l'ordre judiciaire, doivent seuls être chargés de ce dépôt sacré, & par une conséquence immédiate, en sont responsables à la Nation*"; responsabilidade dos Juízes perante o Poder Legislativo que é para os revolucionários iluministas condição essencial do exercício das suas funções. Numa palavra, o Juiz, enquanto titular do poder de julgar, tem de prestar contas ao Poder Legislativo[78], por não ter natureza representativa, o que foi consagrado pela Constituição Francesa de 1791[79].

Por outro lado, **a proibição dos Juízes de interpretar a lei**, levou à criação do Tribunal de Cassação junto do Poder Legislativo com poder para anular as decisões que contrariavam expressamente a lei e para impor aos Juízes o dever de recorrerem ao Legislativo sempre que fosse necessário proceder à interpretação (autêntica) da lei – a que os franceses

---

[77] Punha-se assim termo à prática muito criticada pelos iluministas, nomeadamente por Voltaire, de decisões não fundamentadas no quadro de um processo penal secreto, muito criticado por esse autor que nos informa que essa prática foi consagrada por François Ier e confirmada por ordonnance de Louis IV de 1670. Cfr. Voltaire, "Dictionnaire Philosophique," in *Oeuvres Philosophiques* (Arvensa, 2020), s.v. Criminel/Procès Criminel. De acordo com John Gilissen, relembre-se, "*De um modo geral, as sentenças não eram fundamentadas. Até ao século XIII, os julgamentos raramente eram reduzidos a escrito; a partir de então são cada vez mais escritos e conservados nos registos*" e só a partir do século XVIII é que se impõe "*a obrigação de fundamentar os julgamentos (...) em alguns países: Itália, Portugal, alguns Länder alemães*". E em França "*um édito, (...) de 8 de Maio de 1788 exige já que toda a sentença em matéria criminal enumere e qualifique expressamente os crimes e delitos*". Mais tarde, continua este historiador do direito, "*[u]m decreto da Constituinte, de 16-24 de Agosto de 1790 estabelece que toda a decisão judicial deve conter os fundamentos que terão determinado os julgamentos. E a lei de 20 de Agosto de 1810 dispõe que as sentenças que não contêm os fundamentos são declaradas nulas*". Gilissen, *Introdução histórica ao direito*, p.ª 395/396.

[78] Em sentido próximo, veja-se García Pascual, *Legitimidad Democrática y Poder Judicial*, p.ª 104.

Como muito bem explica Carré de Malberg "*Les tendances de la Constituante, à cet égard, sont encore clairement révelées par ce qui fait qu'elle s'est refusée à reconnaitre aux juges la qualité de représentants de la nation*" e "*le juge, s'il est enfermé dans une mission exclusive d'application des lois, ne saurait être considéré comme voulant d'une telle façon: a vrai dire, le juge ainsi compris n'a aucun pouvoir de volonté propre, car il ne fait que déduire judiciairement les applications d'une volonté antérieure, la volonté législative*". R. Carré de Malberg, *Contribuition à la Théorie Générale de l'État* (Paris: Recueil Sirey, 1920), p.ª 722/733.

[79] Malberg, *Contribuition à la Théorie Générale de l'État*, p.ª 725 e segs.

denominavam por *referé législatif*[80] – e ainda determinar a **punição do Juiz** violador desse dessa proibição por esse mesmo Tribunal. Estas eram as duas outras condições basilares da concepção do (proto-)estatuto dos Juízes, que de certo modo reflectia o conceito de Juiz dessa época[81].

O estatuto moderno do Juiz começa assim a ser construído com a Revolução Francesa, mas até ao século XX, por força da nova configuração do poder político e com base na fundamentação oferecida pela doutrina positivista, o Juiz vai continuar a ser visto como um **funcionário** e não como titular de um poder, embora com independência perante os poderes públicos, mas dependente exclusivamente da lei, o que de seguida iremos falar.

Podemos assim dizer que o proto-estuto do Juiz iluminista consagrava as seguintes garantias e deveres:

- Inamovibilidade
- Independência individual do Juiz (contida no conceito de inamovibilidade)
- Responsabilização política dos Juízes perante o legislativo
- Proibição de interpretação da Lei
- Punição por um Tribunal – de Cassação – criado junto do Assembleia Nacional

Com este estatuto, o Juiz fica sob o controle político do Poder Legislativo, independente perante o Executivo[82] e impedido de agir politicamente, o que preenche o modelo de Juiz que "*no actúa, sino conoce, aplica las normas desde una posición neutral y aséptica por un simples proceso*

---

[80] Faz-se notar que em França, por lei de Agosto de 1790, foi instituído o *référe legislatif,* que veio a ser acolhido na Constituição de 1791, que o consagra no seu artigo 21.º. Para maior desenvolvimento, veja Malberg, p.ª 727 e segs.

[81] De acordo com Bergasse, citdo por Carré de Malberg, os Juízes são "*une classe d'homme chargés d'appliquer les lois aux diverses circonstances ou lequelles eles sont fait*" e de acordo com Cazalès, também citado por Carré de Malberg " *le pouvoir judiciaire consiste dans l'application puré et simple de la lois*". Cfr. Malberg, p.ª 721/722.

[82] De acordo com Chatelet, o Executivo "*n'a d'outre droit que de prête main-forte au pouvoir judiciaire, de le protéger, sans jamais l'intervertir*". Condorcet, *Réflexions sur les pouvoirs & instructions a donner par les Provinces a leur Députés aux États-Généreaux*, p.ª 15. Para maior desenvolvimento, veja-se Malberg, *Contribuition à la Théorie Générale de l'État*, p.ª 727 e segs.

del que está excluida su interpretación (...). El juez o magistrado es independiente excepto de la ley. Respecto a ella su sometimiento es absoluto"[83].

A doutrina positivista encarregar-se-á de legitimar essa posição.

2.10. A Escola da Exegese. A Codificação napoleónica e o positivismo jurídico

Na verdade, a partir do século XVIII, o jusnaturalismo, até aí fundado na fé e na ideia finalística do homem e na da existência de uma lei natural eterna e imutável outorgada por Deus, enquanto criador universal, lei que podia ser entendida por todos através do uso da recta ratio, laiciza-se para se apresentar e se assumir como um direito natural fundado na razão e sem qualquer fundamentação religiosa. Procura-se agora no século XVIII aproximar o direito das ciências exactas – a matemática e a física – por influência não só da filosofia cartesiana como do cientismo que olhavam para o direito como um campo de incertezas e de mutações constantes incompatíveis com a certeza das ciências exactas.

Impõe-se agora o império da razão que não aceita, nem mesmo no direito, nada que não seja racionalmente evidente. Um direito fundamentado na razão e expurgado da fé religiosa torna-se mais certo e mais justo. Como se vê, estamos numa época em que a laicização do pensamento socio-filosófico reclama um direito que, como ensina António Hespanha, "*pudesse valer independentemente da identidade de crenças*"[84], um direito construído com base num modelo mecanicista. É também este jusnaturalismo racionalista oitocentista que, como vimos, critica o arbítrio dos Juízes e defende que a codificação e a reestruturação dos Tribunais, bem como a já referida proibição da interpretação da lei poderiam contribuir para tornar mais certo o direito.

É neste quadro da cultura jurídica europeia, para usarmos a expressão de António Hespanha, que não tolera a incerteza do direito reflectida não só nas contraditórias decisões judicias, como nas inúmeras opiniões doutrinais e nos abusos dos Juízes, que surge a Escola da Exegese e,

[83] García Pascual, *Legitimidad Democrática y Poder Judicial*, p.ª 63.

[84] António Manuel Hespanha, *Cultura Jurídica Europeia* (Coimbra: Almedina, 2012), p.ª 311.

com ela, o positivismo jurídico assente no movimento codificador e na crença na supremacia da lei do Estado e na consequente omnipotência do legislador. Consagrava-se assim a máxima de Francis Bacon segundo a qual "*Judges ought to remember, that their office is jus dicere, and not jus dare*"[85].

Em França, onde a Revolução produzia radicais mudanças na concepção do Direito, a Escola da Exegese, em síntese, defendia que o direito era a vontade do legislador e esta manifesta-se ou devia manifestar-se na codificação, pois só assim se assegurava uma ordem jurídica estável, segura e previsível. Aos Juízes competia apenas aplicar esse direito produzido pelo legislador. Impunha-se fazer *tábua rasa* – expressão usada recorrentemente pelos historiadores do direito – de todo o passado jurídico e inaugurar uma nova era, a da codificação, que se inicia com o Code Civil de Napoléon de 1804 seguido de vários outros códigos napoleónicos. Esses códigos, diz-nos António Hespanha, têm um "*ar de monumentos legislativos de há muitos desejados, cientificamente fundados, democraticamente legitimados e politicamente convenientes*"[86] e, com eles, consuma-se o movimento legalista e doutrinal que tinha começado em França no período pré--revolucionário[87].

O positivismo legalista inicia assim a sua carreira e, com ela, a proibição, agora codificada, dos Juízes de interpretarem a lei e a obrigação de solicitarem tal interpretação ao Legislativo – o célebre *référé legislatif*[88] de que falámos acima. Podemos resumir as principais características dessa Escola dizendo, com António Hespanha, que são as seguintes:

"• *redução do direito a produto de vontades (convenções, leis), na linha da filosofia política de J.-J. Rousseau;*
• *identificação do direito com a lei, como vontade do legislador, e o consequente absolutismo desta última, de acordo com uma linha que corria desde os finais do século XVII;*

[85] Francis Bacon, *The Essays or Counsels, CIivil and Moral* (USA: The Pennsylvania State University, 1998), p.ª 119.

[86] Hespanha, *Cultura Jurídica Europeia*, p.ª 402.

[87] Hespanha, p.ª 401.

[88] Lei de 16-24 de Agosto de 1790.

- *desconsideração da doutrina jurídica, com o fechamento das Faculdades de Direito e com as medidas antijudiciais da primeira onda revolucionária;*
- *funcionalização dos juristas, convertidos em explicadores das leis*"[89].

A estas características gerais devemos acrescentar ainda duas outras também importantes para a questão que aqui estamos a tratar e que são a do reconhecimento do legislador como principal intérprete da lei, a que se atribui a tarefa de a interpretar autenticamente, e a de que todo o direito tem de emanar do Estado. Estamos assim perante uma das primeiras correntes positivistas na Europa e o nascimento do positivismo jurídico.

Contudo, importa dizer, que apesar da "proibição" dos juízes de interpretar as leis e da redução destes a "máquinas de silogismo", sabemos que os juristas reagiram a esta ideação não aceitando "*a supremacia da vontade do legislador sobre a sabedoria dos próprios juristas*" e socorrendo-se do direito natural para manterem o seu poder de "dizer o direito". Não vamos aqui desenvolver esta questão por não ser o tema desta nossa investigação[90], mas sempre se dirá que agora cabe ao jurista, logo aos Juízes, fazer pura e simples exegese da lei – à época do *Code de Napoléon* e os demais códigos então produzidos – sem perder de vista a ideia dominante na época de que os códigos não deixam ao intérprete qualquer margem para o arbítrio. Ao Juiz não cabe a tarefa de penetrar no espírito do legislador pela via da interpretação ou por qualquer outra, mas somente interpretar a lei através do raciocínio lógico e de forma racional, pois o direito é uma ciência racional, está na lei e é feito pelo legislador, pelo que o Juiz recebe o direito já feito.

Consagra-se assim o princípio da omnipotência do legislador como um dos dogmas fundamentais do positivismo jurídico, diz-nos Bobbio[91] e a plenitude lógica do sistema que impõe ao Juiz na tarefa da interpretação ou de integração das lacunas e o dever de procurar no interior do ordenamento jurídico a norma integrativa através do recurso à analogia ou à aplicação dos princípios gerais desse ordenamento. A Escola impunha assim a submissão dos Juízes às suas características fundamentais que,

---

[89] Hespanha, *Cultura Jurídica Europeia*, p.ª 403/404.

[90] Para maior desenvolvimento, veja-se por todos Hespanha, p.ª 401 e segs. e Norberto Bobbio, *O positivismo jurídico: lições de filosofia do direito* (São Paulo: Ícone, 2006), p.ª 78 e segs.

[91] Bobbio, *O positivismo jurídico*, p.ª 73.

segundo Bobbio, eram a da identificar o direito exclusivamente com o direito estatal, a de impor uma interpretação passiva e mecânica da lei respeitadora da intenção do legislador, a do culto da lei – máxime do *Code de Napoléon* e dos demais feitos nessa época – e a do respeito pelo princípio da autoridade[92].

2.11. A submissão do Juiz ao Executivo burguês. O Juiz funcionário

Cumprida a tarefa burguesa de transferência da soberania do Monarca para a soberania da lei e, com ela, a submissão do Juiz à lei, logo, ao Legislativo dominado pela burguesia, realiza-se a aliança do Direito com a razão. Contudo, o Juiz, cada vez mais recrutado na classe dominante económica e politicamente, a burguesia, detentor de uma independência pessoal consagrada pelo direito à inamovibilidade, não se conforma com a "proibição" de interpretar as leis, pelo que começa a lutar politicamente pelo reconhecimento da independência do próprio Poder Judicial, luta que inicia no exacto momento em que a o poder político começa a transformá-lo em Juiz funcionário.

Na verdade, se, ao longo do século XVIII, a burguesia liberal se servia dos Juízes e dos Tribunais como bastião da sua luta pela liberdade burguesa e os Juízes usavam os Tribunais com bastião da sua luta política pela independência relativamente ao Monarca absolutista[93], agora, no século XIX, a mesma burguesia liberal que reclamava a independência dos Juízes – mesmo que ainda assumida como uma independência pessoal – relativamente ao Monarca, logo, ao Executivo absolutista, e advogava a sua dependência em relação à lei, logo ao Legislativo, percebe que é mais eficaz o controlo da Magistratura pelo Executivo, mesmo que de forma menos vinculativa do que a submissão à lei. Como diz Cristina García Pascual a este propósito, "*la vinculación normativa, ideológica, la fuerza de los principios teóricos como la división de poderes o el principio de legalidad se demonstran débiles frente a la simples vinculación burocrática*"[94]. Vale isso dizer que a burguesia dominante aceitou a vinculação à lei enquanto esta lhe

---

[92] Bobbio, p.ª 86 e segs.

[93] Em sentido próximo Simon, *La independencia del juez*, p.ª 9.

[94] García Pascual, *Legitimidad Democrática y Poder Judicial*, p.ª 112.

garantiu a liberdade e favoreceu a sua caminhada em direcção à tomada do poder Executivo; conquistado este poder, urgia arquitectar mecanismos de submissão do Judicial ao controle desse poder, com vista a transformar o Juiz em funcionário da Administração.

Mas, esse modelo de Juiz neutral, apolítico, submetido aos Códigos e máquina de silogismos que a Revolução, por desconfiança nos Juízes, criou e que a Escola da Exegese legitimou doutrinalmente abre caminho, com o apoio de alguma doutrina, a uma nova sublevação dos Juízes, agora discretamente e sob o ecrã da lei, porque os Juízes não aceitam a omnipotência do legislador e não pretendem abdicar de interpretar e aplicar a lei. Aproveitam-se, para tanto, da própria exegese dos artigos 4.º e 5.º do *Code de Napoléon*, mesmo sabendo que, nesse Código, o artigo 9.º consagrava os critérios que deviam ser seguidos para a integração das lacunas.

Com efeito, a proibição do *non liquet*, pese embora a obrigação de integrar as lacunas no quadro do ordenamento jurídico, por se entender – por força do dogma da plenitude lógica do sistema – que é no interior desse ordenamento que o Juiz deve procurar e encontrar a reposta para todos os problemas jurídicos que o caso concreto e a obrigação de aplicar a lei lhe colocam, abre as portas para a livre criação do direito por parte do Juiz, como defende Bobbio[95]. Contudo, não é menos certo que, a partir do século XIX, a completa tomada do poder político e o controlo do poder Executivo pela burguesia liberal, também colocam o Juiz na dependência do Excutivo. É assim o Juiz funcionário que (de novo) se subleva contra o Executivo burguês, agora no quadro do Estado-Nação.

Este Juiz funcionário está rigidamente submetido ao Executivo, pois agora é este que o nomeia, suspende, demite, inspeciona a sua actuação, transfere, fixa a sua retribuição etc., e faz tudo isto mantendo o Juiz vinculado à lei, o que o coloca numa situação de dupla dependência, a saber: dependência relativa ao Legislativo e dependência relativa ao Executivo. O Juiz que obtivera a sua independência contra o Monarca, pagando por ela o preço da vinculação à lei, ou seja, ao Legislativo, vê-se agora, nos meados do século XIX, a ter de retomar a sua luta contra o novo Executivo para assegurar a sua independência, mas agora não só a individual, mas a de toda a Magistratura, ou seja, do Poder Judicial.

[95] Bobbio, *O positivismo jurídico*, p.ª 75.

Não nos compete no âmbito deste trabalho explicar em profundidade a evolução do sistema político de que irá resultar, a partir do século XIX, a proeminência do Executivo no Estado de Direito[96] construído a partir do início do século XIX, sob a dominância do Parlamento, instância suprema de representação do povo e da razão[97]. Contudo, sempre poderemos sumariamente dizer que o Estado de Direito não deixa de ser um Estado burocrático no sentido de uma Administração burocrática moderna. De facto, de acordo com Max Weber, essa Administração, que se inicia com o Estado absolutista, vai reforçar os seus poderes a partir do século XIX, reforço que reclama a criação, nesse mesmo século, de um corpo de funcionários públicos com um estatuto especial[98] necessários para responder aos inúmeros e complexos problemas que a nova realidade sócio-económica e cultural do século XIX colocava.

Na verdade, e dizemo-lo muito sucintamente com Ernst Forsthoff[99], o rápido desenvolvimento das cidades, o enorme aumento da população, as migrações internas e a concentração das populações nas cidades impunham a necessidade de aprovisionamento e distribuição de alimentos, gás, água, sistema de transporte, cuidados sanitários e higiénicos públicos, as novas exigências da defesa nacional, transformaram a administração, que até

---

[96] Rechsstaat, expressão que, como é sabido, foi usada pela primeira vez por Robert von Mohl em 1832-33 na obra Polizeiwissenschaft nach den Grundsätzen des Reichstaates e que tem como características dominantes o império da lei, como vontade geral, a separação dos poderes, a legalidade da Administração e a consagração dos direitos e liberdades fundamentais e da sua concreta realização.

[97] John Locke, *Ensaio sobre a Verdadeira Origem, Extensão e Fim do Governo Civil* (Lisboa: Edições70, 1999), p.ª 111 e segs.

[98] Assim por exemplo, em França que já no século XVIII tinha um "*funcionnariat*" criado pelo Estado absolutista e que já revela as primeiras características de uma administração burocrática moderna que se opunha à administração feudal. Faltava somente combinar a ideia de profissionalização com a do exercício de função pública para a emergência da moderna administração burocrática. Esta combinção ocorre no século XIX. Nesse sentido diz-nos Forsthoff que "*la bureaucratie est liée au monde bougeois oú l'ideé de profession a historiquement son origine*" e que "*les liens sociologiques entre la bureaucratie et la bourgeoisie sont très étroits au début de l'époque absolutiste*" – cfr. Ernst Forsthoff, *Traité de Droit Administratif Allemand* (Bruxelles: Émile Bruylant, 1969), p.ª 68/69. Nos meados do século XIX

[99] Forsthoff, p.ª 83 e segs. para maior desenvolvimento veja-se ainda Rogério E. Soares, *Direito Público e Sociedade Técnica* (Coimbra Editora, 1969), passim. e Jean Rivero, *Direito Administrativo* (Coimbra: Almedina, 1981), p.ª 27 e segs.

então tinha como função assegurar a ordem, numa administração de prestação de serviços. Se a isso acrescentarmos os efeitos das revoluções tecnológicas e científicas e os novos meios e instrumentos técnicos e sociais que são criados – caminhos de ferro, telégrafo, telefone – podemos compreender a ampliação da função do Estado pela via da Administração e com ele o reforço do poder Executivo decorrente do aumento exponencial das tarefas públicas. Esse reforço é acompanhado da crítica ao Parlamento considerado como uma instância política agora incapaz de dar respostas tempestivas às novas necessidades e exigências sociais.

É neste quadro novecentista que ocorre o fortalecimento do Executivo decorrente das "*multiformes prácticas de intervención económica e socio-política por parte del Estado*"[100], com o consequente enfraquecimento funcional do poder Legislativo e com a criação do corpo de profissionais da administração pública – *civil service* na Inglaterra – que emerge a figura do Juiz funcionário. Agora, o Juiz funcionário está duplamente dependente, por um lado da lei, logo do Legislativo; por outro, do Executivo, com maior impacto no seu controlo pelo poder político, dos poderes de nomeação, transferência, punição, suspensão, jubilação, modelos de organização da administração e gestão dos Tribunais, inspecção, etc.[101].

Mas, agora, esse Juiz funcionário está constitucionalmente enquadrado, pois nesse século já entramos na era do Estado Constitucional. Apesar disso, os Juízes continuam a agir politicamente e com subserviência face ao poder, colocando-se, pelo menos em França, ao lado das forças conservadoras, o que levou Victor Hugo a dizer, num texto dos anos 70 do século XIX a que deu o título de *Servilité de la Magistrature impériale sous le despotisme de Napoléon le Petit*, "*ces magistrats qui prêtent tous les serments, se placent toujours dans le camp des vainqueurs*" e a considerar essa "*magistrature adultère qui se donne à tous les passants*"[102].

---

[100] Friederun Karsch and Schmiederer Ursula, "Evolución Funcional del Poder Legislativo," in *Introdución a la Ciencia Politica* (Barcelona: Anagrama, 1971), p.ª204.

[101] Sobre essa dependência e sobre o controle do poder político em que se encontrava o Juiz funcionário, em especial a partir da Constituição do ano VIII (1793) e a partir do início (1870) da III República e ao longo do século XIX, para maior desenvolvimento, veja-se, entre outros, Gérard Masson, *Les Juges et le Pouvoir* (Langres: Moreau Syros, 1977), p.ª 30 e segs.

[102] Victor Hugo, *Servilité de la Magistrature Impériale sous le Despotisme de Napoléon-le-Petit* (Paris: Hachette, Livre BNF, 1871).

Importa dizer que, desde as vésperas da Revolução até ao final do século XIX, todos os avanços e recuos do poder político para controlar a Magistratura Judicial e todo o posicionamento político dos Juízes teve como eixo central a ***inamovibilidade***[103] e, com ela, a independência, ainda que individual, do Juiz, que ora lhes era reconhecida, ora lhes era retirada por se considerar, na época republicana – II República (1848 a 1851) que também desconfiava dos Juízes e que os considerava inimigos da república – que era incompatível com o regime republicano. Também a ***interpretação da lei*** foi outro eixo central da luta pelo controlo da Magistratura Judicial, tendo por isso sido constituída em instrumento de luta quer pelo poder político, para controlar politicamente os Juízes e o Poder Judicial, quer pelos Juízes, para em cada momento histórico, agirem politicamente contra ou a favor do poder político estabelecido.

2.12. A "Querela da interpretação". A discussão sobre o sentido dos artigos 4.º e 5.º do *Code de Napoléon* ou a luta pelo direito à interpretação

Como pode ver-se, pelo menos desde o Antigo Regime até ao final do século XIX, em França e em muitos países do continente europeu que sofreram a influência das doutrinas políticas e jurídicas Revolução Francesa[104], os Juízes e os Tribunais nunca se posicionaram como corpo neutro e apolítico. Participaram, mais ou menos, activamente na lutas políticas dessas épocas históricas, utilizando como instrumento de luta a sua função de interpretar e de aplicar a lei, o que provocou sempre grande desconfiança política relativamente a esse poder, mesmo quando se posicionava politicamente contra o absolutismo e participava na luta

---

[103] Em sentido próximo, diz Juan Montero Aroca que "*a lo largo del siglo XIX el punto clave sometido a discusión teórica y reiterado una o otra vez en las constituciones fue el da la inamovibilidade*". Juan Montero Aroca, *Independencia y Responsabilidad del Juez* (Madrid: Civitas, 1990), 40.

[104] Podemos também falar de um certo sector da doutrina política inglesa representada por Jeremy Bentham e John Austin, por exemplo. Cfr. Jeremy Bentham, *The Principles of Morals and Legislation*, Great Books in Philosophy Series (Buffalo, N.Y: Prometheus Books, 1988). e John Austin, *The Province of Jurisprudence Determined*, Cambridge Texts in the History of Political Thought (Cambridge; New York, NY: Cambridge University Press, 1995).

burguesa contra o Estado absolutista, isto é, assumia uma posição politicamente progressista.

Na verdade, os Juízes não ignoravam que um dos principais instrumentos para se furtarem eficazmente ao controle do Executivo, mas também do Legislativo era o da interpretação da lei que, como sabemos, lhes era vedado por este último Poder. Tornava-se assim necessário travar essa luta, agora aparentemente de natureza meramente jurídica, e ganhar essa batalha, com vista a afirmar o direito feito pelos juízes pela via da interpretação, que ficou, e é, conhecido por direito judiciário. Para tanto, impunha-se tirar partido do próprio *Code de Napoléon* e mobilizar a doutrina jurídica contra a interdição de acesso à interpretação. É a velha *querela da interpretação*[105] que ressurge agora com renovado vigor, mas sempre politicamente contaminada.

Com efeito, o *Code Civil* consagrava que "*le Juge qui refusera de juger sous prétext du silence, de l'obscurité ou de l'insuffisance de la loi, pourra être poursuivi comme coulpable de déni de justice*", o que, para certos autores, revogava o célebre *référé legislatif* de que falámos acima, que relembre-se, permitia o controle da actividade judicial pelo legislativo e que tinha sido muito utilizado pelos revolucionários oitocentistas. Esse artigo, por outro lado, proibia os Juízes se absterem de decidir – *non liquet* – com fundamento na inexistência de norma ou de norma clara e precisa, prática que os Juízes tinham usado no absolutismo para combater a monarquia absoluta e que os revolucionários não aceitavam ver replicada no novo modelo sócio-político.

Acresce que o artigo 5.º desse mesmo Código estabelecia que "*il est défendu aux juges de prononcer par voie de disposition générale et réglementaire sur les causes qui leur sont soumises*", o que, de acordo com Carré de Malberg consubstancia um tratamento do Poder Judicial como um verdadeiro "*troisième pouvoir primordial, ne dérivant d'aucun des deux autres, mais directement*

---

[105] *Querela da interpretação*, designação criada por Jacques Krynen para título de um capítulo da sua obra *L'Idéologie de la Magistrature Ancienne* em que trata a questão da interpretação como factor de tensão jurídico-política entre os Monarcas e os Juízes desde a Alta Idade Média, sem esquecer as referências feitas à *interpretatio* na obra maior do Direito Romano, a Digesta. A leitura dessa obra permite-nos compreender o poder dos Juízes e a forma como o exerciam politicamente no que um outro autor chamou de "bastião judicial", ou seja, nos Tribunais. Cfr. Krynen, *L'Idéologie de La Magistrature Ancienne*, p.ª 139 e segs.

délégué par la nation au corps des juges"[106], o que gerou reacções de certos constituintes que defendiam que se devia substituir poder judiciário por função judiciária por esse poder não ter uma natureza representativa, o que aliás a Constituição de 1791 confirmava ao negar essa natureza aos Juízes. Mas, em bom rigor, o que essa norma também consagra é a proibição da criação do direito pelos Juízes ou, seja, a proibição da criação do direito judiciário, separando os poderes por essa via.

Alguns autores entendiam que estas duas disposições legais abriram as portas à actividade interpretativa dos Juízes, pese embora a Escola de Exegese continuasse a defender que elas consagravam o dogma da plenitude lógica do sistema ou do ordenamento jurídico, e, com esse dogma, se reafirmava o positivismo jurídico. Para essa Escola o Juiz continuava completamente vinculado à lei e submetido ao Poder Legislativo.

Contudo, de acordo com Carré de Malberg, os codificadores revelaram nos trabalhos preparatórios que quiseram com esse artigo 4.º permitir aos Juízes a interpretação da lei, libertando-os da mecânica tarefa da sua simples aplicação. Quiseram ainda estabelecer que, no silêncio da lei (artigo 5.º), o Juiz deve encontrar soluções que a lei não lhe oferece para dirimir conflitos que lhe são submetidos. Tudo isto, diz Carré de Malberg, é afirmado por Portalis, porta voz deles no Parlamento, no discurso que, em nome da Comissão de Redacção do *Code Civil*, faz perante a Assembleia Nacional. Entre outras coisas, "*afirme avec une clarté parfaite que la nouvelle legislation codifié ene prétend nullement fournir à la pratique judiciaire toutes solutions que celle-ci aura à formuler pour le règlememnt des rapports de droit litigieux*"[107].

Estava agora aberta a porta à criação pelo Juiz do direito judiciário, o que, mesmo na doutrina inglesa de Jeremy Bentham e de John Austin, era algo de perigoso e inaceitável.

Esse primeiro e decisivo ataque ao legalismo positivista da Escola da Exegese e do pensamento e prática dos revolucionários, vai encontrar apoio na doutrina de várias Escolas de pensamento jurídico, que se envolvem na querela da interpretação por não aceitarem o monopólio da interpretação pelo legislador, nem o legalismo estatista.

---

[106] Malberg, *Contribuition à la Théorie Générale de l'État*, cit.ª p.ª 726.

[107] Malberg, p.ª 735.

2.13. A luta doutrinal contra o legalismo positivista e a proibição da interpretação. As Escolas de Direito

Vejamos sumariamente as Escolas ou doutrinas mais representativas para o objecto do nosso estudo que se posicionam contra o legalismo positivista acima referido.

a) Escola Histórica alemã

A primeira Escola que se envolve nessa querela é a Escola Histórica alemã – Savigny e Puchta – que não aceitava o monopólio da lei como fonte do direito e criticava a codificação por entender que, de acordo com a concepção organicista da sociedade e também do direito, que os juristas dessa Escola defendiam, os códigos são obstáculos à evolução natural do direito. Este, tal como todas as manifestações culturais de um povo, tem de fluir do *Volksgeist* (Espírito do Povo), pelo que as suas fontes não podiam ser estaduais, mas sim esse Espírito do Povo. Daí a proeminência que Savigny e a sua Escola concedem ao costume e ao direito romano, defendendo que é com auxílio dessas fontes que devem ser explicados os Códigos e as leis.

Podemos assim dizer que essa Escola é antilegalista e contra todo o movimento codificador[108], incluindo o que estava a emergir na Alemanha da primeira metade do século XIX com a teorias de Thibaut, que defendia a codificação[109]. Contudo importa salientar que Savigny, no quadro do seu pensamento historicista e organicista, oferece uma teoria da interpretação de acordo com a qual esta deve reconstruir o pensamento ínsito na lei e, para o efeito, elabora uma doutrina da interpretação de cariz subjectivista, em que se entende que a interpretação é "*a reconstrução do pensamento ínsito na lei*" e que, por isso, tem de revelar a vontade do legislador histórico. Essa doutrina da interpretação assenta em quatro elementos estruturais, que são os seguintes: elemento gramatical, lógico, histórico e

---

[108] Sobre a Escola Histórica , veja-se por todos, Hespanha, *Cultura Jurídica Europeia*, p.ª 409 es egs. e Karl Larenz, *Metodologia da Ciência do Direito* (Lisboa: Calouste Gulbenkian, 1978), p.ª 1 e segs.

[109] Referido por Hespanha, *Cultura Jurídica Europeia*, p.ª 411.

sistemático[110]. Com essa teoria a doutrina da Escola Histórica contesta o positivismo e o seu legalismo radical.

b) A jurisprudência dos conceitos. Padektenwissenschaft

No quadro da Escola da Exegese e do seu legalismo emerge a pandectística[111] ou a doutrina (formalista) da jurisprudência dos conceitos liderada por Puchta e Rudolf von Jhering que defendia que os conceitos facilitam a compreensão do direito, pelo que impunha-se a construção de critérios para a sua elaboração.

Do ponto de vista socio-político, esta doutrina visava também obter a neutralidade e a apoliticidade do Direito, e seguramente também do Juiz, tornando-os independentes do Estado. Por outro lado, diz-nos Hespanha, "*tem-se realçado de que maneira o formalismo da pandectística possibilitou a neutralidade do direito face aos projectos políticos contraditórios da burguesia alemã*", sendo certo que, na opinião deste autor, esta corrente doutrinal marcou decisivamente a cultura jurídica europeia, tendo tido uma grande expansão dentro e fora da Europa.

Sob o ponto de vista da interpretação, a jurisprudência dos conceitos constrói um modelo em que o intérprete surge como sujeito que analisa o objecto que é a lei. É assim no par sujeito-objecto que assenta a hermenêutica desta Escola, em que o intérprete-sujeito devia deduzir os preceitos jurídicos a partir dos conceitos previamente elaborados. Para tanto Puchta constrói a teoria da *genealogia dos conceitos* que mais não é do que uma pirâmide de conceitos logico-formalmente construída em que, diz-nos Larenz, "*[à] largura corresponde a compreensão e à altura a extensão (o âmbito da aplicação) do conceito 'abstracto'. O ideal do sistema lógico é atingido quando no vértice se coloca o conceito mais geral possível, em que se venham a*

---

[110] Para maior desenvolvimento veja-se, entre outros, Winfried Hassemer, Arthur Kaufmann, and Gregorio Robles, *El pensamiento jurídico contemporáneo* (Madrid (España): Editorial Debate, 1992), p.ª 110 e segs. e Hespanha, *Cultura Jurídica Europeia*, p.ª 438.

[111] Relembramos com António Hespanha que "*a designação de 'pandectística' deve-se ao facto de esta escola voltar a valorizar o direito romano (Pandectas) – sobretudo na medida em que é nele que se funda a tradição de construção sistemática que marcara a cultura jurídica alemã dos dois últimos séculos e que Savigny insistira no seu System des heutigen römischen Rechts*". Hespanha, *Cultura Jurídica Europeia*, p.ª 413, nota 772.

subsumir, como espécies e subespécies, os outros conceitos, de sorte a que de cada ponto da base possamos subir até ela, através de uma série de termos médios e pelo caminho referido da eliminação do particular"[112]. Assim, do conceito supremo todos os demais são deduzidos. Os conceitos são a fonte do conhecimento do direito e da lei.

Por seu lado, Jehring constrói também o seu esquema de criação dos conceitos através do que ele denomina de jurisprudência inferior e de jurisprudência superior, cabendo ao conceito a função, entre outras, de "*tornar possível a produção de novas soluções jurídicas por meio do desenvolvimento conceitual chamado de 'poder genético dos conceitos'* "[113]ou seja, para este autor os conceitos são produtivos e geradores de novos conceitos.

Pese embora o seu formalismo, a pandectística influenciou toda a codificação alemã e grande parte da europeia.

Mas, se a Escola Histórica e a *Padektenwissenschaft*, com a sua jurisprudência dos conceitos, abriram o combate contra a codificação e o legalismo baseado num formalismo exangue, por descomprometido com o real, a vida vivida, também importa dizê-lo, por estarmos a falar de Juízes, que a pandectística promoveu aquilo que veio a ficar conhecido, diz-nos António Hespanha, como o direito doutrinal *Professorenrecht* "*que readquire a sua tradicional indisponibilidade perante o poder e, de certa forma, pode legitimamente reclamar aquele papel de árbitro entre governantes e governados que se incorporou tão duradouramente na ideologia espontânea dos juristas e na autorrepresentação que eles tinham do seu papel sócio-político*" o que, continua a este historiador do Direito, "*deu origem à imagem contemporânea de um Estado dirigido por Juízes (Richertstaat) como ideal de organização*"[114].

Certamente é também a memória desta ideologia e desta imagem do Governo dos Juízes que, 1921, leva Édouard Lambert, a propósito de um estudo publicado na *Political Science Quarterly* sob o título *Gouvernment by Judiciary*, publicado em 1911, a escrever um livro – *Le Gouvernement de Juges* – em que adverte para o perigo que representaria essa forma de governo e manifesta a sua aversão ao controlo da constitucionalidade das leis pelos Tribunais que compara com o activismo dos

[112] Larenz, *Metodologia da Ciência do Direito*, p.ª 14.

[113] Hespanha, *Cultura Jurídica Europeia*, p.ª 415/416.

[114] Hespanha, p.ª 419.

Parlements no Antigo Regime[115], dizendo que é uma (nova) espécie desse activismo.

De qualquer forma, com esta doutrina, os Juízes passam a ter uma fundamentação dogmática para a sua contestação do legalismo estatista que a codificação encarna e para a sua reivindicação de acesso à interpretação que tanto querem conquistar.

c) A Escola do Direito Livre ou Freirechtsbewegubng

Mas, contra esse formalismo radical da Escola Histórica e com o objectivo de atribuir ao Juiz maior capacidade de criação do direito judicial, surge Escola do Direito Livre ou, mais rigorosamente, a *Freirechtsbewegung* – Movimento do Direito Livre – que, partindo de uma crítica ao racionalismo (kantiano), defende que a personalidade do Juiz é decisiva para a aplicação da norma, visto que esta é uma actividade pessoal pelo que a individualidade do Juiz é decisiva na criação do Direito. Aliás, se o Direito é produto da vontade, o direito livre também o é, mas, agora, não da vontade do Estado, mas sim dos cidadãos, da jurisprudência e da ciência do Direito.

O Juiz cria o direito, visto que "*toda a decisão judicial é uma actividade criadora, dirigida ao conhecimento*", explica Karl Larenz a propósito deste Movimento, indicando Bülov e Erlich como representantes dessa teoria. Para este Movimento do Direito Livre, que é radicalmente subjectivista, ao Juiz deve ser conferida a mais ampla liberdade na interpretação e aplicação da lei, pois o Juiz deve preencher as lacunas como se fosse ele próprio o legislador, tanto mais que o seu papel é buscar o direito justo mesmo que, para o efeito, tenha de decidir *contra legem*, como Magnaud (1848-1926), célebre juiz francês, fez numa das suas decisões.

A *Freirechtsbewegubng* abre assim as portas à criação do Direito Judicial, o que para os Juízes é um excelente apoio à sua luta pelo direito de acesso à interpretação e, consequentemente, pelo direito de criação e de aplicação de Direito Judicial.

---

[115] Cfr. Edouard Lambert, *Le gouvernement des juges et la lutte contre la legislation sociale* (Paris: Ed. Dalloz, 2005).

d) A Jurisprudência dos Interesses

Importa uma referência à Jurisprudência dos Interesses, exactamente por ser, ao contrário das Escolas anteriores, um "retorno" ao legalismo, mas de forma inteligente – "*obediência inteligente conforme aos interesses*"[116] –, como diria Philipp Heck.

Para esta corrente doutrinal "*o Juiz não é simples aparelho de subsunção em que por lado se metam a hipótese de facto e a norma jurídica e de onde saia pelo outro lado a sentença, sem qualquer valoração pessoal. É também, pelo contrário, criador das normas a aplicar, auxiliar, portanto, do legislador*" e "*o resultado da decisão judicial e, consequentemente, a protecção dos interesses determinantes da lei, depende essencialmente da forma como o juiz a interpreta*"[117]. Contudo, essa corrente doutrinal não deixa de defender que o Juiz está subordinado à lei, mas isso não o isola da vida e do modo como deve interpretar a lei e preencher as lacunas. Para tanto, deve sempre ter em atenção os interesses causais da lei, tanto mais que, como diz Heck, "*o legislador não é um 'fantasma', é uma designação que "engloba todos os interesses causais*"[118]. Daí que entenda que a melhor forma de interpretação da lei é aquela que "*melhor satisfaz os interesses práticos*" e esta é a da investigação histórica dos interesses[119].

Como se vê estamos perante um sentido de interpretação que reúne em si uma dimensão subjectiva e uma outra objectiva, que critica aquilo que Heck denomina por errónea jurisprudência conceitualista que considera ser um método de inversão e que, sem prejuízo de aceitar a subordinação do Juiz à lei, visa conceder-lhe maior liberdade na interpretação e na conformação da lei.

Agora ao Juiz é oferecida mais uma justificação doutrinal para a reivindicação do seu direito à criação da norma que pretende aplicar ao caso concreto e, por esta via, à criação do Direito Judicial por que tanto tem lutado.

Como pode ver-se, a partir do *Code Civil* e da Escola da Exegese, a doutrina produzida pelas Escolas acima referidas (e outras) é no sentido

---

[116] Philipp Heck, *Interpretação da Lei e a Jurisprudência dos Interesses* (Coimbra: Arménio Amado, Editor, 1947), p.ª 22.

[117] Heck, cit. p.ª 24.

[118] Heck, cit. p.ª 10.

[119] Heck, cit. pª 10.

de pôr fim ao reino legalista que quer os revolucionários franceses quer o produto da sua ideologia jurídico-política, "Sua Majestade o Code Civil", para usarmos a expressão de John Gilissen, tinham imposto, proibindo os Juízes de exercerem a tarefa da interpretação e afastando assim qualquer hipótese de construção de um Direito Judicial. Em última análise, todas essas Escolas, cada um a seu modo e no seu tempo, são aliadas do Juiz e da sua independência individual que agora se radica no direito de poder interpretar e de, através da interpretação, criar Direito Judicial.

O Juiz agora já pode perfilar-se perante o poder político também como um criador do direito, embora subordinado à vontade primária do legislador. Estamos já a ouvir a voz de Kelsen a defender que a decisão judicial é direito criado pelo Juiz para o caso concreto, Direito Judicial, portanto.

Contudo levanta-se agora a questão de saber se, durante todo esse largo período de tempo que vai do século XIX até 1914 (data da publicação da obra – *Gesetzauslegung und Interessenjurisprudenz* de Philipp Heck, que inaugura a Escola da Jurisprudência dos Interesses), os Juízes tinham aceitado pacificamente a sua condição de serventuários da Lei, logo do Poder Legislativo e funcionários do Executivo, que se limitavam a receber pacificamente o apoio doutrinal que lhes foi sendo dado pelas Escolas aqui referidas, ou se continuavam a lutar politicamente pela sua independência individual, agora reforçado com a legitimação teórica do direito de interpretar a lei. Mais, se esse apoio legitimador das suas reivindicações foi ou não utilizado para a reivindicação da independência orgânica da Magistratura Judicial como um todo, enquanto corpo funcional, constituinte do Poder Judicial. Aqui já estamos a falar da ideia de criação de um órgão específico de representação corporativa dos Juízes e de controlo interno da actividade profissional do Juiz. É a nova ideia dos Conselhos Superiores da Magistratura que começa a emergir, mas que só verá a luz do dia depois da Segunda Guerra Mundial.

2.14. A longa marcha para a Independência Corporativa ou a luta pela conquista da auto-administração. Os Conselhos Superiores

Do que se acaba de expor decorre que o Juiz neutral e apolítico é um mito criado originariamente pela teoria da separação dos poderes de Montesquieu e, de seguida, consagrada pela doutrina legalista para satisfazer a necessidade de neutralizar a acção política desses Magsitrados contra o poder político, *lato sensu* e de os submeter ao controlo do Poder Legislativo, o que aliás, Locke já tinha defendido. Contudo, com vista a fugir a esse controle, em especial após a publicação do *Code Civil*, e de contornar a proibição de aceder à interpretação da lei, os Juízes socorreram-se da *equidade*, para se constituirem em fonte de direito donde passaria a brotar o Direito Judicial[120]. Na verdade, com o recurso à equidade o Juiz passa a ser uma fonte delegada do Direito, como diz Bobbio[121], mas o ponto é que, mesmo nessa posição, ao lançar mão do Juízo da equidade para solucionar um conflito de interesse, o Juiz socorre-se dele próprio ou, seja, da sua ideação de justiça ou, se se quiser, da sua consciência sobre o que é justo, logo cria judiciariamente o seu direito para decidir de acordo com essa sua ideação de justiça. Com esse recurso à equidade (e também desse conceito jusnaturalista que é o da *natureza das coisas*), contorna a proibição de acesso à interpretação, com vista a retomar a posição de proeminência que teve durante toda a Idade Média e que, no processo de formação do Estado moderno, como temos estado a ver, foi perdendo, diz-nos Bobbio [122].

Para o efeito, foi preciso, ainda antes desse período do legalismo, assegurar através da sua luta nos Parlements, a sua independência individual, conquistando o direito à **inamovibilidade**, "em troca", é certo, da sua **responsabilização** perante a Nação, ou seja, perante o Poder Legislativo, e, pela primeira vez, impõe-se aos Juízes o **dever de fundamentar as suas decisões**. Com a inamovibilidade também conquistaram o direito de não serem punidos pelo Executivo, mas sim exclusivamente por um Tribunal – **o direito à punição judicial** – constituído pelo Legislativo, o Tribunal de Cassação[123]. Para completar o (proto-) Estatuto do Juiz da

---

[120] Nesse sentido diz-nos Bobbio que o juízo de equidade é um Juízo emitido sem regras preexistentes, sendo a fonte do direito, visto que através dele se explica o poder normativo do Juiz, consubstanciado nas suas sentenças. Cfr. Bobbio, *O positivismo jurídico*, p.ª 174/175.

[121] No mesmo sentido, Bobbio quando defende que *"[n]o processo de formação do Estado moderno, o juiz perde a posição que anteriormente detinha de fonte principal de produção do direito, para se transformar num órgão estatal, subordinado ao poder legislativo e encarregado de aplicar fielmente (podemos dizer mecanicamente) as noras estabelecidas por este último"*. Bobbio, p.ª 171.

[122] Bobbio, p.ª 171.

[123] Tribunal que veio a ser criado após a Revolução pela Constituinte junto do Parlamento e que foi chamado de Tribunal de Cassation. Para maior desenvolvimento veja-se Malberg, *Contribuition à la Théorie Générale de l'État*, p.ª 727 e segs.

Revolução Francesa falta a **independência corporativa**, isto é, do corpo de Juízes, enquanto um todo, o que abre um novo campo de luta política para a conquista da **representação institucional** através da criação de um órgão que os represente corporativamente, órgão que só depois da Segunda Guerra Mundial passa a ter dignidade constitucional, o Conselho Superior da Magistratura.

Ao longo de todo esse período histórico, estes são os objectivos da luta política dos Juízes com vista a pôr fim ao controlo, agora de toda a Magistratura, pelo Legislativo e pelo Executivo. Por outro lado, ao reclamarem o acesso à interpretação, que sabiam constituir a sua arma de combate contra esse controle, instrumento indispensável para a criação de Direito Judicial e alavanca indispensável para inverter a posição em que historicamente tinham sido colocados, a de um poder controlado, para a de poder controlador do Legislativo e o Executivo, controlo que agora assume a forma de controlo da constitucionalidade da lei.

Do Juiz dependente, passamos para o Juiz funcionário e, de seguida, para o Juiz político[124], sendo que nenhuma dessas posições o impediu de ser Juiz político e de participar na luta política utilizando a sua interpretação da lei, o seu Direito Judicial e os seus Tribunais para o efeito. A pedra de toque dessa luta política desloca-se da inamovibilidade ou independência pessoal para a interpretação da lei e, com ela, a criação do Direito Judicial, e para o controlo da constitucionalidade das leis. Mas, essa luta volta a colocar o problema da legitimação dos Juiz, de certo modo, muito discutida no período imediatamente anterior à Revolução Francesa e depois desta, mas julgada resolvida com a submissão da Magistratura ao poder Legislativo. Para além disso, a partir do momento em que a luta passa ter também como objectivo a independência dos Juízes, agora como corpo organizado, levanta também a questão da legitimação do próprio Poder Judicial e dos poderes que a este devem ser reconhecidos.

---

[124] Sobre o Juiz político, para maior desenvolvimento, veja-se Simon, *La independencia del juez*, p.ª 107 e sgs.

2.15. Concluindo

Com o resulta de tudo o que se acaba de expor, os Juízes estiveram sempre presentes e activos na luta política, nela tomando a posição que melhor satisfazia os seus interesses corporativos e, nessa luta, agiram sempre no interior dos Tribunais, que constituíram em "bastião judicial", e fazendo uso da lei e da interpretação que, em cada momento, dela faziam. A transformação do Tribunal em bastião de luta e o uso de "*l'arme la plus respectable, la loi*" (Voltaire) para, a partir dessa instituição judicial – le *Parlement* –, agir politicamente deu à uma imagem do Juiz de acordo com a qual "*le peuple ne peut se fier au pouvoir judiciaire*" (Michelet).

Mas, para compreendermos essa última fase da luta política dos Juízes temos de viajar com Tocqueville até aos Estados Unidos da América e com ele regressar à Europa para ouvir a "história" que vai contar sobre a democracia na América e como esta representava o Juiz, bem como o modo como esta "*aristocracie de robe*", para usamos a expressão cunhada por Éduoard Lambert para se referir aos Juízes americanos e ao poder destes, exercia o seu papel (poder) jurídico-político. De seguida, teremos de convocar Hans Kelsen para nos falar da sua representação do Juiz como criador do direito, no quadro da sua teoria normativa, e como controlador jurídico-político do Legislativo e do Executivo, pela via do controlo da constitucionalidade das leis.

Numa palavra, o que acabaremos por ver são os instrumentos de que os Juízes se servem para constituírem os Tribunais em bastiões de luta, onde pela via da interpretação e da aplicação da lei se constrói o Direito Judiciário como instrumento indispensável, para a sua participação no poder de produzir e de "revogar" normas e, por esta via, de interferirem nos demais poderes e, até mesmo, nas políticas públicas. Para além disso, é a partir desses aparelhos de administração do direito, que são os Tribunais – manifestações orgânicas do Poder Judicial –, que exercem o seu poder e que agora reclamam a isenção de controlo político e público da sua actividade judicativa.

BIBLIOGRAFIA

Aroca, Juan Montero. *Independencia y Responsabilidad del Juez*. Madrid: Civitas, 1990.

Austin, John. *The Province of Jurisprudence Determined*. Cambridge Texts in the History of Political Thought. Cambridge; New York, NY: Cambridge University Press, 1995.

Bacon, Francis. *The Essays or Counsels, CIivil and Moral*. USA: The Pennsylvania State University, 1998.

Bentham, Jeremy. *The Principles of Morals and Legislation*. Great Books in Philosophy Series. Buffalo, N.Y: Prometheus Books, 1988.

Bloch, Marc. *La Société Féodale*. Paris: Albin Michel, 1973.

Bobbio, Norberto. *O positivismo jurídico: lições de filosofia do direito*. São Paulo: Ícone, 2006.

Caetano, Marcello. *História do Direito Português – 1140-1495*. Lisboa: Editorial Verbo, n.d.

Condorcet. *Projet de Constituition Françoise présenté à la Convention Nationale*. A Montauban, 1793. https://archive.org/details/projetdeconstitu00cond/page/38/mode/2up/search/Tribunaux.

———. *Réflexions sur les pouvoirs & instructions a donner par les Provinces a leur Députés aux États-Généreaux*. Paris, 1789.

Forsthoff, Ernst. *Traité de Droit Administratif Allemand*. Bruxelles: Émile Bruylant, 1969.

García Pascual, Cristina. *Legitimidad Democrática y Poder Judicial*. Estudios Universitarios 66. Valencia: Edicions Alfons el Magnànim, Institució Valenciana d'Estudis i Investigació: Generalitat Valenciana, Diputació Provincial de València, 1997.

Gilissen, John. *Introdução histórica ao direito*. 2. ed. Lisboa: Fund. Calouste Gulbenkian, 1995.

Grimal, Piere, J.- P. Millotte, and René Raynal. *História Geral da Europa*. Vol. 1. 3 vols. Lisboa: Europa-América, 1986.

Hassemer, Winfried, Arthur Kaufmann, and Gregorio Robles. *El pensamiento jurídico contemporáneo*. Madrid (España): Editorial Debate, 1992.

Heck, Philipp. *Interpretação da Lei e a Jurisprudência dos Interesses*. Coimbra: Arménio Amado, Editor, 1947.

Hernández Martín, Valeriano. *Independencia Del Juez y Desorganización Judicial*. Monografías Civitas. Madrid, España: Centro de Publicaciones del Ministerio de Justicia, 1991.

Hespanha, António Manuel. *Cultura Jurídica Europeia*. Coimbra: Almedina, 2012.

———. *História das Intituições. Época Medieval e Moderna*. Coimbra: Almedina, 1982.

———. *Justiça e Litigiosidade: História e Prospectiva*. Lisboa, Portugal: Funadação Calouste Gulbenkian, 1993.

Hugo, Victor. *Servilité de la Magistrature Impériale sous le Despotisme de Napoléon-le-Petit*. Paris: Hachette, Livre BNF, 1871.

Jean Bérenger, Philippe Contamine, Yves Durand, and Francis Rapp. *História Geral da Europa*. Vol. 2. 3 vols. Lisboa: Europa-América, 1987.

Karsch, Friederun and Schmiederer Ursula. "Evolución Funcional del Poder Legislativo." In *Introdución a la Ciencia Politica*, 373. Barcelona: Anagrama, 1971.

Krynen, Jacques. *L'Idéologie de La Magistrature Ancienne*. Bibliothèque Des Histoires. Paris: Gallimard, 200932.

Lambert, Edouard. *Le gouvernement des juges et la lutte contre la legislation sociale*. Paris: Ed. Dalloz, 2005.

Larenz, Karl. *Metodologia da Ciência do Direito*. Lisboa: Calouste Gulbenkian, 1978.

Locke, John. *Ensaio sobre a Verdadeira Origem, Extensão e Fim do Governo Civil*. Lisboa: Edições70, 1999.

Malberg, R. Carré de. *Contribuition à la Théorie Générale de l'État*. Paris: Recueil Sirey, 1920.

Masson, Gérard. *Les Juges et le Pouvoir*. Langres: Moreau Syros, 1977.

Mattoso, José. *Identificação de um País. Ensaio sobre as Origens de Portugal. 1096-1325*. Vol. 1. 2 vols. Lisboa: Editorial Estampa, 1985.

Michelet, Jules. *Histoire de la Révolution française. 1: ...* 3. réimpr. Bouquins. Paris: Laffont, 1988.

———. *Historie de la Révolutin Française*. Paris: J Hetzel, 1868.

Montesquieu. *De L'Esprit des Lois*. Vol. 1. 2 vols. Paris: Garnier-Flammarion, paris, 1979.

Rivero, Jean. *Direito Administrativo*. Coimbra: Almedina, 1981.

Simon, Dieter. *La independencia del juez*. Barcelona: Ariel, 1985.

Soares, Rogério E. *Direito Público e Sociedade Técnica*. Coimbra Editora, 1969.

Thouret, Jacques Gillaume. "Discours sur la Réorganization du Pouvoir Judiciaire la Justice," n.d. Archives parlementaires de 1787 à 1860,. Accessed May 20, 2020.

Tocqueville, Alexis. *L´Ancien Régime et la Révolution*. Paris: Michel Lévi Frères, s/d.

———. *O Antigo Regime e a Revolução*. Brasília: Editora Universitária de Brasília, 1979.

Voltaire. "Dictionnaire Philosophique." In *Oeuvres Philosophiques*. Arvensa, 2020.

———. *Oeuvres Philosophiques*. Arvensa, 2020.

Capítulo II
Os Juízes e a Política. O Mito da Apoliticidade dos Juízes

Em homenagem à Revista Scientia Ivridica nos seus 70 anos

I. INTRODUÇÃO

Ao longo de mais de um século de luta politicamente orientada, em que utilizaram como instrumento de luta a interpretação das leis e como bastião de combate os Tribunais, os Juízes foram construindo o seu Estatuto, obtendo o reconhecimento político da inamovibilidade e da independência individual do Juiz. Como dissemos noutro lugar, tratava-se mais de uma conquista que protegia individualmente os Juízes do que de uma garantia colectiva da independência da Magistratura Judicial, pelo que, progressivamente, a consciência da necessidade dessa garantia reclamou a sua discussão, mas agora no quadro do Parlamento e do Governo, que, preocupados com a permanente intervenção dos Juízes na política, decidiram debater a reforma da Organização Judiciária e no quadro dela a questão da inamovibilidade e da construção de um instrumento que constituísse uma garantia de independência da Magistratura enquanto corpo judicial e, simultaneamente, assegurasse o controlo político desse corpo a que não se queria reconhecer a dignidade de Poder.

O Parlamento e o Executivo franceses, no quadro da sempre tensa relação com a Magistratura, concentram agora a sua acção política na discussão articulada da garantia da inamovibilidade e da arquitectura de um órgão jurídico-político representativo da independência e garante da inamovibilidade da Magistratura, enquanto entidade colectiva, no qual os demais órgãos do poder político tivessem um controlo quase total, órgão que também teria de assegurar a disciplina e a gestão da carreira profissional dos Magistrados Judiciais. Por esta via também se pretendia pôr termo ao que era considerado a abusiva utilização pelos Juízes da função jurisdicional e dos Tribunais para intervenção política, sempre apresentada como mero exercício dessa função de interpretação e aplicação da lei. O projecto agora tem como objectivo construir e legitimar uma estrutura institucional representativa dessa independência e sua garante face aos outros poderes.

Para a realização dessa tarefa o caminho a percorrer é longo e tem troços ora jurídicos, ora políticos, ora ainda jurídico-políticos, como pode ver-se das intervenções parlamentares dos Deputados e do representante do Executivo, percurso que é feito durante um período histórico em que os desmandos dos Juízes levara os demais poderes a reagir, assumindo quase que em exclusivo a tarefa de construção dessa instituição.

Durante esse período de tempo, os Juízes, embora submetidos aos demais poderes e sem grandes margens para reivindicações políticas ou político-corporativas, mantiveram-se confinados no seu bastião por excelência que são os Tribunais, aguardando, como veremos mais à frente, o momento politicamente oportuno para voltarem ao combate político não só com a arma da interpretação, mas também com um novo instrumento de luta que virá a ser a associação profissional, luta que irá ter como um dos objectivos o controlo do órgão de gestão e de disciplina dos Magistrados e também o alargamento das competências dos Tribunais, logo dos Juízes que os titulam, nas áreas de intercepção com os poderes dos outros órgãos de soberania.

Nesse período de pousio político, é a memória histórica das suas lutas – ou intelectual[125], como diria Santo Agostinho, para quem, relembre-se, a

---

[125] Santo Agostinho, *Confissões*, Braga, Livraria Apostalado da Imprensa, 1990, p. 250.

memória é o presente do passado[126] –, consubstanciadas nas suas decisões – a jurisprudência –, e a importância desse baluarte que os protege, o Tribunal, que os mantém atentos aos ventos de mudança que sopram a partir do Parlamento, onde não deixam de ter apoiantes convictos, e que os fortalece psicologicamente para o combate futuro que sabem ter de travar e para o qual se devem preparar com novos instrumentos.

A título de exemplo da memória da sua luta política, quer pela via das suas decisões, da jurisprudência, portanto, quer da instituição-baluarte dessa luta, os Tribunais, podemos indicar alguns casos historicamente emblemáticos que essa memória regista e relembra. Começando pelos primeiros, apontamos os seguintes:

- a jurisprudência do Juiz Coke (1610) no caso do médico Thomas Bonham, em que afirmava a supremacia do *common law*, direito costumeiro inglês, sobre o decreto do rei James I, advogando o controlo das leis pelo Tribunal. Esta jurisprudência, apesar da data em que foi produzida, manteve-se até agora na memória histórica da função político-jurídica de decisões judiciais;
- a célebre decisão do Juiz Marshall no caso *Marbury vs Madison*, proferida em 1803, também ainda hoje recordada pelos Juízes, na jurisprudência, e pela doutrina.

No que se refere à memória dos baluartes da luta – Tribunais –, podemos referir os seguintes:

- *Jurie Constitucionelle*, proposta de Sièyes, acolhida pela Constituição do Ano VIII (1799), quando nela se atribuía ao Senado conservador competência para fiscalizar a constitucionalidade das leis;
- Os Tribunais Constitucionais criados na Suíça e na Áustria, respectivamente, em 1848 e 1867;
- E já no século XX, a tese de Hans Kelsen sobre o controlo da constitucionalidade das leis e a sua proposta de criação – e a efectiva criação – do Tribunal Constitucional na Áustria.

---

[126] Santo Agostinho, *Confissões*, *cit.*, p. 309.

São estas memórias que também enformam as pré-compreensões jurídico-ideológicas da intervenção política dos Juízes e que a classe política também regista e relembra que iremos aqui descrever resumidamente para melhor compreendermos a relação de permanente tensão e hostilidade entre os Juízes e os demais poderes políticos, a submissão dos Juízes a estes poderes, a forte reacção destes face ao activismo judicial, o processo de criação e afirmação do Conselho Superior da Magistratura e a luta dos Juízes contra este novo órgão judiciário, seguido da luta pelo seu controlo, os novos meios e processos de intervenção política dos Juízes.

II. A MEMÓRIA HISTÓRICA OU A INFLUÊNCIA DA LEMBRANÇA PRESENTE DAS COISAS PASSADAS

A) Juiz Coke e o caso *Bonham* (1610)

Em poucas palavras descrevemos este caso, que tem sido considerado como o caso que cria o embrião do controlo da constitucionalidade das leis. Pese embora à época da decisão do Juiz Coke o conceito de Constituição fosse desconhecido, mas o denominado Direito Comum era aceite comummente como a Lei Magna parametrizadora de todos os demais actos legislativos, incluindo os produzidos pelo monarca, o caso, por essa razão, ficou conhecido como o da primícia do controlo da constitucionalidade das leis.

Com efeito, na Inglaterra, e ainda sob o domínio do absolutismo, muito antes, portanto, da afirmação do parlamentarismo com a Gloriosa Revolução (1689), em 1610, o médico Thomas Bonham foi condenado por duas vezes pelo *Royal College of Physicians*, de Londres, pelo exercício ilegal dessa profissão. Não se conformando com a decisão condenatória, recorreu para o Tribunal – *Court of Common Pleas* – contra ela, tendo o *Royal College of Physicians*, na sua defesa, apresentado documentos emitidos por Henrique VIII que o autorizavam a fiscalizar e a controlar o exercício da medicina em Londres e a aplicar multas e pena de prisão e alegado que esses poderes tinham sido confirmados pelo Parlamento. Este processo, que ficou conhecido pelo caso *Bonham*, foi julgado pelo Juiz Eduard Coke, que, na decisão proferida, afirmava a supremacia do *common law*, direito comum inglês (o costume), sobre o decreto editado pelo rei Jaime I, ao declarar que "*o Direito Consuetudinário controlará Atos do Parlamento, e algumas vezes os julgará inteiramente nulos; pois quando um Ato do Parlamento é contrário ao direito e à razão comuns, ou incompatível com estes, ou de execução impossível, o Direito Consuetudinário controlará este ato e o julgará nulo*". Com esse aresto, o Juiz Coke abriu caminho para o reconhecimento e a afirmação da *rule of law* e a doutrina entende que tal decisão também constitui embrião da ideia da fiscalização da constitucionalidade das leis[127].

A memória (intelectual) dessa decisão ainda permanece viva na doutrina constitucional, e, por isso, constitui também o património memorialístico dos Juízes europeus.

B) O *Jurie Constitucionnaire*, proposto por Sièyes (1799)

Como sabemos, o Abade de Sièyes teve uma decisiva influência na construção dogmática do constitucionalismo moderno. Na verdade, Sièyes, na sua icónica obra publicada em Janeiro de 1789, cujo título é uma pergunta *Qu'est que le Tier État?*, a que responde dizendo que é "*Tout*", atribui à Nação a titularidade do poder soberano e defende que este é por ela exercido através de representantes seus. Constrói, assim, a teoria do governo *lato sensu* representativo, em que é a vontade comum que age em nome e em representação da Nação[128].

No âmbito dessa sua activa e decisiva participação no conturbado processo político francês, o Abade de Sieyès propõe a criação do *Jurie Constitutionnaire*, na *Convention Nationale de 18 Thermidor, l'an III*, onde apresenta a sua "Opinion sur les Attributions et L'Organisation du Jury Constitutionnaire", afirmando no célebre discurso aí proferido: "*Je demande d'abord um jury de consitution ou pour franciser um peu le mot jury et le distinguer dans son mot de juré, une jurie constitutionnaiore. Cést un véritable corps de répresentants que je demande, avec mission spéciale de juger les réclamations*

---

[127] Para maior desenvolvimento, pode ver-se uma interessante análise do caso *Bonham* em Jones R. Stoner, *Common Law and Liberal Theory: Coke, Hobbes, and the Origins of American Constitutionalism*, Kan., Univ. Press of Kansas, 1992.

[128] Emmanuel Sieyès, *Qu'est Que Le Tier État?*, Paris, Sociète de l'Historie de la Révolution Française, 1888, chap. V, pp. 64 e segs.

contre toute atteinte qui serait portée à la Constitution"[129], concluindo: "*Je viens vous présenter une des quatre propositions que je vous ai faites le 2 de ce mois; c'est la quatrième qui avait pour objet l'établissement d'un jury constitutionnaire*". SIEYÈS fundamenta a sua proposta com o argumento segundo o qual a Constituição não pode ser abandonada ou entregue a si mesma à nascença e que, sendo uma "*constitution est un corps de lois obligatoires, ou ce n'est rien*", as leis podem ser contrárias à Constituição, pelo que se impõe perguntar quem guarda a Constituição – "*si c'est un corps de lois, on se demande où sera le gardien*". A esta interpelação, responde dizendo que deverá ser um "*Jurie Constitutionnaire*", que deverá ser constituído por 108 dos 250 membros do Parlamento e assumir a forma de um "*tribunal de cassation dans l'ordre constitutiennel*"[130]. Este *Jurie* deve exercer as três seguintes funções:

> "*1.º Qu'il veille avec fidélité à la garde du dépôt constitutionnel;*
> *2.º Qu'il soccupe à l'abri des passions funestes, de toutes les vues qui peuvent servir à perfectionner la Constitution;*
> *3.º Enfin, qu'il offre à la liberté civile une ressource d'équité naturelle, dans les occasions graves, où la loi tutélaire aura oublié sa juste garantie*"[131].

---

[129] Citado por MARCEL PRÉLOT, *Institutions Politiques et Droit Constitutionnel*, Paris, 1957, p. 199.

[130] Este é o pensamento de SIEYÈS, como pode ver-se por esta passagem do seu discurso acima referido: "*La nécessité d'un jury de constitution forme une question en quelque sorte préliminaire; elle n'a pas souffert de difficulté. Comment, en effet, la prévoyance du législateur s'accoutumerait – elle à l'idée d'une constitution abandonnée, pour ainsi dire, à elle – même au moment de sa naissance? Une constitution est un corps de lois obligatoires, ou ce n'est rien; si c'est un corps de lois, on se de mande où sera le gardien où sera la magistrature de ce code? Il faut pouvoir répondre. Un oublien ce genre serait inconcevable autant que ridicule dans l'ordre civil; pour quoi le souffririez – vous dans l'ordre politique? Des lois, quelles qu'elles soient, supposent la possibilité de leur infraction, avec un besoin réel de les faire obseryer. Il m'est donc permis de le demander: qui avez – vous nommé pour recevoir la plainte contre les infractions à la constitution? Qui, pour appliquer la loi?*". A esta pergunta responde que deverá ser "*un jury constitutionnaire*", que ele considera como um "*tribunal de cassation dans l'ordre constitutiennel*". EMMANUEL SIEYÈS, *Opinion sur les Attributions et L'Organisation du Jury Constitutionnaire*, 1795, p. 3.

[131] EMMANUEL SIEYÈS, *Opinion sur les Attributions et L'Organisation du Jury Constitutionnaire*, *cit.*, pp. 4-5. Para melhor percebermos a natureza e a importância da proposta de SIEYÈS, pensamos que é útil transcrevê-la aqui. Eis o projecto de artigo apresentado por este pensador da Revolução:

"*I. Il y a un dépositaire conservateur de l'acte constitutionnel, sous le nom de jury constitutionnaire.*

II. Il est composé de cent huit membres, qui se renouvelleront annuellement par tiers, et aux mêmes époques que le corps législatif. Entrans se fait par le jury constitutionnaire lui-même sur les 250 membres qui doivent, à la même époque annuelle, sortir de l'un et l'autre conseil du corps législatif.

III. L'élection du tiers ou des 36 entrans se fait par le jury constitutionnaire lui – même sur les 250 membres qui doivent, à la même époque annuelle, sortir de l'un et l'autre conseil du corps législatif.

IV. La première formation du jury constitutionnaire se fera au scrutin secret par la Convention, de manière qu'un tiers des membres soit choisi parmi ceux de l'Assemblée nationale dite constituante, un autre tiers parmi ceux de l'Assemblée législative, et un autre parmi les membres de la Convention.

V. Les séances du jury constitutionnaire ne seront point publiques.

VI. Le jury constitutionnaire prononcera sur les violations ou atteintes faites à la constitution, qui lui seraient dénoncées, contre les actes, soit du conseil des anciens, soit du conseil des cinq cents, soit des assemblées électorales, soit des assemblées primaires, soit du tribunal de cassation; lorsque ces dénonciations lui seront portées, soit par le conseil des anciens, soit par le conseil des cinq cents, soit par des citoyens en nom individuel. Il prononcera sur semblable dénonciation qui lui serait portée par la minorité contra la majorité de l'un ou l'autre des susdits corps constitués.

VIII. Les actes déclarés inconstitutionnels par arrêt du jury constitutionnaire, sont nuls et comme non avenus.

IX. Si les actes dénoncés comme inconstitutionnels sont des actes responsables ou mélés d'actes responsables, le jury constitutionnaire pourra, avant ou après avoir jugé le point d'inconstitution, adresser la dénonciation aux tribunaux compétens, avec ordre de poursuivre.

X. Le jury constitutionnaire s'occupera habituellement des vues qui lui paraîtront propres à perfectionner l'acte constitutionnel et la déclaration des droits de l'homme. L'opinion de la majorité, quand elle sera formée, sera inscrite dans un registre particulier.

XI, Dans le courant de chaque dixième année, à commencer de l'an 1800, huitième de la République, douzième de la révolution, le jury constitutionnaire examinera de nouveau ses avis consignés dans son registre. Il composera son cahier de propositions pour améliorer l'acte constitutionnel, Et il en donnera officiellement communication au conseil des anciens et à celui des cing cents, afin qu'il recoive la plus grande publicité au moins avant la tenue annuelle des assemblées primaires.

XII. Les assemblées primaires, après lecture faite du cahier de propositions, déclareront oui ou non, si elles entendent donner au conseil des anciens le pouvoir d'y statuer. Si la majorité des assemblées primaires a dit non, le cahier sera regardé comme non avenu, et ses propositions ne pourront être reproduites avant la dixième année suivante. Si la majorité des assemblées primaires a dit oui, le pouvoir constituant est délégué, par ce seul fait, au conseil des anciens, pour statuer sur les propositions faites, sans qu'il puis se ni les amender ni en substituer d'autres.

XIII. Les séances où le conseil des anciens exercera le pouvoir constituant, y seront exclusivement affectées. Elles ne pourront excéder le nombre de douze en tout, ni celui de deux par décade. Il y aura, pour les séances du pouvoir constituant, un procès – verbal séparé, sur un registre particulier, qui sera, à la fin, solennellemont deposé aux archives du jury constitutionnaire.

XIV. Chaque année, le dixième au moins des membres du jury constitutionnaire, pris au sort, se formera en jury d'équité naturelle. Cette section sera, en sus des deux attributions précédentes, exclusivement chargée

Como pode ver-se, no seu discurso, o Abade de Sieyès defende abertamente a criação, no seio do Parlamento, de um Tribunal de controlo da constitucionalidade das leis, controlo necessariamente político, o que se compagina com a sua ideia de que os poderes da Nação são inalienáveis, e de um Governo *lato sensu* representativo por ele teorizado no *Qu'est que le Tier État?*. Esta proposta de Sieyès encontrou acolhimento na Constituição do ano VIII, pelo que foi nessa Lei Fundamental que, pela primeira vez, se consagrou o controlo político da constitucionalidade das leis[132].

As teorias do Abade de Sieyès influenciam decisivamente o processo constitucional francês no decurso da Revolução Francesa e marcam indelevelmente o constitucionalismo moderno, pelo que perdura a memória dessas teorias e das suas refracções no constitucionalismo francês e europeu. Os Magistrados não deixam de vivenciar essa lembrança presente das coisas passadas (memória) que lhes interessa enquanto Juízes.

C) O Juiz Marshall[133] e o caso *Marbury vs Madison* (1803)

O caso *Marbury vs Madison* é a memória mais marcante da *judicial review* ou, se se quiser, do controlo da constitucionalidade da lei, exactamente

---

de prononcer sur les demandes officielles qui lui seraient portées par les divers tribunaux, à l'effet d'avoir un arrêt d'équité naturelle sur les cas qu'ils déclareraient n'avoir pu juger, faute de loi positive qui pût s'y appliquer, ou ne pouvoir juger que contre leur conscience, d'après le texte seul de la loi.

XV. Les arrêts d'équité naturelle seront exécutés par le tribunal qui aura formé la demande officielle, ou par tout autre, au choix du jury constitutionnaire.

XVI. Les arrêts d'équité naturelle seront officiellement communiqués dans le mois au conseil des cinq cents.

XVII. Le jury constitutionnaire ne peut rendre aucun arrêt du propre mouvement."

Este projecto de artigos pode ser visto em Sieyès, *Opinion sur les Attributions et L'Organisation du Jury Constitutionnaire, cit.*, pp. 34 e segs.

[132] Sobre o *Jurie Constitutionnaire* veja-se, entre outros, Prélot, *Institutions Politiques et Droit Constitutionnel, cit.*, p. 199; e André Hauriou/Jean Gicquel/Patrice Gélard, *Droit Constitutionnel et Institutions Politiques*, 6.ª ed., Paris, Montchrestien, 1975, pp. 801 e 802.

[133] Sobre Marshall, o Juiz Oliver Wendell Holmes diza que "[i]f American law were to be represented by a single figure, skeptic and worshipper alike would agree that the figure could be one alone, and that one, John Marshall". Sobre este *Chief Justice* americano e o seu conceito instrumental da lei, veja-se Bernard Schwartz, *Main Currents in American Legal Thought*, N. C., Carolina Academic Press, 1993, pp. 112 e segs.

por ter sido, pensamos nós, a primeira vez que um Tribunal, o Supremo Tribunal dos Estados Unidos da América, no exercício das suas competências constitucionais e legais e no pleno gozo da sua independência funcional e até mesmo política (sob o ponto de vista da separação dos poderes), declarou inconstitucional uma lei, com o fundamento que adiante será referido.

Esta decisão, proferida vinte e sete anos depois da declaração da independência (1776), contribuiu para a separação dos poderes numa fase inicial da democracia americana e da vivenciação cívica e política da Constituição Federal americana de 1787 e do regime republicano que instituíra.

Curiosamente, esta célebre decisão tem atrás de si uma luta política pelo controlo do poder judicial pelos federalistas após terem perdido as eleições de 1800 para os republicanos-democratas de Jefferson, na qual Marshall participara activamente como Secretário de Estado e *Chief Justice*. Sumariamente, poderemos aqui dizer que nessas eleições o partido federalista de John Adams e de Alexander Hamilton perde rotundamente para a Presidência da República, para o Senado e para a Câmara dos Representantes. Ganha essas eleições o partido de Thomas Jefferson e James Madison. Acontece que os federalistas, com vista a ocupar um dos poderes, o Judicial, publicam, em 1801, o *Judiciary Act*, que criava novos cargos de Juízes e ampliava as competências dos Tribunais de 1.ª Instância, e o Presidente Adams ordena a James Marshall, seu Secretário de Estado e *Chief Justice*, para nomear esses novos Juízes, o que acontece na última hora do termo do mandato de Adams[134]. Por razões de comunicação e de transporte, não foi possível notificar todos os novos Juízes para serem nomeados e investidos no cargo, estando entre eles William Marbury, que também tinha sido indicado para Juiz.

Face a isso, e com vista a impedir a ocupação do Poder Judicial pelos federalistas, o novo Congresso, em 1802, revogou o *Judiciary Act*, de 1801, editando o *Repeal Act*, que repristinava a anterior composição do Poder Judicial federal, abolindo os cargos na Magistratura federal criados por Adams e o Presidente Jefferson, ordenou ao seu Secretário de Estado James Madison para não investir os novos Juízes, de entre eles Marbury. É então que Marbury requer ao Supremo Tribunal, ainda presidido por

---

[134] Daí que esses Juízes passaram a ser conhecidos nos EUA como os *midnight judges*.

Marshall, que emita um *writ of mandamus* com vista a obrigar Madison a cumprir a ordem de nomeação e de investidura dos Juízes nos cargos criados por Adams.

É no julgamento deste caso que Marshall, ainda Presidente do *Supreme Court*, que se encontra numa posição delicada, pois tinha participado em toda essa luta política enquanto membro do Governo e do partido de Adams, produz a célebre decisão, assente, entre outros habilidosos fundamentos, no de que "*[i]t is emphatically the province and duty of the judicial department to say what the law is. Those who apply the rule to particular cases, must of necessity expound and interpret that rule*". Se a lei "*be in opposition to the constitution; if both the law and the constitution apply to a particular case, so that the court must either decide that case conformably to the law, disregarding the constitution; or conformably to the constitution, disregarding the law; the court must determine which of these conflicting rules governs the case. This is of the very essence of judicial duty*"[135]. Conclui Marshall que o *Judiciary Act*, de 1789[136], que consagrava a possibilidade de *writ of mandamus*, era inconstitucional por ampliar a competência do Tribunal para além do que estava consagrado no Artigo II Secção II da Constituição. Por esta via, consagra pela primeira vez na história judicial e numa decisão proferida por um Supremo Tribunal a doutrina do controlo da constitucionalidade das leis, a *judicial review*. Com esta doutrina, Marshall resolve uma séria disputa política contra o seu correligionário Marbury – pois recusa conceder o *writs of mandamus* requerido por este, mas não deixa de, na mesma decisão, censurar a conduta da Administração de Jefferson –, reafirmando, numa concreta decisão judicial, a supremacia da Constituição, a doutrina dos *checks and balances* e o direito de os Tribunais apreciarem a constitucionalidade das leis, o que, como veremos mais adiante, tinha sido objecto de vivo debate pelos Foundings Fathers, que pode ler-se em *O Federalista*, e

---

[135] Antes de decidir o caso, o Tribunal coloca as três questões seguintes, a que Marshall responde previamente, com vista a censurar o governo de Jefferson, com a resposta que dá às duas primeiras, e a afirmar o controlo da constitucionalidade das leis pelo Tribunal, com a resposta dada à terceira. Eis as questões:

"1. Is Marbury entitled to his commission?

2. If his rights were violated, is there a legal remedy available to him?

3. Is a writ of mandamus issued from this court the proper remedy?".

[136] Uma das primeiras (ou talvez a primeira) leis feitas pelo Congresso com base na Constituição de 1787.

contribui para um longo debate nos EUA nos finais do século XIX sobre os poderes dos Juízes[137]/[138].

D) O Tribunal Constitucional da Áustria e da Suíça

Como sabemos – e já o dissemos aqui –, foi enorme em toda a Europa a influência da teoria da Constituição de Sièyes (e dos demais revolucionários) tal como a Revolução que ela procurava legitimar jurídico-constitucionalmente, e a memória dessa teoria, reavivada pela decisão do Juiz Marshall no caso *Marbury vs Madison*, em 1803, e, mais tarde, em 1835, pela análise do poder judicial que TOCQUEVILLE faz no Capítulo VI – Du Pouvoir Judiciaire aux États-Unis et de son action sur la société politique – do Tomo I da sua obra *De la Democracie en Amérique*[139] e pelo debate que esta obra causa em França, não deixou de estar presente também no debate e na doutrina constitucional europeia.

Mas importa dizer que depois de, por intermédio de Tocqueville, ser conhecido na Europa o poder conferido aos juízes norte-americanos para controlar a constitucionalidade das leis, nos Estados Unidos, na década 80/90 do século XIX, os Juízes assumiam a luta política contra a legislação laboral com recurso ao controlo da constitucionalidade das leis, o que provocou um sério debate doutrinal e tomadas de posição jurisprudencial

[137] Sobre o caso *Marbury v Madison*, a literatura é abundante, mas para uma percepção mais aprofundada deste caso e da sua dimensão político-jurídica, veja-se, entre outros, SHANE MOUNTJOY, *Marbury v. Madison: Establishing Supreme Court Power*, Great Supreme Court Decisions, New York, Chelsea House, 2007; e PAUL W. KAHN, *The Reign of Law: Marbury v. Madison and the Construction of America*, New Haven, Conn., Yale Univ. Press, 1997.

[138] Sobre esta questão e a posição de Thomas Jefferson relativamente à decisão do Juiz Marshall e ao poder judicial em geral, veja-se DAVID N. MAYER, *The Constitutional Thought of Thomas Jefferson*, Constitutionalism & Democracy, 1. paperpack ed., n.d., pp. 265 e segs.

[139] Tocqueville, nessa obra, informa que *"[l]e juge américain ressemble donc parfaitement aux magistrats des autres nations. Cependant, il est revêtu d'un immense pouvoir politique"*, e, de seguida, à pergunta *"D'où vient cela? Il se meut dans le même cercle et se sert des mêmes moyens que les autres juges; pourquoi possède-t-il une puissance que ces derniers n'ont pas?*, responde que *"[l]a cause en est dans ce seul fait : les Américains ont reconnu aux juges le droit de fonder leurs arrêts sur la constitution plutôt que sur les lois. En d'autres termes, ils leur ont permis de ne point appliquer les lois qui leur paraîtraient inconstitutionnelles"*. ALEXIS TOCQUEVILLE, *De la Démocracie en Amérique*, Paris, Institut Coppet, 2012, p. 88.

e política sobre esse poder dos juízes, de que falaremos mais à frente, debate que certamente terá sido acompanhado ou, pelo menos, do conhecimento dos Juízes e demais juristas europeus que, seguramente, terão sido influenciados por essas doutrina e jurisprudência.

Provavelmente, é essa doutrina americana que, em 1848, justifica que, na Suíça, venha a ser constitucionalmente atribuída ao Tribunal Federal competência para o controlo da constitucionalidade das leis e que, em 1867, na Áustria, se atribua ao *Reichsgericht*, então criado, essa mesma competência.

Como se vê, muito antes de Kelsen ter defendido que deveria caber ao Tribunal o controlo da constitucionalidade das leis e proposto a criação do Tribunal Constitucional austríaco, o debate sobre esta matéria já vinha sendo feito e, até mesmo, ocorrera já uma longa experiência judicial de controlo da constitucionalidade nos EUA, na Suíça e na Áustria.

Sumariamente, diremos que a Constituição Federal da Suíça de 1848, que foi a primeira que os suíços deram a si mesmos, consagra o Estado federal suíço, sob a forma republicana e democrática. Com ela nasce a Federação Suíça. É esta Constituição que cria o Tribunal Federal, regulando a sua composição, funcionamento e competência nos arts. 98.º a 110.º. O Tribunal é constituído por onze membros e igual número de suplentes (art. 95.º), todos nomeados pela Assembleia Federal por um período de três anos (art. 96.º). É o Supremo Tribunal com jurisdição sobre toda a federação. Contudo, só podia reunir-se quando convocada pelo Conselho Federal ou pela Assembleia Federal. É a este Tribunal Federal que se atribui competência para fiscalizar a constitucionalidade das leis nos termos do art. 105.º, quando consagra que "*[l]e Tribunal fédéral connaît, de plus, de la violation des droits garantis par la présente Constitution, lorsque les plaintes à ce sujet sont renvoyées devant lui, par l'Assemblée fédérale*"[140].

No que se refere à Áustria, o controlo da constitucionalidade foi consagrado pela Constituição de 1867 tendo a competência para o efeito sido atribuída ao *Reichsgericht*. Na verdade, após o compromisso constitucional com a Hungria (que ficou conhecido por *Ausgleich*), a monarquia absoluta foi transformada em monarquia constitucional com a *Staatsgrundgesetze*. Nesse mesmo ano de 1867, a *Staatsgrundgesetz über die*

[140] A Constituição Federal da Suíça de 1848 pode ser consultada em *https://mjp.univ-perp.fr/constit/ch1848.htm#trib*.

Einsetzung eines Reichtsgerichtes (RGBI 143/1867) criou o *Reichsgericht*, com competência, entre outras, para fiscalizar a constitucionalidade das leis, nomeadamente no que se referia às garantias políticas constitucionalmente reconhecidas[141].

E) Estes casos, uns mais conhecidos e outros menos referidos, integram a memória dos meios – jurisprudência –, das instituições – Tribunais – e da consequente doutrina jurídica que deles resultaram e que lhes conferiram legitimação e reconhecimento jurídicos, conformaram historicamente a evolução da luta político-jurídica dos Juízes, agora para a conquista da sua independência colectiva, mas também para as novas formas de intervenção política. São a memória desse histórico património doutrinal, jurisprudencial e institucional.

Mas, importa desde já chamar a atenção que, com excepção do caso *Bonham*, todos os demais revelam que o controlo da constitucionalidade das leis nasce politicamente contaminado, podendo dizer-se que na génese (histórica) desse controlo está a política e a participação nela dos Juízes. Assim, nessa génese está já contido o anúncio do futuro da fiscalização da constitucionalidade das leis como um futuro contaminado desde a origem pela Política e pela participação nesta dos Juízes.

Importa dizer que se aqui relevamos a questão do controlo da constitucionalidade das leis é porque ela desvela a participação dos Juízes na Política sob o véu da interpretação e da aplicação da lei e de uma aparente neutralidade e apoliticidade historicamente construída para ser apresentada como a representação da função judicial e do Juiz. Como iremos ver, será KELSEN o coveiro dessa representação, embora não tenha feito a cova tão funda como pensou.

Passemos agora desta lembrança presente das coisas passadas, que é a memória da actividade jurídico-política dos Juízes, para a análise da evolução do processo de conquista da independência colectiva da Magistratura Judicial e da criação, na Europa, da instituição garante dessa independência. Começaremos pela análise, necessariamente sumária, do papel dos Juízes nos Estados Unidos da América do Norte e pela

---

141 Para maior desenvolvimento, veja-se MANFRED STELZER, *The Constitution of the Republic of Austria: A Contextual Analysis, Constitutional Systems of the World*, Oxford, Portland, OR: Hart Pub, 2011, pp. 5 e segs.

representação originária desses Magistrados. De seguida, viajaremos até à Inglaterra, para ver como ali foi concebido e construído o Poder Judicial. Finalmente, a nossa atenção irá dirigir-se para as circunstâncias político-jurídicas do Juiz continental, especialmente as do Juiz francês, em virtude da influência doutrinária então exercida pela França sobre a generalidade dos países europeus.

Perscrutaremos, assim, a relação entre o Juiz e a Política para verificar se a Magistratura Judicial, especialmente a dos Tribunais superiores, foi sempre um corpo funcionalmente apolítico e neutral ou se essa apoliticidade e neutralidade são um mito historicamente construído para ocultar a intervenção política dos Juízes, quer por nela se envolverem por decisão própria, quer por nela serem envolvidos pelos outros poderes soberanos.

III. OS JUÍZES NORTE-AMERICANOS E AS SUAS CIRCUNSTÂNCIAS POLÍTICAS. A INTERVENÇÃO DOS JUÍZES NA POLÍTICA. "*WE, THE JUDGES*"

> *«There is nothing I more deprecate than the use of the Fourteenth Amendment ... to prevent the making of social experiments that an important part of the community desires ... even though the experiments may seem futile or even noxious to me. Not the judge but the legislator was to have the primary say on the policy considerations behind a regulatory measure. The judge's business was to enforce even "laws that I believe to embody economic mistakes.»*
>
> OLIVER WENDELL HOLMES,
> Juiz do Supreme Court

3.1. O caso *Marbury vs Madison* (1803), pela sua origem política e pelos seus efeitos na política, marcou profundamente o debate sobre a concepção jurídico-constitucional do Poder Judicial norte-americano.

Mas, em 1788, antes da decisão do Juiz Marshall, portanto, os autores de *O Federalista* revelavam nas suas discussões a preocupação sobre o lugar e o papel que os Juízes e o Poder Judicial deveriam ocupar na Constituição norte-americana. Na verdade, são essas preocupações e receios que levam Hamilton a tomar a posição a favor de um estatuto dos Juízes, que lhes permita fiscalizar a constitucionalidade das leis e interpretar a lei de acordo com o espírito da Constituição, e a defender ainda uma ampla independência dos Juízes, mas, ao mesmo tempo, a exigir responsabilidade dos Juízes perante o Senado, mediante acusação da Câmara dos Representantes.

Efectivamente, em 1788, Alexander Hamilton, promotor dos debates consignados em *O Federalista*, juntamente com James Madison e John Jay discutiram vivamente essa questão e fizeram publicar, sob o pseudónimo de Publius, as suas posições. O debate sobre esse tema começa com o "paper" n.º 78 e termina com o "paper" n.º 83, todos da autoria de Hamilton, mas assinados como Publius. Estes artigos centram-se nas questões de saber como constituir e qual a extensão da judicatura federal, suscitadas no debate sobre a Constituição e que careciam de resposta.

Hamilton, na esteira de Montesquieu, considerava os Tribunais como um poder fraco, "*o menos perigoso para os direitos políticos da Constituição; porque será o menos capaz de molestá-los ou de lhes causar danos*"[142]. Para este pensador, o Poder Judicial "*não tem Força nem Vontade, mas apenas juízos (...)*"[143]. Defendendo a separação dos poderes nos termos clássicos e de acordo com a doutrina de Montesquieu, Hamilton também sustenta a completa independência dos Tribunais, entendendo que tal independência também serve para proteger a Constituição e os direitos dos indivíduos. Mas para garantir essa independência, Hamilton advoga que os Juízes devem ser nomeados e que se lhes deve conceder um título definitivo, ou seja, uma nomeação vitalícia, "*dado que nada contribuíra tanto como isso para esse espírito independente dos juízes que deve ser essencial para a execução fiel de tão árduo dever*"[144], mas essa nomeação definitiva que implica uma remuneração adequada, reclama, na opinião deste *Founding Father*,

---

[142] ALEXANDER HAMILTON *et al.*, *O Federalista*, Lisboa, Edições Colibri, 2003, p. 476.

[143] *Ibidem*.

[144] Justifica ainda a sua posição dizendo: "*Essa inflexível e uniforme fidelidade aos direitos da Constituição e dos indivíduos, que compreendemos ser indispensável nos tribunais de justiça, certamente que não pode ser esperada de juízes que detêm os seus cargos por um mandato temporário. As nomeações periódicas, de qualquer modo que fossem regulamentadas, ou por quem quer que fossem feitas, seriam, de uma maneira ou de outra, fatais para a sua necessária independência*" – ALEXANDER HAMILTON *et al.*, *O Federalista*, *cit.*, pp. 480-481.

a responsabilidade dos Juízes por má conduta, como se dizia na época, cabendo à Câmara dos Representantes acusá-los[145] e ao Senado julgá-los. Acrescem a estas razões as de natureza técnica, que lhes permitem interpretar e aplicar a lei, o que lhes confere as necessárias qualificações para o exercício do cargo.

Hamilton discute a questão da fiscalização da constitucionalidade da lei, argumentando que o reconhecimento desta competência aos Tribunais não lhes confere qualquer superioridade relativamente aos demais poderes, nomeadamente ao legislativo, mas atribui-lhes a "*natureza de baluartes de uma Constituição limitada contra usurpações legislativas*". Para Hamilton, os Tribunais são os guardiões fiéis da Constituição e "*foram concebidos para serem um corpo intermediário entre o povo e a legislatura, com o intuito de, entre outras coisas, manter esta última dentro dos limites traçados para a sua autoridade*"[146]. Hamilton confere, assim, aos Juízes um estatuto moderno que lhes assegura a independência e o poder de fiscalizar a constitucionalidade das leis, o que tinha sido constituído em objecto de luta política dos Juízes europeus[147], estatuto que, de certo modo, é assegurado pela Constituição americana de 1787.

Mas esta visão montesquiana dos Juízes e dos Tribunais como um poder fraco, "*sem força nem vontade*", cedo – 16 anos depois da aprovação dessa Constituição e 15 depois das reflexões de Hamilton acima referidas – vai ser posta em causa pelos próprios Juízes norte-americanos e exactamente em matéria de interpretação e de controlo da constitucionalidade.

Visão montesquiana nesse então novo país em que John Locke deveria ser o farol teórico iluminador, enformador e conformador da conceção do Poder Judicial. Contudo, como decorre do pensamento de Hamilton, o modelo lockeano do Poder Judicial não foi acolhido na medida em que Hamilton rejeita a colocação desse Poder na esfera do Executivo, optando por uma, pensamos nós, completa independência daquele Poder em relação aos demais.

À concepção hamiltiana do Poder Judicial como um poder fraco, sem "*Força nem Vontade, mas apenas juízos*", os Juízes responderam reclamando

---

[145] *Ibidem*, p. 484.

[146] *Ibidem*, pp. 480-481.

[147] Lembramos o que foi dito no capítulo anterior sobre a luta dos Juízes, em especial, em França, pela conquista deste estatuto.

o direito de controlar a constitucionalidade das leis e, como diria Tocqueville, uma vez "*Armé du droit de déclarer les lois inconstitutionnelles, le magistrat américain pénètre sans cesse dans les affaires politiques*"[148], assumindo, assim, por vontade própria, uma posição de força.

Vejamos brevemente como.

3.2. Na verdade, a primeira decisão que desconstrói a teoria de Hamilton é a proferida por Marshall, em 1803, e de que falamos acima, na qual se recorre ao julgamento da constitucionalidade – *judicial review* – para assumir uma posição política resolutora de um problema político em que o Juiz Marshall estaria politicamente envolvido ou tinha interesse político directo, como vimos. Depois dessa decisão e de um longo período em que o controlo da constitucionalidade das leis foi usado de forma prudente[149], após a Guerra da Secessão (1861 a 1865) ou, mais concretamente, a partir do final da década de 70 do século XIX e princípio do século XX, o recurso ao controlo da constitucionalidade das leis foi sendo utilizado pelos Juízes para se oporem politicamente a toda a legislação laboral, com vista a impedir ou dificultar a sua aplicação, o que gerou alguma polémica entre os Juízes activistas e os mais moderados que entendiam que essa não era a função do Tribunal[150]. Contudo, até à publicação das 13.ª e 14.º Emendas (6 de Dezembro de 1865 e 9 de Julho de 1868, respectivamente)[151], que,

---

148 ALEXIS TOCQUEVILLE, *De la Démocracie en Amérique, cit.*, p. 268.

149 De acordo com Edouard Lambert, "*le contrôle judiciaire des constitutionnalité des lois pendant le période antérieure à 1880-1883, alors qu'il se cantonait encore ordinaire dans les limites prudentes, définies, à la lumière des décisions anciennes par les juges COOLEY et par le professeur THAYER*" – EDOUARD LAMBERT, *Le gouvernement des juges et la lutte contre la législation sociale*, Paris, Ed. Dalloz, 2005, p. 32.

150 Servimo-nos nesta parte do interessante estudo de EDOUARD LAMBERT publicado em 1921, *Le gouvernement des juges et la lutte contre la législation sociale.*

151 A Décima Terceira Emenda consagra:

"*Secção 1* Não haverá, nos Estados Unidos ou em qualquer lugar sujeito à sua jurisdição, nem escravidão, nem trabalhos forçados, salvo como punição de um crime pelo qual o réu tenha sido devidamente condenado.

Secção 2 O Congresso terá competência para fazer executar este artigo por meio das leis necessárias".

A Décima Quarta Emenda estabelece:

"*Secção 1* Todas as pessoas nascidas ou naturalizadas nos Estados Unidos e sujeitas à sua jurisdição são cidadãos dos Estados Unidos e do Estado onde tiverem residência, Nenhum

como se sabe, tiveram como objectivo pôr fim à escravatura no território norte-americano e tratar da cidadania americana e igualdade de direitos (excepto para os índios e as mulheres), certos sectores da Magistratura defendiam a intervenção do Poder Judicial no Legislativo, o que fazem pela via do controlo da constitucionalidade, e leva o Juiz Watties (da Carolina do Sul), informa-nos EDOUARD LAMBERT[152], a dizer que a intervenção do Judicial no Legislativo, se for frequente ou por motivos duvidosos, pode provocar a adopção de medidas que poderão conduzir à completa destruição da independência dos Juízes.

Estado poderá fazer ou executar leis restringindo os privilégios ou as imunidades dos cidadãos dos Estados Unidos; nem poderá privar qualquer pessoa de sua vida, liberdade, ou bens sem processo legal, ou negar a qualquer pessoa sob sua jurisdição a igual protecção das leis.

Secção 2 O número de representantes dos diferentes Estados será proporcional às suas respectivas populações, contando-se o número total dos habitantes de cada Estado, com excepção dos índios não taxados; quando, porém, o direito de voto em qualquer eleição para a escolha dos eleitores, do Presidente e do Vice-Presidente dos Estados Unidos, ou dos membros de sua legislatura, for recusado a qualquer habitante desse Estado, do sexo masculino, maior de 21 anos e cidadão dos Estados Unidos, ou quando esse seu direito for de qualquer modo cerceado, salvo o caso de participação em rebelião ou outro crime, será a respectiva representação estadual reduzida na mesma proporção que a representada por esses indivíduos em relação à totalidade dos cidadãos de sexo masculino, maiores de 21 anos, no Estado.

Secção 3 Não poderá ser Senador ou Representante, ou eleitor do Presidente e Vice-Presidente, ou ocupar qualquer emprego civil ou militar subordinado ao Governo dos Estados Unidos ou de qualquer dos Estados aquele que, como membro da legislatura de um Estado, ou funcionário do Poder Executivo ou Judiciário desse Estado, havendo jurado defender a Constituição dos Estados Unidos, tenha tomado parte em insurreição ou rebelião contra essa Constituição, ou prestado auxílio e apoio a seus inimigos. O Congresso pode, porém, mediante o voto de dois terços dos membros de cada uma das Câmaras, remover a interdição.

Secção 4 A validade da dívida pública dos Estados Unidos, autorizada pela lei, incluindo as dívidas contraídas para o pagamento de pensões e de recompensas por serviços prestados na repressão de insurreição ou rebelião, não será posta em dúvida. Todavia, nem os Estados Unidos nem qualquer dos Estados deverão assumir ou pagar qualquer dívida ou obrigação contraída para auxiliar insurreição ou rebelião contra os Estados Unidos, nem qualquer indemnização pela perda ou emancipação de escravos; todas estas dívidas, obrigações, ou indemnizações serão consideradas ilegais e nulas.

Secção 5 O Congresso terá competência para executar, com legislação apropriada, as disposições deste artigo.".

[152] EDOUARD LAMBERT, *Le gouvernement des juges et la lutte contre la legislation sociale, cit.*, p. 60.

De facto, face a este activismo político, em especial nos Supremos Tribunais dos Estados e no Supremo Tribunal da Federação, plasmado em diversas decisões proferidas por estes Tribunais, os Juízes manifestavam-se sempre contra a legislação progressista – leis laborais ou relativas a direitos civis –, revelando manifesto conflito entre a "política judiciária" e a "política legislativa", para usarmos as expressões de Edouard Lambert[153]. Para fundamentar as suas decisões, os Juízes socorriam-se, entre outros, do *princípio do due process of law*[154] e dos *princípios da racionalidade* e *da oportunidade das leis*, instrumentos que lhes permitiam opor-se à legislação produzida pelos Estados ou pela Federação com vista a anulá-las ou a dificultar ou limitar seriamente a sua aplicação.

Com efeito, terminada a Guerra da Secessão (1865) e a partir das 13.ª e 14.ª Emendas, os Supremos Tribunais desencadeiam uma luta aberta contra essa legislação, a ela se opondo pela via quer da anulação das leis, quer da restrição do âmbito da sua aplicação, o que fazem socorrendo--se do controlo da constitucionalidade das leis e utilizando os princípios acima referidos. Assim acontece, entre outras decisões, com as proferidas no século XIX nos casos *Godcharles and C.ª v. Wiegeman* (1886)[155], *Coppage v. Kansas* (1915)[156], *The Butchers' Benevolent Association of New Orleans v. The Crescent City Live-Stock Landing and Slaughter-House Company & al.* (1873)[157] e *Davidson v. New Orleans* (1878)[158], e, no século XX, entre outros, nos

---

153 *Ibidem.*

154 Numa perspectiva crítica da prática (política) dos Tribunais norte-americanos, Thomas Reed Power dizia que o "*due process, then, is what the Supreme Court says it is*", em resposta à questão colocada pelo Juiz Day – "*What is meant by due process of law this court has had frequent occasion to consider, and has always declined to give a precise meaning, preferring to leave its scope to judicial decision when cases from time to time arise.*".

155 *Godcharles and C.ª v. Wiegeman, Gordon,* Supreme Court of Pennsylvania, 1886. Esta decisão pode ser lida em *https://www.ravellaw.com/opinions/fdcb3206942082d0b5578ae8d73f5530.*

156 *Coppage v. Kansas,* U. S. Supreme Court, January 25, 1915. Consultada em *https://supreme.justia.com/cases/federal/us/236/1/#tab-opinion-1925923.*

157 *The Butchers' Benevolent Association of New Orleans v. The Crescent City Live-Stock Landing and Slaughter-House Company & al.,* Judge Miller, Supreme Court of United States, 1873. Esta decisão pode ser vista em *https://www.law.cornell.edu/supremecourt/text/83/36.*

158 *Davidson v. New Orleans,* Judge Miller, U. S. Supreme Court, 1878. Consultada em *https://www.law.cornell.edu/supremecourt/text/96/97.*

casos *Otis v. Parker* (1903)[159], *Lochner v. New York* (1906)[160], *Hitchman Coal & Coke Company v. Mitchell, Individually, et al.* (1917)[161], e *Glass v. Ives et al.* (1929)[162], para além da luta renhida contra a *Workmen's Compensation Laws*[163], uma legislação que introduzia nos EUA a protecção dos acidentes de trabalho e a responsabilidade objectiva, que os Tribunais não conseguiram anular, mas que retardaram por muitos anos a sua aplicação[164].

É claro que este activismo político dos Juízes provocou reacções não só no seio da Magistratura Judicial como na comunidade e no Poder Legislativo. Assim aconteceu com a posição crítica contra aquela legislação adoptada pelo Juiz Wendell Holmes[165] num voto de vencido, no

---

159 *Otis v. Parker,* Judge Holmes, U. S. Supreme Court, 1903. Consultada em *https://supreme.justia.com/cases/federal/us/187/606/.*

160 *Lochner v. New York,* U. S. Supreme Court, April 17, 1906. Consultada em *https://supreme.justia.com/cases/federal/us/198/45/#tab-opinion-1921257.*

161 *Hitchman Coal & Coke Company v. Mitchell, Individually et al.,* Judge Pitney, Supreme Court of United States, 1917. Consultada em *https://www.ravellaw.com/opinions/fc09d79f446eed10aa88fb6bd39d7dc9.*

162 *Glass v. Ives et al.,* Louisiana Supreme Court, June 17, 1929. Consultada em *https://www.ravellaw.com/opinions/465580b02b2c715b7eaa5ccbc2ab6ea3.*

163 Nos EUA, estas leis foram publicadas em anos diferentes nos diferentes Estados, sendo certo que as primeiras aparecem na Georgia e em Alabama, em 1885, sob a forma de *Employer Liability Acts,* e nos demais Estados, entre esse ano e o de 1918. A discussão pública provocada por estas leis, nomeadamente entre juristas, e a resistência a elas oferecida, nomeadamente pelos Tribunais, provocou uma intervenção no Congresso feita por Benjamim Harrison, então Presidente dos EUA, na qual comparava a situação do ferroviário com a do soldado em guerra. Estas leis, nomeadamente a primeira lei federal de 1906 – *Federal Employers' Liability Act* –, foram declaradas inconstitucionais pelos Tribunais de vários Estados por entenderem que violava a 14.ª Emenda.

164 De acordo com Edouard Lambert, a *Workmen's Compensation Act* era "*ces frères anglo-américans de nos lois sur les accidents du travail. Sur la route de cette législation, destinée à faire face à des exigences de la vie industrielle qui se sont révéles simultanément dans tous les pays civilisés, les Cours américaines ont dressé, en le faisant surgir, soit des règles traditionnelles de la coutume judiciaire, soit des vues philosophiques du droit naturel placées par le moyen de la due process of law sous le patronage des constitutions, tout en jeu complique d'obstacles: liberté de l'employ, proprieté et liberté de l'employeur, égale protection des lois, liaison entre la faute et la responsabilité, défense données au patron par le common-law du chef de la faute partagée, de l'acceptation du risque par l'ouvriers ou des conséquences du travail em commun*" – *Le gouvernement des juges et la lutte contre la legislation sociale, cit.,* p. 72.

165 Oliver Wendell Holmes, Juiz do Suprem Court dos Estados Unidos, foi defensor da "*judicial restraint*", que reflectiu nas suas decisões ou nos seus votos de vencido, marcando indelevelmente a jurisprudência norte-americana. De acordo com a sua posição, numa carta

caso *Locher v. New York*[166], e na sua decisão no caso *Otis v. Parker*[167], contra a marcada tendência do Judiciário de substituir as políticas económicas e sociais do Legislativo pela sua visão dessas políticas, com a realização da profecia de Watties sobre a adopção de medidas que poderão conduzir à completa destruição da independência dos Juízes, o que veio a acontecer com a reacção do Poder Legislativo de certos Estados que consagraram a *recall (referendum)* dos Juízes e com a reacção da própria comunidade.

---

a Frederick Pollock (citado por SCHWARTZ), Holmes dizia que *"[i]t twas not at all the judicial function to strike down laws with which the Judge disagreed"*. «*There is nothing I more deprecate than the use of the Fourteenth Amendment ... to prevent the making of social experiments that an important part of the community desires ... even though the experiments may seem futile or even noxious to me. Not the judge but the legislator was to have the primary say on the policy considerations behind a regulatory measure. The judge's business was to enforce even "laws that I believe to embody economic mistakes"*», e, no caso *Lochner v. New York*, acima referido, concluia dizendo: *"In short, the judiciary may sit as a super-legislature to judge the wisdom or desirability of legislative policy determinations, ... in the local economic sphere, it is only the ... wholly arbitrary act which cannot stand"*. Sobre o Juiz Oliver Wendell Holmes, veja-se, por todos, BERNARD SCHWARTZ, *Main Currents in American Legal Thought*, Durham, N. C., Carolina Academic Press, 1993, pp. 376 e segs.

[166] Nesse voto de vencido defendia: "*This case is decided upon an economic theory which a large part of the country does not entertain. If it were a question whether I agreed with that theory, I should desire to study it further and long before making up my mind. But I do not conceive that to be my duty, because I strongly believe that my agreement or disagreement has nothing to do with the right of a majority to embody their opinions in law. It is settled by various decisions of this court that state constitutions and state laws may regulate life in many ways which we, as legislators, might think as injudicious, or, if you like, as tyrannical, as this, and which, equally with this, interfere with the liberty to contract.*

(...) The Fourteenth Amendment does not enact Mr. Herbert Spencer's Social Statics. (...) But a constitution is not intended to embody a particular economic theory, whether of paternalism and the organic relation of the citizen to the State or of laissez faire.

It is made for people of fundamentally differing views, and the accident of our finding certain opinions natural and familiar or novel and even shocking ought not to conclude our judgment upon the question whether statutes embodying them conflict with the Constitution of the United States" – cfr. *Lochner v. New York*.

[167] Nessa decisão escrevia, ainda: "*While the courts must exercise a judgment of their own, it by no means is true that every law is void which may seem to the judges who pass upon it excessive, unsuited to its ostensible end, or based upon conceptions of morality with which they disagree. Considerable latitude must be allowed for differences of view, as well as for possible peculiar conditions which this Court can know but imperfectly, if at all. Otherwise, a constitution, instead of embodying only relatively fundamental rules of right, as generally understood by all English-speaking communities, would become the partisan of a particular set of ethical or economical opinions, which by no means are held semper ubique et ab omnibus*" – cfr. *Otis v. Parker*, Judge Holmes.

Na verdade, a erosão da confiança nos Tribunais, nomeadamente nos Supremos Tribunais, e um mal-estar comunitário gerador de desagrado e de descontentamento com a intervenção política dos Juízes e o uso dos Tribunais como bastião de luta contra a legislação progressista dos legítimos representantes do povo sediados no Poder Legislativo, leva os poderes públicos, com o apoio da comunidade, a reagirem.

3.3. A reacção dos poderes públicos e da comunidade deu causa a um sério debate entre os defensores e os negadores do *recall*, reflectido, nomeadamente, no n.º 12 dos *Annales of the American Academy of Political and Social Science*, de 1912[168]. De facto, o *recall* foi introduzido em diversos Estados federados e, com base nessa nesta figura jurídico-política, o povo poderia ser convocado para *referendum* com vista a apreciar a conduta dos Juízes antes do termo dos seus mandatos para decidir se se mantinham no exercício das suas funções ou se deviam ser afastados. O fundamento jurídico-político para a instituição do *recall* era o de que, havendo desacordo entre o Juiz e o Legislador sobre determinada lei, só ao Povo cabe o direito de resolver esta questão, o que deve fazer em acto referendatário. Mas o debate sobre esse *recall* e as dúvidas da sua constitucionalidade levaram a que se propusesse uma nova modalidade do *recall*, o das decisões judiciais consubstanciadoras de conflito sobre a conformidade constitucional e a validade de uma dada lei, entre o Judiciário e o Legislador, ou seja, um *referendum* sobre essas decisões.

Face a esse conflito o povo decidiria, revelando democraticamente a sua vontade, que, em última análise, seria a de apoiar o progressismo do Poder Legislativo ou o conservadorismo dos Juízes e do Poder Judicial. Esta tomada de posição do Poder Legislativo de alguns Estados e o debate suscitado pelo *recall*, seguidos e acompanhados pela visibilidade pública do conflito entre o Presidente Theodore Roosevelt e os Juízes, causada pela legislação progressista que este Presidente pretendia editar e a posição adoptada por Roosevelt sobre a nova figura jurídico-política, que é o *recall*[169], refreou a oposição política dos Juízes, que se aperceberam

---

[168] Ver *Annales of the American Academy of Political and Social Science*, n.º 43, September 1912, pp. 2-345. Disponível em *https://journals.sagepub.com/loi/ann* (consulta em 9/12/2020).

[169] Theodore Roosevelt teve sempre o cuidado de defender a independência dos Tribunais quando estes exercem a sua função estritamente jurisdicional, evitando assim que o *recall*

que poderia estar em causa o seu "emprego" e a sua subsistência se persistissem tão abertamente nessa luta e, ainda, que os sinais vindos do poder político e da comunidade anunciavam que iriam perder esse combate[170]. Como sempre, seguindo a táctica de Lenin, deram dois passos atrás, acantonando-se no seu bastião institucional, que é o Tribunal, à espera de nova oportunidade para darem um passo em frente.

Este passo em frente é dado já depois da Primeira Grande Guerra e após o recurso a uma nova técnica de motivação das decisões pelos Tribunais Estaduais, incluindo os Supremos Tribunais Estaduais, com vista a subtraí-las à apreciação do Supremo Tribunal dos Estados Unidos, seguida de uma forte campanha política contra o *recall*, promovida e executada pela American Association Bar, em 1918 e 1919, e do recurso à interpretação dos *Statutes* ou legislação produzida pelo Poder Legislativo,

---

pusesse em causa essa independência. Contudo, no importante discurso feito em Ohio, em Fevereiro de 1912, em que oferece uma verdadeira teoria do controlo do poder judicial pelo povo que, segundo ele, foi originariamente apresentada por Lincoln, quando este defendeu que "*[i]t was Lincoln who appealed to the people against the judges when the judges went wrong, who advocated and secured what was practically the recall of the Dred Scott decision, and who treated the Constitution as a living force for righteousness*", Roosevelt defendia o *recall*, por entender que quando um juiz decide uma questão constitucional, estatuindo o que o povo pode ou não legislar, ao povo deve ser reconhecido o direito de *recall* (veto em referendo) da decisão, se entender que é errada. De acordo com esta posição, Roosevelt dizia: "*there is one kind of recall in which I very earnestly believe, and the immediate adoption of which I urge. There are sound reasons for being cautions about the recall of a good judge who has rendered an unwise and improper decision. Every public servant, no matter how valuable and not omitting Washington or Lincoln or Marshall — at times makes mistakes. Therefore we should be cautious about recalling the judge, and we should be cautious about interfering in any way with the judge in decisions which he makes in the ordinary course as between individuals. But when a judge decides a constitutional question, when he decides what the people as a whole can or cannot do, the people should have the right to recall that decision if they think it wrong. We should hold the judiciary in all respect; but it is both absurd and degrading to make a fetish a judge or of any one else*", e afirmava: "*But most emphatically I do wish that the people should have the right to recall the decision itself, and authoritatively to stamp with disapproval what cannot but seem to the ordinary plain citizen a monstrous misconstruction of the Constitution, a monstrous perversion of the Constitution into an instrument for the perpetuation of social and in industrial wrong and for the oppression of the weak and helpless.*" – THEODORE ROOSEVELT, "A Charter for Democracy", discurso de Theodore Roosevelt em Ohio, na Convenção Constitucional, February 1912, disponível em *https://teachingamericanhistory.org/library/document/a-charter-for-democracy/*.

[170] Para maior desenvolvimento sobre a figura do *recall*, veja-se o n.º 43 dos *Annales of the American Academy of Political and Social Science*, n.º 43, 1912, *cit.*, e, ainda, EDOUARD LAMBERT, *Le gouvernement des juges et la lutte contre la legislation sociale*, *cit.*, pp. 92 e segs.

à luz do *common law*, feita sempre, diz-nos EDOUARD LAMBERT, com base no princípio construído pelos pós-glosadores medievais de acordo com o qual *statuta sunt strictissime interpretanda*[171]. Tudo com o objectivo de permitir ao Poder Judicial a criação jurisdicional do denominado *statute* (ou, em francês, *statut*) e de retomar sem constrangimentos políticos o controlo da constitucionalidade das leis.

Podemos terminar dizendo que estes instrumentos – a nova técnica de motivação das decisões e o recurso à interpretação dos *Statutes* – foram testados em várias decisões judiciais, proferidas nos casos em que se tinha de aplicar a célebre lei anti-trust, como, por exemplo, o *Sherman Act* (1890), o *Standart Oil case* e o *United States of America v. American Tabacco, Co.*, em que o alcance dessa lei[172] foi judicialmente restringido pela via da interpretação. Mais uma vez a interpretação da lei é constituída em instrumento por excelência do activismo judicial e para a intervenção dos Juízes na política.

Os Juízes americanos, em especial os dos Supremos Tribunais, afirmam, assim, o seu "direito" de intervir politicamente, lutando permanentemente pela manutenção do monopólio da interpretação da Constituição, o que lhes permite impor a sua visão das políticas públicas através da sua "política judiciária" ou, quando menos, controlar os efeitos da legislação progressista. Já não se limitam a lutar pela afirmação e pelo reconhecimento da supremacia dos Tribunais em matéria de interpretação da Constituição, mas o passo em frente que agora deram tem como objectivo a afirmação e o reconhecimento de uma verdadeira "soberania judiciária". Este é, aliás, o sentido da afirmação do Juiz Rehnquist na decisão proferida no caso *United States of America v. Morrison* (2000), onde defende que "*[n]o doubt the political branches have a role in interpreting and applying the Constitution, but ever since Marbury this Court has remained the ultimate expositor of the constitutional text.*"[173].

---

[171] Para maior desenvolvimento, veja-se EDOUARD LAMBERT, *Le gouvernement des juges et la lutte contre la legislation sociale, cit.*, pp. 109 e segs.

[172] Para maior desenvolvimento, veja-se, por todos, EDOUARD LAMBERT, *Le gouvernement des juges et la lutte contre la legislation sociale, cit.*, pp. 131 e segs.

[173] *United States v. Morrison*, Judge Rehnquist, Supreme Court of the United States, 2000; disponível em *https://supreme.justia.com/cases/federal/us/529/598/*.

Podemos concluir dizendo que, em especial a partir de último quartel do século XIX até aos anos 20/30, o controlo da constitucionalidade das leis pelo Juízes norte-americanos teve como objectivo construir e assegurar a supremacia política do Poder Judicial sobre os demais poderes, que lhes permitia interferir politicamente, mas de forma conservadora, sobre a legislação social e laboral, quer para a anular, quer para retardar ao máximo a sua eficácia. Mesmo antes desse período, ou seja, desde a primeira *judicial review* de Marshall até esse período, serviu para dirimir conflitos políticos. Numa e noutra épocas, os Juízes, através da interpretação e do *princípio do due process of law*, produziram verdadeiras constituições judiciárias caracterizadas por um profundo conservadorismo. Foi o instrumento de luta de uma classe tradicionalmente conservadora, pouco permeável à inovação e às ideias progressistas.

Ainda hoje constatamos a importância política da nomeação de Juízes para o Supreme Court com vista a nele assegurar maiorias favoráveis aos desígnios políticos do Presidente dos EUA e dos partidos que detêm maiorias no Congresso. Consolidado o seu poder de fiscalizar a constitucionalidade das leis, os Juízes norte-americanos, que não lutaram nem lutam por um organismo que os represente e discipline colectivamente, mas sim através da fiscalização e da interpretação assente no *due processo of law* e nos princípios da *racionalidade* e da *razoabilidade* da lei, lutam pela participação política na definição das decisivas questões políticas e das políticas públicas. Esses Juízes, podem, assim afirmar-se como *We, the Judges...*

> *"In short, the judiciary may sit as a super-legislature to judge the wisdom or desirability of legislative policy determinations, ... in the local economic sphere, it is only the ... wholly arbitrary act which cannot stand".*
>
> OLIVER WENDELL HOLMES,
> Juiz do Supreme Court

IV. OS JUÍZES FRANCESES ENVOLVIDOS NA POLÍTICA E PELA POLÍTICA

"The interference of the judiciary with legislative Acts, if frequent or on dubious grounds, might occasion so great a jealousy of this power and so general a prejudice against it as to lead to measures ending in the total overthrow of the independence of the judges, and so of the best preservative of the constitution."

JULIUS WATTIES WARING
Juiz do District Court for the Eastern District
of South Carolina

4.1. Introdução

O debate sobre o poder dos Tribunais na Europa é muito intenso e centra-se nas questões relativas à inamovibilidade, à interpretação e ao controlo da constitucionalidade das leis. Mas é também um debate sobre o controlo dos Tribunais pelos demais poderes – o Legislativo e o Executivo –, o que coloca o Poder Judicial no centro do jogo político, em especial nos momentos de crise. E quando esta atinge o seu ponto crítico, a questão do controlo de constitucionalidade emerge para servir de tábua de salvação ou dos Juízes ou dos outros poderes em aliança com os titulares do Poder Judicial. Assim aconteceu em França ao longo de todo o século XIX, em especial, a partir da Comuna de Paris (1948), e, mais tarde, já nas vésperas da Segunda Guerra Mundial, na Alemanha, onde avulta o célebre debate entre Kelsen e Carl Schmitt. Mas, antes de analisarmos este debate e a sua importância para a concepção europeia do controlo da constitucionalidade das leis, importa sumariar o que se passou em França, com o Poder Judicial, entre 1848 até ao primeiro quartel do século XX, tanto mais que este país e as suas ideias políticas eram o farol da Europa novecentista.

4.2. Os Juízes franceses nos finais do século XIX: envolvidos na política e pela política

1. No decurso do século XIX, como tivemos oportunidade de ver, os Juízes franceses estiveram envolvidos na ou pela política, pelas razões já reveladas. Este envolvimento deu causa a uma permanente reacção dos demais órgãos de soberania – o Parlamento e o Executivo –, colocando o Poder Judicial no centro dos grandes debates e decisões políticas. Assim acontece logo após a Revolução, em que os Juízes foram acantonados nos Tribunais e tendencialmente colocados ao serviço exclusivo da lei, o que os impediu de se organizarem em contra-poder, mas sem que tal deva ser entendido como "quietude judiciária", isto é, como se tivessem deixado de se movimentar quando a situação lhes permitia.

Na verdade, logo após a Revolução, os constituintes elevaram a arbitragem feita por Juízes de Paz como o modelo dominante de solução dos litígios, vertendo tal opção na Constituição de 1791, onde se consagrava, desde logo, a eleição dos Juízes pelo povo e o exercício das funções por tempo determinado – "*Le Pouvoir Judiciaire est délégué à des juges élus à temps par le peuple*"[174] – e se reconhecia aos cidadãos franceses o direito de dirimir os seus conflitos pela via da arbitragem feita por juiz de paz – "*Le droit des citoyens, de terminer définitivement leurs contestations par la voie de l'arbitrage, ne peut recevoir aucune atteinte par les actes du Pouvoir législatif*"[175]. De acordo com GÉRARD MASSON, as razões que levaram os constituintes a adoptar o sistema de eleição dos juízes foram as seguintes:

> "*La plupart étaient hostiles à l'institution des juges professionels, préférant la généralisation des juges de paix, et considéraient, que la fonction de juge ne devait être qu'un accident honorable dans une carrière vouée à la gestion des affaires publique*";
>
> "*que les juges devaient être indépendants du pouvoir exécutif, d'ailleurs partagé entre l'Assemblée national et le roi*";
>
> "*l'election leur paraissait le mode d'investiture des juges et de délégation du pouvoir judiciaire le plus conforme à la doctrine de la souveraineté nationale*"[176].

---

[174] Art. 5.º do Título III (Des pouvoirs publics) da Constituição francesa de 1791.

[175] Cfr. art. 5.º do Capítulo V (Du pouvoir judiciaire) do acima citado Título III da Constituição francesa de 1791.

[176] GÉRARD MASSON, *Les Juges et le Pouvoir*, Langres, Moreau Syros, 1977, pp. 26-27.

Para além disso, a Constituição consagrava ainda a inamovibilidade dos Juízes[177], respeitando esta velha conquista dos Magistrados, ao mesmo tempo que, no art. 3.º, se proibia os Tribunais de se imiscuírem no exercício do poder legislativo ou de suspenderem a execução das leis ou interferirem na função administrativa[178].

Os constituintes acantonavam, assim, os Juízes nos Tribunais, circunscrevendo as suas funções à aplicação da lei desde que dela não resultasse a interferência nas decisões do Poder Legislativo nem a suspensão das leis por este editadas. Era a reacção dos constituintes aos abusos dos Juízes, que acima descrevemos.

Contudo, os Juízes, mesmo eleitos, não se deixaram acantonar e cedo recomeçaram a agir politicamente no sentido de travar o movimento revolucionário e de proteger os contra-revolucionários, o que suscitou o debate parlamentar sobre a conduta dos Juízes. De acordo com o Deputado Jules Roche, Condorcet exprimia na Assembleia Nacional a sua indignação pela conduta política dos Juízes nos seguintes termos: "*A peine quelques mois se sont passés depuis que la lois a fixé pour nous les limites des pouvoirs et dejá nos juges transgressent les limites, dejá ils cherchent à se créer un empire que la lois leurs a donné; ils sont toujours prêts à recréer sous des formes judiciaires des lettres de cachet et des bastilles. De juges, de citoyens, ils s'érigent en juges des pouvoirs politiques et, sous prétexte de les juger ils sauraient les dominer, les remplacer.*"[179].

2. Não sendo possível aqui descrever toda a evolução do processo de participação dos Juízes franceses na Política ou da forma como foram envolvidos na luta político-parlamentar, sempre faremos um breve sumário desse processo.

---

[177] Cfr. art. 2.º do Capítulo V do Título III da Constituição francesa de 1791: "*La justice sera rendue gratuitement par des juges élus à temps par le peuple, et institués par des lettres-patentes du roi qui ne pourra les refuser. – Ils ne pourront être, ni destitués que pour forfaiture dûment jugée, ni suspendus que pour une accusation admise. – L'Accusateur public sera nommé par le Peuple.*"

[178] Cfr. art. 3.º do Capítulo V do Título III da Constituição francesa de 1791: "*Les tribunaux ne peuvent, ni s'immiscer dans l'exercice du Pouvoir législatif, ou suspendre l'exécution des lois, ni entreprendre sur les fonctions administratives, ou citer devant eux les administrateurs pour raison de leurs fonctions.*"

[179] Cfr. Jules Roche, "Réforme de l'Organisation Judiciaire. Chambre des Députés. Session Ordinaire. 5.ª Séance de 16 Janvier 1883, publicado em 17 Janvier 1883", January 17, 1883, Bibliothèque Nationale de France, em *https://gallica.bnf.fr/ark:/12148/bpt6k6513226j*.

Começamos por dizer que após o golpe de Estado dado por Bonaparte e instalada a ditadura consular, seguida da ditadura imperial bonapartista, os Juízes são agora envolvidos pela política, envolvimento de que resulta a sua completa subordinação ao Poder Político. Este poder organiza os Tribunais em conformidade com o modelo militar, estabelecendo uma hierarquia judicial, dividindo os Tribunais de base e os de Apelação em tantas classes quantas as da carreira judicial, estas controladas pelo Poder Político. Por outro lado, os Juízes são submetidos a um rigoroso regime disciplinar em tudo semelhante ao do exército.

Para assegurar o completo controlo dos Magistrados Judiciais, a inamovibilidade duramente conquistada pelos Juízes[180], como já vimos, foi na prática suprimida, pois cabia ao Imperador atribuir ou não esse direito aos Juízes com mais de cinco anos de carreira a quem ele reconhecia mérito. Para além disso, Bonaparte podia designar os Juízes de Paz e do Tribunal de Cassação, e tinha o direito de "cassar" as decisões do *Cour d'Assises*.

---

[180] Importa relembrar que desde a sua ideação, atribuída ao monarca francês Luís XI (século XVIII), até o fim da Segunda Guerra, a inamovibilidade dos juízes foi objecto de séria controvérsia, que levava ou à sua afirmação (por vezes semântica) até à sua supressão, pese embora, poderíamos dizer, tenha sido sempre considerada como uma garantia dos Juízes essencial à boa administração da justiça. Faz-se notar que, verdadeiramente, a inamovibilidade só foi concebida como garantia dos Juízes e instituída para esse efeito por Philippe VI (1293--1350), pese embora na sua *Ordonnance* de 17 de Março de 1341 não tenha ainda utilizado o termo inamovibilidade. Mas, como os Juízes eram nomeados pelo Rei, que lhes concedia essa inamovibilidade, esta só protegia o Magistrado até à morte do monarca que a tinha concedido, ou seja, durante a vida deste. Nesse sentido, escreve Marcel Rousselet: "*Mais dès le début, et c'est la une restriction à ce principe que nous allons retrouver bien souvent au cours des âges et que nous rencontrerons jusque sous la Restauration, l'inamovibilité ne protégeait les magistrats que durant la vie du Roi*" – Marcel Rousselet, *Histoire de la Magistrature Française des Origines à nos Jours*, vol. 2, Paris, Librairie Plon, 1957, pp. 156-157.

A discussão sobre esta garantia foi recorrente ao longo do século XIX, como iremos mostrar no texto, e, como nos diz Marcel Rousselet, a inamovibilidade foi sempre violada pelos monarcas ou pela República até à Constituição de 1946, e, diríamos nós, na maior parte das vezes como reacção à tomada de posição política e intervenção na política pelos Magistrados. Para maior desenvolvimento, veja-se *Histoire de la Magistrature Française des Origines à nos Jours*, *cit.*, pp. 155 e segs., onde Marcel Rousselet nos descreve a evolução histórica desse instituto, e, embora não se debruce sobre as causas das reacções do Poder Político contra a inamovibilidade, não deixa de revelar a tensão política, resultante do conflito político entre a Magistratura e o Poder Político em alguns momentos dessa evolução.

Os Juízes foram transformados em funcionários servis do Império e do Imperador.

No reinado de Luís XVIII (1814-1824) e no período histórico em que reinou Luís Filipe, que ficou conhecido por Monarquia de Julho, a Magistratura francesa acolhe entusiasticamente a restauração da monarquia, expressando através do *Cour de Cassation* o seu agrado e apoio a essa restauração e saudando "*le retour du chef de la maison de Bourbons au trône heriditaire de Sain-Louis*"[181]. Em troca desse apoio, foi restaurada a inamovibilidade, embora de forma condicionada, tanto mais que o monarca defendia que a justiça emanava do rei e era administrada por Juízes por ele nomeados. Por isso mesmo, a inamovibilidade só era reconhecida a esses Juízes[182]. Em 15 de Fevereiro 1815 publica-se uma *Ordonnance* que, no seu preâmbulo, revela a imagem que o Poder Político, em especial o Parlamento, tinha da Magistratura, quando aí se reafirma que "*[t]oute justice émane du roi ..., mais nous en deleguons l'exercice à des juges dont la nominations nous est exclusivemment resérvées ...*", e, mais adiante, "*la plupart des magistrats des notre royaume attendent avec impatience l'institution royale qui va consacrer le reste de leur existence aux fonction dans lesquelles nous les auront établis ou maintenus*"[183].

Após o regresso de Napoleão e durante os cem dias que durou o seu domínio – les Cent-jour, como ficou conhecido esse período – os Magistrados manifestaram o seu apoio ao Imperador[184], que não respeitou

---

[181] Para mais desenvolvimento sobre a Magistratura nesse período, veja-se, entre outros, Gérard Masson, *Les Juges et le Pouvoir, cit.*, pp. 34 e segs., e Olivier Tort, "La magistrature française face aux deux Restaurations (1814-1815)", in *Révue d'Histoire du XIX.ᵉ Siècle*, n.º 49, 2014, em *https://doi.org/10.4000/rh19.4749.*

[182] Como pode ver-se nos arts. 57.º e 58.º da Carta Constitucional de 4 de Junho de 1814?, que a seguir se transcrevem.

"*Article 57 – Toute justice émane du roi. Elle s'administre en son nom par des juges qu'il nomme et qu'il institue.*"

"*Article 58 – Les juges nommés par le roi sont inamovibles.*"

[183] "Ordonnance de 15 Fevrier 1815", Février 1815, p. 920, disponível em *https://books.google.pt/books?id=nq0_AAAAcAAJ&pg=RA1-PA920&lpg=RA1PA920&dq=Ordonnance+15+F%C3%A9vrier+1815&source=bl&ots=Yd1wJzMxaG&sig=ACfU3U0Rnh3WRYwoQi8VSVpb5uYwy5HAww&hl=pt-PT&sa=X&ved=2ahUKEwjuuYmek_ftAhVTBGMBHTZxDM04FBDoATAFegQIBRAC#v=onepage&q=Ordonnance%2015%20F%C3%A9vrier%201815&f=false.*

[184] Em sentido próximo, escreve Olivier Tort: "*La crainte d'une épuration, qui avait paru écartée lors du premier retour de Louis XVIII, se profile avant même les Cent-Jours. Cette épée de Damoclès*

o princípio da inamovibilidade, permitindo-se demitir vários Juízes e reorganizar os Tribunais a seu bel-prazer[185]. Após a sua queda e o regresso de Luís XVIII, de imediato, fizeram a acima referida declaração de apoio a Luís XVIII, o que revela que os apoios eram dados sempre ao poder dominante em cada momento.

Sob o reinado de Luís XVIII e no quadro da revolução liberal de 1830 e de 1848, como dissemos, os Magistrados, pela pena do *Cour de Cassation*, declararam apoio ao monarca, que acabou por lhes dispensar tratamento em tudo semelhante ao que Bonaparte lhes tinha dado. O ponto central da relação entre Magistrados e os Poderes Executivo e Legislativo é a inamovibilidade, que estes poderes não a suspenderam durante aquele período, mas, como dissemos, não a respeitavam.

Apesar desse apoio, a Magistratura estava politicamente dividida em dois grandes grupos, os orleanistas e os legitimistas, tendo estes últimos rompido com a Monarquia de Julho, por entenderem que não podiam servir o orleanista Luís Filipe. De qualquer forma, agora retoma-se a luta pela manutenção da inamovibilidade, liderada por uma Magistratura toda ela recrutada no seio do grupo social e politicamente dominante, a alta burguesia[186]. Este é o período em que, em França, se vive a revolução liberal, a monarquia orleanista era apoiada pela alta burguesia e em que

---

explique le caractère relativement massif du ralliement des magistrats à l'Empereur lors de son retour, puis, à l'inverse, les stratégies de dissimulation zélée qui se déploient sous la seconde Restauration pour éviter une éviction qui menace, selon les ressorts territoriaux, jusqu'en 1821." – cfr. "La magistrature française face aux deux Restaurations (1814-1815)", § 2.

[185] Nesse sentido, diz-nos Olivier Tort: "*À cette date, les promesses de stabilisation du personnel judiciaire faites par Bonaparte lors de son accession au pouvoir, quinze ans avant, n'apparaissent plus crédibles aux yeux des magistrats. Le principe d'inamovibilité de la magistrature garanti dans la constitution de l'an VIII (article 68) a été profondément malmené, à deux reprises, sous l'Empire: en instituant une période probatoire de cinq ans, le sénatus – consulte du 12 octobre 1807 et ses décrets d'application du 24 mars 1808 ont permis à Napoléon d'évincer 162 magistrats du siège – ceux du parquet étant, par définition à l'époque, révocables à loisir; puis la fusion des cours d'appel et des cours criminelles en cours impériales, mise en œuvre par la loi du 20 avril 1810, a fait discrètement révoquer encore beaucoup d'autres magistrats, toujours théoriquement inamovibles*" – cfr. *La magistrature française face aux deux Restaurations (1814-1815), cit.*, § 6.

[186] Nesse sentido, escreve Gérard Masson: "*La magistrature de la Monarchie de Juillet était a l'image d'un regime qui reposait sur une caste financière. Son recrutement se faisait sur une base sociale très étroit, et l'accès aux hauts postes était reservé aux Juges les plus fortunes*" – *Les Juges et le Pouvoir, cit.*, p. 38.

o regime progressivamente se foi tornando conservador e os Magistrados apareciam como aliados desse grupo sócio-político, o que leva GÉRARD MASSON a escrever, com razão, que "*[j]amais autant que sous la Monarchie de Juillet ne se créa une telle osmose entre le monde politique la magistrature. De nombreux députés obtinrent de hautes fonctions judiciaires, moyen pour le pouvoir de s'attacher à la fois les juges et les députés.*"[187].

Podemos dizer que durante a Segunda República (1840-1852), passando pelo Segundo Império – quer na sua fase autoritária (1852-1860), quer na sua fase liberal (1860 a 1870) –, os Magistrados continuaram a ser envolvidos pela Política ou a agir politicamente, centrando a sua luta na questão da inamovibilidade. Na verdade, no decurso da Segunda República, a tese defendida era a de que a inamovibilidade era incompatível com o regime republicano. Contudo, a Assembleia Nacional constituinte dominada por republicanos-conservadores, legitimistas e orleanistas acabou por consagrar a inamovibilidade[188]. Contudo, é sabido que os Magistrados dessa época, como contrapartida da inamovibilidade, passaram a ser servis a Luís Napoleão, servilismo denunciado por VICTOR HUGO na sua obra *La Servilité de la Magistrature Impériale sous le Despotisme de Napoléon-le-Petit*. Com efeito, apesar de se ter reconhecido a inamovibilidade dos Juízes, o Governo começou por atacar o Presidente do *Cour de Cassation*, por ter interferido numa questão que envolvia Napoleão III – "*menacé de poursuite disciplinaires, il béneficia d'un non-lieu*", diz-nos GÉRARD MASSON[189] – e por destituir vários Juízes. A luta pela (re)conquista da inamovibilidade, que o Presidente do *Cour de Cassation*, eleito pela Assembleia Nacional, entendia que não devia ser considerado um refúgio dos Magistrados, deu causa à discussão na Assembleia Nacional, onde, na proposta feita pelo Ministro da Justiça, se reconduziu a inamovibilidade a uma garantia constitucional. Todavia, por haver deputados que entendiam que essa garantia não era um valor constitucional, o Ministro, aceitando proposta feita pelo Deputado

---

[187] GÉRARD MASSON, *Les Juges et le Pouvoir, cit.*, p. 38.

[188] Como pode ver-se do art. 26.º da Constituição francesa de 14 de Janeiro de 1852, onde se consagra: "*Le Sénat s'oppose à la promulgation – 1.º Des lois qui seraient contraires ou qui porteraient atteinte à la Constitution, à la religion, à la morale, à la liberté des cultes, à la liberté individuelle, à l'égalité des citoyens devant la loi, à l'inviolabilité de la propriété et* **au principe de l'inamovibilité de la magistrature**; *– 2.º De celles qui pourraient compromettre la défense du territoire*" – realce nosso.

[189] GÉRARD MASSON, *Les Juges et le Pouvoir, cit.*, p. 47, nota 69.

Limperani[190], retirou da proposta o termo "constitutionnel" para que tal garantia fosse consagrada.

3. Nos finais do século XIX os Juízes continuaram a ser "envolvidos" pela e a envolver-se na política e a inamovibilidade continuou a ser o tema de discussão política, quer no seio do Governo, através do *Garde des Sceaux* (Ministre de la Justice), quer no Parlamento, com interessantes intervenções de alguns Deputados e com um debate parlamentar de enorme relevância para a compreensão da concepção da arquitectura e a construção dos grandes pilares do sistema judicial francês, que, como se sabe, influenciou grandemente a Europa, em especial a da cultura latina. Mas, agora, o tema da inamovibilidade é acompanhado de um outro, que já vinha sendo discutido embora a ele "subordinado", que é o de decidir sobre o modelo de designação dos Juízes para o exercício das suas funções, isto é, discutia-se se os titulares do Poder Judicial deveriam ser nomeados ou eleitos.

Sendo, é certo, interessante e esclarecedor acompanhar a evolução da relação entre a Política e os Juízes, o ponto é que não nos é possível fazê-lo aqui com a profundidade e o interesse não só jurídico mas também sociológico-político que o assunto merece, pelo que teremos de nos limitar a tratar o tema por grandes etapas com vista a perceber a luta pela independência colectiva da Magistratura que agora se trava dentro e fora do Parlamento e, com ela, o aparecimento do Conselho Superior da Magistratura.

Sabemos já que a questão da inamovibilidade está no centro das preocupações dos Juízes e dos políticos, sendo que os primeiros, a partir dos anos 70 do século XIX, após a derrota da Comuna de Paris, em 1871, e a violenta repressão contra os *communards* levada a cabo pelo Governo conservador de Louis Adolphe Thiers, apoiaram o partido dos conservadores, opondo-se aos republicanos e à República, que, entretanto,

---

[190] Deputado que na sessão da Assembleia Nacional de 26 de Março de 1871 perguntava se se devia reconhecer a inamovibilidade como um princípio, enquanto o recrutamento dos Magistrados dependesse do arbítrio do poder, e que a progressão na carreira não fosse a contrapartida dos serviços prestados "dans l'ordre politique" – cfr. *Journal Officiel de la République Française*, Chambre des Députés, 38.ª Séance, 26 Mars 1871, p. 276, em *https://gallica.bnf.fr/ark:/12148/bpt6k2093198v*.

tinha sido instaurada em França, embora ainda sob a chefia dos dois primeiros Presidentes conservadores, Thiers e Mac-Mahon. Esta tomada de posição conservadora dos Juízes, que se reflectiu, diz-nos GÉRARD MASSON, no zelo em condenar judicialmente os republicanos, gerou reacção destes, que, após a demissão forçada de Mac-Mahon, levaram mais uma vez ao Parlamento a questão da inamovibilidade e da nomeação dos Juízes[191].

Neste debate, em que a ideia dominante era a de que a inamovibilidade de qualquer função pública era contrária ao princípio republicano, pelo que devia ser suprimida, tanto mais que os Juízes deviam ser responsáveis perante a Nação para que, na opinião do deputado Pelletan, expressa na sessão de 31 de Maio de 1882, não se constituíssem numa "*caste placée hors du rayonnement de l'opinion, isolée de l'atmosphere d'idées et d'interêtss du reste de la national*", uma "*Église judiciaire aussi étrangère que l'autre Eglise à la démocratie*". É certo que o lado mais conservador defendia a manutenção da inamovibilidade, embora reconhecesse que se devia pôr termo à praga das solicitações e visitas dos Magistrados "*qui rongent les pavés de la chancellerie*", na opinião de BÉRENGER[192], com vista a assegurar e garantir a independência dos Juízes relativamente ao Governo republicano, a que essa comissão se opunha, note-se. Esta conduta conservadora da Magistratura levou a que fosse representada como uma muralha conservadora contra os republicanos, o que fez com que estes reagissem, nomeadamente no Parlamento, para pôr em causa a inamovibilidade e discutir o modo de designação dos Magistrados. Começava assim a cumprir-se a profecia

---

[191] A propósito destes Juízes, conhecidos por *juges d'orde morale*, o deputado Bérnard, na 54.ª sessão, de 24 de Maio, de 1883, dizia que "*celle-la nous l'avons vu à l'ouevre de trés prè. Je pourrait même dire que je suis de ceux qui l'ont vue de trop près. Nous savons tous avec quelle ardeur elle s'est jetée dans la mêlée électorale, avec quelle violence elle s'est faite l'instrument des candidatures officielles et la complice de l'arbitraire administrative. Et c'est elle que encore aujourd'hui rempli nos prétoires où elle rend la justice au nom de la République*" – cfr. intervenção do deputado Bérnard in *Journal Officiel de la République Française*, Chambre des Députés 55.ª Séance, 26 Mai 1883, p. 1057, em *https://gallica.bnf.fr/ark:/12148/bpt6k6513276f/f9.item#.*

[192] Esta opinião de Bérenger, antigo magistrado que integrava a comissão extra-parlamentar para resolver a questão da reforma judiciária, foi colhida na obra de MASSON, que por sua vez a obteve no livro de MAURICE DEHESDIN, *Étude sur le recrutement et l'avancement des magistrats* – cfr. GERARD MASSON, *Les Juges et le Pouvoir, cit.*, pp. 59-60.

de WATTIES[193] sobre a adopção de medidas que poderiam conduzir à completa destruição da independência dos Juízes por causa da intervenção política destes.

Na verdade, durante a Terceira República, o debate parlamentar incide fortemente sobre estes dois temas – a inamovibilidade e o modo de designação dos Magistrados –, debate que pode ser seguido nos diários oficiais da Assembleia Nacional – *Journal Officiel de la République Française, Chambre des Députés* –, a partir de 1882, sendo de salientar aquele travado com grande vivacidade e determinação entre os deputados Georges Graux, Armand Rivière e Cuneo d'Ornano, que, poderíamos dizer, começa com uma longa intervenção de Georges Graux no decurso da qual coloca a questão "*Les juges seront-ils établis à vie ou élus pour un temp determine?*"[194]. É possível ouvir no Parlamento este deputado a defender que a imunidade dos Juízes mais não é que uma garantia contra a perda da funções e, citando Toqueville, que a independência dos Juízes é posta em causa voluntariamente pelos próprios Juízes[195]; por seu lado, o deputado Saint Romme advogava que a inamovibilidade é contrária ao princípio republicano[196], e o deputado Clemenceau considerava que a inamovibilidade é "*le fruit véreux de la vénalité des offices*", "*Vieille superstition*", "*institution monarchique*" ou, ainda, nas palavras do deputado de Sonnier, [a inamovibilidade] "*n'a t'elle jamais été considéré comme un principe de droit publique supériuer aux tranformations politiques*" e que o poder dos Juízes deriva de um poder superior, o da lei fundamental, e a primeira inamovibilidade é a da Constituição e,

---

[193] Citado por JAMES BREDLY THAYER, *Legal Essay*, Oxford, Oxford University Press, 1908, p. 19.

[194] *Journal Officiel de la République Française*, Chambre des Députés, 30 Mai 1882, p. 741, em *https://gallica.bnf.fr/ark:/12148/bpt6k97574028*. Pode ver-se neste *Journal* o aceso debate entre os acima referidos Deputados.

[195] A opinião do deputado Georges Graux na 52.ª Sessão da Câmara dos Deputados foi expressa nestes termos: "*L'inamovibilité n'est donc pas une garantie suffisante contre le désir de l'avancement; elle n'est q'une garantie contre la perte de la fonction et M. Tocqueville a apprécié la mérite de cette garantie em disant, au sujets des magistrats: 'Qu'importe que nulle ne puisse luer ravir leurs indépendence, si eux-même en font volontairement le sacrifice?' C'est um sacrifice qui a etait, en effet, trop frequent et trop facile. Voilá pourquoi inamovibilité ne suffit pas pour garantir l'indepéndence des juges*" – in *Journal Officiel de la République Française*, Chambre des Députés, 30 Mai 1882, p. 743. https://gallica.bnf.fr/ark:/12148/bpt6k63850814/f13.item.

[196] *Journal Officiel de la République Française*, Chambre des Députés, 7.ª Séance, 20 Janvier 1883, p. 83, em *https://gallica.bnf.fr/ark:/12148/bpt6k6513228c*.

quando esta é violada, não há inamovibilidade para os Juízes[197]. Por seu lado, o deputado Bisseuil, na 55.ª sessão de 5 de Junho, para justificar a sua posição contra a inamovibilidade, dizia que "*[t]ous le révolte contre la république ont rouvé un appui, un concours énergique, un auxiliaire puissant dans la magistrature*" "*aux périodes les plus déselante de nos luttes politiques nos dessenssions ont étés entretenues, alimentées evénimées par la magistrature inamovible que nous avait léguées l'impire*"[198].

Podemos dizer que ao longo de todo o século XIX a questão dos Tribunais e dos Magistrados, tratada sob o ponto de vista da inamovibilidade e do modo de designação dos Juízes – eleição ou nomeação – e, através dela, do perfil (político e ético) do Magistrado francês, é recorrentemente discutida no Parlamento francês, discussão que revela a grande desconfiança que, pelo menos os Deputados, têm dos Juízes, como pode ver-se, só para dar um ou outro exemplo, na declaração do deputado Bisseuil, na 55.ª sessão parlamentar, de 6 de Junho de 1882, sobre a inamovibilidade – "*l'inamovibilité, et je termine par lá sur ce point, n'a jamais été q'une fortresse armée contre la legalité*"[199] – ou na declaração do deputado Pelletan, na 58.ª sessão parlamentar, de 10 de Junho de 1882, segundo o qual "*[l]a France n'a plus confiance dans la magistrature*"[200].

Na referida sessão de 10 de Junho, o deputado Pelletan, que defende que a questão da inamovibilidade está intimamente ligada à do modo de designação dos Juízes[201], não poupa a Magistratura francesa, que

[197] Cfr. a intervenção do deputado de Sonnier no *Journal Officiel de la République Française*, Chambre des Députés, Session de 5 Juin 1882, p. 800, em *https://gallica.bnf.fr/ark:/12148/bpt6k6385084c/f18.item.*

[198] Cfr. *Journal Officiel de la République Française*, Chambre des Députés, 55.ª Séance, 5 Juin 1882, p. 796, em *https://gallica.bnf.fr/ark:/12148/bpt6k6385084c/f1.item.*

[199] Cfr. *Journal Officiele de la République Française*, Chambre des Députés, 55.ª Séance, 5 Juin 1882, p. 796. https://gallica.bnf.fr/ark:/12148/bpt6k97573997/f1.item.

[200] Cfr. *Journal Officiel de la République Française*, Chambre des Députés, 58.ª Séance, 10 Juin 1882, p. 856, em *https://gallica.bnf.fr/ark:/12148/bpt6k6385087m/f1.item.*

[201] De acordo com o deputado Pelletan, "*Nous reston donc em présence du principe d'élection, du seul principe démocratique, du seul principe républican (...); c'est celui que la hambre doit adopter si elle veu aboutir* "Afirma de seguida: "*Je dit que c'est celui que la Chambre doit adopter, et, en effet, je pris la Chambre de remarque qu'il n'y a pas deux questions, comme on semblerait vouloir le lui dire: une question de la supression de l'inamovibilité et une question de l'élection des juges, qu'il n'y en a qu'une car les deux question se confondent*" – cfr. *Journal Officiel de la République Française*, Chambre des Députés, 58.ª Séance, 10 Juin 1882, *cit.*, p. 856.

classifica de reaccionária e contra a República que combate, servindo-se da inamovibilidade; por todas estas razões, defende a eleição dos Juízes, e o deputado Saint Romme propõe, nessa mesma sessão, a votação da eleição dos Juízes, tendo sido votado e aprovado, com 2783 votos a favor e 192 contra[202], o seguinte texto: "*L'inamovibilité est supprimée. – Les juges de tout ordre sont élus par le suffrage universel*"[203].

Contudo, no ano seguinte – 1883 –, o debate sobre a reforma da organização judicial continua na Assembleia Nacional, dividindo as opiniões e posições políticas, quer sobre a questão da inamovibilidade, quer sobre o modo de designação dos Juízes, mas tendo sempre como pano de fundo a profunda desconfiança na Magistratura Judicial.

Ao longo do último quartel do século XIX, a França – que era a luz cultural que iluminava a Europa –, através do Parlamento, constrói a figura do Juiz republicano, do Juiz que aceita e pratica os valores republicanos, construção esta que reclama a reforma da organização judiciária e que ocupa os parlamentares durante mais de uma década.

4. Na verdade, ainda em 1883 se discutia vivamente as questões da inamovibilidade e da eleição dos Juízes, e os deputados a favor e contra a eleição esgrimiam os seus argumentos: a favor, por exemplo, o deputado Amagat, na 4.ª sessão parlamentar de 15 de Janeiro, socorrendo-se da Constituição de 1791, que citava para realçar que nela se consagrava que "*le pouvoir judiciaire est deleguée à des Juges élus*"[204]; contra, por exemplo, o deputado Naquet, que embora não aceitasse a inamovibilidade, rejeitava a eleição por entender que o sufrágio universal para a eleição dos Juízes destruiria a República – "*Je sui convaincu que telle mesure (eleição dos Juízes) est mauvaise alor je me dis que la mesure ferait courir les plus graves périls à la République*"[205] –, dizendo mesmo que a se Assembleia votasse a eleição ele passaria a defender a inamovibilidade. Nesse mesmo ano, o deputado Clemenceau dizia na sessão parlamentar de 24 de Janeiro, que "*[l]es juges*

---

[202] *Journal Officiel de la République Française*, Chambre des Députés, 58.ª Séance, 10 Juin 1882, *cit.*, p. 861.

[203] *Ibidem*, p. 856.

[204] Cfr. *Journal Officiel de la République Française*, Chambre des Députés, 5.ª Séance, 15 Janvier 1883, p. 31, em *https://gallica.bnf.fr/ark:/12148/bpt6k65132254.*

[205] *Ibidem.*

inamovibles sont jugé et condamné par l'opinions. Dans l'histoire nous voyons les un s'abandonner à leurs passions politiques et discréditer la justice, et les outres dégouter – permettez-mois ce mot – les justiciables par leurs servilité envers le pouvoir (...)"[206].

Do longo debate sobre a inamovibilidade e o modo de eleição dos Juízes[207], estes voltam a estar em foco pelo seu posicionamento político sempre adoptado através das decisões judiciais que proferiam em casos que se tornaram célebres e que deram origem a uma nova reação do Poder Político contra eles. De entre esses casos, o mais célebre é o caso *Dreyfus*, que levou Émile Zola a escrever a célebre carta conhecida por "J'accuse" e de que resultou o seu julgamento e a sua condenação a um ano de prisão e a 3000 francos de multa pelo Tribunal de Versailles.

Esta participação na luta política, que Gérard Masson nos descreve dizendo que "*[m]êlée indirectement et nécessairement à la lutte politique, dès lors dans que celle-ci était transportée par ses acteurs dans les prétoires, la magistrature ne pouvait guèrè offrir l'image qu elle s'efforce de donner, celle d'un corps désincarné et inaccessible aux contingences partisanes*"[208], reactiva as acusações contra os Juízes nos acesos debates parlamentares, onde continuavam a confrontar a defesa da inamovibilidade e a rejeição da eleição dos Juízes, com a defesa da eleição e a supressão da inamovibilidade, feitas com enorme determinação, como pode ver-se, entre outros, pelo confronto parlamentar entre Clemenceau e Waldeck-Rousseau na sessão da Assembleia Nacional de 24 de Janeiro de 1883[209], onde este deputado chamava a atenção para os

---

[206] *Ibidem*, p. 115.

[207] Debates que não nos é possível acompanhar aqui em pormenor, mas que podem ser lidos quer no *Journal Officiel de la République Française*, Chambre des Députés, Débats Parlamentaires, quer no *Journal Officiel de la République Française*, Loi et Decret, a partir do ano de 1881, e para onde remetemos para um maior desenvolvimento desta matéria.

[208] Gerard Masson, *Les Juges et le Pouvoir, cit.*, p. 101.

[209] Nesse debate, o deputado Gérville-Reache, ao referir-se à inamovibilidade, diz que "*les magistrats inamovibles rendent la justice sans avoir a rendre compte a personne de ce qu'il décident. Ils sont, pour ainsi dire, au dessus des outres hommes: ils jugent et ils ne seront jamais jugés*"; e, de seguida, para defender a eleição dos Juízes, diz que "*il est évident qu'ils sont irresponsable: au contraire, avec le sistème électoral, la responsabilité est établi et demeure. Elle se manifesterá chaque fois que le magistrat sera soumis à une réelection*" – cfr. *Journal Officiel de la République Française*, Chambre des Députes, 10.ª Séance, 25 Janvier 1883, p. 138, em *https://gallica.bnf.fr/ark:/12148/bpt6k6513231v/f1.item.*

perigos que resultariam da eleição dos Juízes[210] decorrente do confronto de paixões próprias dos actos eleitorais. Alegava que tais eleições poriam em causa a unidade nacional e defendia ainda que com a eleição dos Juízes seria criado o terceiro Poder, o que seria perigoso[211].

Desse longo e interessantíssimo debate sobre a organização judiciária centrado sobre aqueles dois temas e ainda sobre a questão da promoção dos Juízes, resultou uma posição compromissória de acordo com a qual a nomeação dos Juízes passaria a ser feita por concurso, aceitando-se a manutenção da inamovibilidade, desde que não fosse entendida de forma absoluta. Com efeito, ainda no ano de 1883, os debates parlamentares reflectiam o mal-estar existente entre o Poder Político e a Magistratura, por se entender que havia no seio desta um forte sector politicamente activo que combatia o Governo e que continuava a ser necessário restabelecer o acordo entre a Nação e a Magistratura, como tinha sido reclamado nas sessões parlamentares dos finais dos anos 80 do século XIX. Também se denunciava a impopularidade dos Juízes e as inúmeras queixas contra eles feitas em todo o país e chamava-se a atenção para o facto de a opinião pública não compreender a passividade do Governo perante essa situação[212].

O ponto é que, a partir de 1905, na sequência da proposta do então Ministro da Justiça Trarieux para a criação de uma lista de promoções elaborada por uma comissão constituída pelo primeiro Presidente do *Cour de Cassation* e outros membros deste Tribunal e três directores da

---

[210] Curioso é o facto de na 58.ª sessão da Assembleia Nacional, havida a 10 de Junho de 1882, ter sido votada e aprovada a supressão da inamovibilidade e a eleição dos Juízes e cerca de oito meses depois a questão voltar a ser debatida nesse mesmo Parlamento. Cfr. *Journal Officiel de la République Française*, Chambre des Députés, 58.ª Séance, 10 Juin 1882, *cit.*, pp. 858-859.

[211] Cfr. *Journal Officiel de la République Française*, Chambre des Députes, 10.ª Séance, 25 Janvier 1883, *cit.*, pp. 139 e segs. Nesta mesma sessão parlamentar, respondendo a Clemenceau, Wladeck-Rousseau desafia-o a assegurar que esse poder judicial eleito "*put sans danger devenir supérieur aux autres pouvoirs, et qu'au lieu d'être leur égale, au lieu de fonctionner à côte d'eux, si ce fonctionnement était possible, il fut non-seulement plus fort qu'eux, mais qu'il les jugent*"– ver p. 142 desse *Journal*.

[212] De acordo com Gérard Masson, que se socorre dos diários da Câmara dos Deputados do mês de Novembro de 1880, a República "*ne pouvait confier l'exercice de la justice qu'à un corps des magistrats attachés aux institutions et à des traditions anciennes fondées sur un principe d'autorité*" – cfr. *Les Juges et le Pouvoir*, *cit.*, p. 77.

chancelaria, o deputado Pierre-Étienne Flandin propôs que a nomeação dos Juízes passasse a ser feita por concurso[213] e defendeu a instituição de uma "*tableau d'avancement*", cuja feitura deveria ser confiada a uma comissão especial constituída por Magistrados do Supremo Tribunal e pelo *Garde des Sceaux*[214]. Apesar da oposição feita a esta proposta, ela foi aprovada e consagrada no Decreto de 18 de Agosto de 1906, que também regulou a promoção dos Juízes[215]. Sob o regime de Vichy, o "*tableau*"

---

[213] O deputado Pierre-Étienne Flandin, invocando a proposta feita por Gambeta nos anos 80 do século XIX no programa de Belleville, em que este Deputado defendia a necessidade da instituir o concurso para a nomeação de Magistrados, por entender que dessa forma seriam recrutados "*les candidats vraiment eclairés et savant*", proposta essa que, segundo Pierre-Étienne Flandin, foi apoiada por Dufure, que, defendendo o concurso, argumentava que se esse é o meio de recrutamento dos Magistrados das colónias por que razão não podia ser adoptado na Metrópole. Neste sentido, dizia Pierre-Étienne Flandin que "*cette institution des concours que nous réclamon et dont on parait s'éfrayer, elle existe pour notre magistrature coloniale (...)*", e, mais à frente, depois de se referir à necessidade de assegurar a moralidade e outras qualidades dos candidatos, o que entende que o concurso não consegue garantir, defende que "*assurer aux justiciable des juges éclairés, voilá le premier disideratum que nous exprimons. Il en est un outre, qui est d'assurer aux justiciable des juges impartiaux et indépendants. Pour cela il faut commencer par les mettre à l'abri de toute pression de la part du puvoir*" – cfr. *Journal Officiel de la République Française*, Chambre des Députes, 15.ª Séance, 13 Novembre 1905, p. 3199.

[214] Pierre-Étienne Flandin formulou esta proposta dizendo que era tempo de se pôr termo aos abusos das recomendações e das influências eleitorais e de proteger o Ministro da Justiça dos pedidos e solicitações, perguntando de seguida: "*Messieurs oú est le remède? Il est dans l'institution du tableau d'avancement ...*" e "*pourquoi ne pas confier à une commission spéciale composé de magistrats de la cour suprême le soin de préparer avec M. le garde des sceaux le tableau d'avancement des magistrats?*", e concluía: "*voilá la réforme três modeste que je viens demander*" – cfr. *Journal Officiel de la République Française*, Chambre des Députes, 15.ª Séance, 13 Novembre 1905, *cit.*, p. 3199; disponível em *https://gallica.bnf.fr/ark:/12148/bpt6k62241818/f13.item*

[215] Sobre o *tableau d'avancement* e para maior desenvolvimento, veja-se MARCEL ROUSSELET, *Histoire de la Magistrature Française des Origines à nos Jours*, pp. 2125 e segs. De acordo com este Juiz Presidente do Cour d'Áppel de Paris, antes da Revolução, no sistema de venalidade do cargo (de Magistrado) não se colocava a questão da promoção dos Juízes, mas, para o mais elevado cargo da Magistratura, a do "Premier Président des parlement", o sistema funcionava na base de pedidos de favor, de amizades e de recomendações, chegando até a haver, num caso, a intervenção do Papa e dos jesuítas a favor de um dos candidatos. Com o *tableau* pretendia-se evitar a arbitrariedade na promoção dos Magistrados. ROUSSELT informa-nos que "*La première idée de l'institution d'un tableau d'avancement pour la Magistrature, on la trouve, pensons-nous, dans un vieil opuscule paru en 1839, sous le titre significatif d' État précaire cle la Magistrature en France. Son auteur vraisemblablement un Magistrat, ne s'etait pas révéle, sans doute parce que son ouvrage contenait une critique trop vive des institutions Judiciaires. Il pensait que le Ministre, afin de régulariser l'avancement*

foi suprimido e só veio a ser reposto em 1945, pela *Ordonnance* de 13 de Abril.

Mas, a partir de 1906, o concurso, como meio de entrada na Magistratura, passou a ser objecto de debate parlamentar até ao princípio do século XX, tendo sido em 1908, por Decreto de 13 de Fevereiro, suprimido e substituído por um exame. Não vamos aqui seguir esse debate, na medida em que o que nos move neste estudo é saber como e quando os Juízes conquistam ou como e quando lhes é outorgada a independência colectiva, através da criação de um órgão de auto-administração.

Assim, e com vista a concluir esta parte e passar a analisar o momento e as condições políticas em que surge o Conselho Superior da Magistratura, sempre diremos que as questões relativas à independência dos Juízes e à necessidade de encontrar uma instituição capaz de permitir o controlo da Magistraura e de, ao mesmo tempo, assegurar a independência dos Juízes, passou a ser uma preocupação do Poder Político, o que levou a que, em 20 de Janeiro de 1883, o então Ministro da Justiça apresentasse ao Parlamento uma proposta de criação daquele Conselho Superior.

5. Como temos visto até agora, o Poder Político reagiu fortemente à permanente intervenção política dos Juízes (e também dos Magistrados do Ministério Público) com vista a pôr termo ou, quando menos, a refrear essa intervenção e a exercer controlo sobre a Magistratura, considerada conservadora e desalinhada com a República, o que a colocou na defensiva ao longo do último quartel do século XIX até à Primeira Guerra Mundial e, depois desta, durante o regime de Vichy, com o qual alinharam e serviram centenas de Juízes, muitos dos quais dos Tribunais Superiores[216].

---

et d'éviter les multiples récomendations propes à l'égarer, devrait charger une commission, composée de magistrats choisis par la Cour de cassation et les Cours royales, de classer les diverses propositions faites par les Chefs de Cours et d'établir les tableaux d'avancement", o que só veio a acontecer em 1906, sessenta e sete anos depois, portanto – cfr. *ob. cit.*, p. 2148.

[216] De acordo com Marcel Rousselet, cuja importante e interessante obra se caracteriza pela defesa dos Juízes, não cuidando muitas vezes de explicar as causas das reacções dos políticos contra os Juízes, mas que apesar disso é uma obra essencial para se compreender o tema que estamos a tratar, após a queda do regime de Vichy, pela *Ordonnance* de 27 de Junho de 1944, que decretou a instauração de processos disciplinares a funcionários, incluídos aqui os Juízes, que tinham colaborado com o regime, foram punidos (a expressão usada pelo

Tornava-se, assim, necessário encontrar uma instituição capaz de permitir aquele controlo e de, ao mesmo tempo, assegurar a independência dos Juízes.

Esta preocupação levou a que o deputado Saint Romme, na 7.ª sessão parlamentar, de 20 de Janeiro de 1883, tivesse defendido a criação de um Conselho Superior da Magistratura para, em alternativa à inamovibilidade (que ele rejeitava), garantir a independência dos Juízes, Conselho cuja composição de imediato indicou[217], e, em 29 de Janeiro, o então Ministro da Justiça apresentou ao Parlamento uma proposta de criação de um Conselho Superior da Magistratura, que é criado por aprovação parlamentar pela lei de 30 de Agosto de 1883.

Poderíamos sintetizar as estreitas relações entre a Política e a Justiça ou, o que é o mesmo, entre os Políticos e os Juízes, com o que escreveu, em 1914, Robert Jouvenel, na sua obra *La Républiques des Camarades*, onde traça um retrato muito negativo dos Juízes no quadro das relações destes com o Poder Político, dizendo, nomeadamente, que "*[i]l n'y a, pour ainsi dire, pas un dossier de magistrat qui ne contienne au moins dix recommandations politiques. C'est en pesant ces reconmandations, que les ministres font les mouvements judiciaires*"[218].

---

autor é "*elimina*") e expulsos da magistratura "*cent soixante-trois magistrats qui étaient compromis avec le regime de Vichy*" – cfr. *Histoire de la Magistrature Française des Origines à nos Jours, cit.*, pp. 2171-2172.

[217] *Je ne puis pas tout dire à la fois, mon cher collègue, d'autant plus que je suis assez souffrant. Une fois nommés, vient de dire mon honorable collègue M. Beauquier, qui vous garantira l'indépendance et l'impartialité des juges? Rien n'est plus simple, messieurs. Je vous ai dit que je n'admets pas l'inamovibilité dans un gouvernement républicain. Eh bien, ne trouverons-nous donc pas un moyen de rendre l'indépendance aux juges en dehors de l'inamovibilité? Si, messieurs, et ce moyen est le suivant. Je vous proposerai, — et j'avais déjà déposé dès le 10 juin dernier amendement qui n'a pas, malheureusement, été discuté — je proposerai à la Chambre, pour donner cette garantie d'indépendance aux magistrats, de créer um conseil supérieur de la magistrature, conseil sans lequel aucune révocation ne pourra être faite, aucun déplacsment avec disgrâce ne pourra être infligé, tant que le conseil supérieur n'aura pas statué.*

[218] Robert Jouvenel, *La République des Camarades*, 2.ª ed., Éditons Équateurs, 2014, pp. 145-146. Este crítico da III República, nesta interessante obra escrita e publicada em 1914, analisa as relações entre políticos titulares dos órgãos do poder político – Parlamento e Governo – entre si, entre eles e os Juízes e entre eles e os jornalistas, que já em 1914 denominava como o quarto poder, revelando a prática corrente de troca de favores e tráfico de influência, bem como a subserviência do Juízes. Sob este ponto de vista, Jouvenel escreve:

Pensamos que ficou claro que, conservadores ou progressistas, os Juízes não deixaram de participar politicamente nos conflitos, utilizando os Tribunais e as suas decisões para o efeito, o que provocou a reacção política dos outros poderes, que não hesitaram em envolver a questão do poder judicial no debate político, procurando controlar politicamente o poder da Magistratura Judicial e do Ministério Público, através de um modelo de organização judiciária que foi concebido e consagrado pelo Poder Político.

Antes de entrarmos na análise da evolução histórica do Conselho Superior da Magistratura, que é um dos objectivos deste estudo, podemos finalizar esta parte dizendo, com JOUVENEL, que *"[t]oute l'histoire scandaleuse de la IIIe République est celle des compromissions et des conflits qui sont intervenus entre le pouvor exécutif et l'autorité judiciaire (...)"*[219], compromisso e conflitos que marcaram, assim, toda a relação política entre aquelas duas instituições do poder.

"Tous le révolte contre la république ont rouvé um appui, un concours énergique, un auxiliaire puissant dans la magistrature"

Deputado BISSEUIL,
na 55.ª sessão de 5 de Junho de 1882

"Les magistrats, qui ne sauraient être corrompus par les justiciables, sont susceptibles d'être influencés par le gouvernement. Ceux que ne tenterait pas l'offre d'une fortune, n'en sont parfois que plus disposés à tout sacrifier à l'appât d'une robe rouge.

Même lorsqu'il s'agit d'appliquer la loi, ils peuvent pas, nous l'avons dit, demeurer tout à fait indifférents aux fluctuations de la politique. Comment les négligeraient-ils, quando il s'agit de donner des gages aux hommes de qui dépend leur avenir?".

Mais à frente afirma: *"Dès lors que la justice répressive tient, dans ce pays, le premier des rôles politiques, ne devient'il pas naturel, em somme, que les autorités politiques pretendente à la contrôler?* – cfr. *La République des Camarades, cit.*, p. 143.

E ainda, na p. 144, escreve: *"Le Ministre de la Justice, qui demande a un procureur général de lui designer um juge d'instruction ou um président <<sûrs >>, sait fort bien dans quel sens il sera entendu"*.

[219] ROBERT JOUVENEL, *La République des Camarades, cit.*, p. 144.

V. CONCLUINDO

Podemos dizer que no último quartel do século XIX o Poder Político, na sua luta com e contra a Magistratura francesa, assumiu o papel dominante de agendar para debate e aprovação parlamentar os temas que entendeu decisivos para uma nova organização judiciária, com vista a criar um novo modelo de Juiz, o Juiz republicano, e impor regras estatutárias disciplinadoras da Magistratura. Os Juízes foram sempre acusados de serem conservadores, contrários às novas ideias e opositores dos novos poderes e das suas opções político-legislativas. É certo que houve Juízes progressistas defensores das novas causas e das opções político-legislativas progressistas que também se opuseram aos Governos e foram punidos com a expulsão da Magistratura, o que, por exemplo, aconteceu com aqueles que se opuseram ao regime de Vichy.

Na segunda metade do século XIX, os Juízes estiveram na defensiva, pese embora algumas reacções consubstanciadas em decisões judiciais contra a República que agitaram a França e provocaram uma opinião pública hostil e uma tomada de posição pelos deputados, em especial da esquerda republicana, contra a Magistratura, que consideravam reaccionária, hostil à República e que necessitava de se reconciliar com a Nação Francesa.

Nesse debate, entre as fracções progressistas, severos críticos dos Juízes e da Magistratura em geral, e conservadoras, apoiantes dos Juízes e da Magistratura também conservadora, o que, em última análise, se discutia era o novo modelo de Juiz que se queria para a República, ou seja, o que se queria era criar uma Magistratura republicana[220], e um novo Estatuto da Magistratura conforme com esse modelo e com o novo paradigma de Justiça que a República pretendia instituir. Pretendia-se, em suma, republicanizar a Magistratura, construir o Juiz republicano e republicanizar o Poder Judicial.

---

[220] De certo modo é isto que o deputado Alfred Naquet reconhece na sua intervenção na 4.ª sessão parlamentar de 15 de Janeiro (publicada no *Journal Officiel*, de 16 de Janeiro), quando afirma que "*Si, en 1848, on avait fait une magistrature républicaine, ce n'est pas vous qui oseriez nous dire, mon cher collègue, que l'empire de 1852 l'aurait respectée*" – cfr. *Journal Officiel de la République Française*, Chambre des Députes, 5.ª Séance, 16 Janvier 1883, p. 28, em *https://gallica.bnf.fr/ark:/12148/bpt6k65132254/f1.item*.

Na discussão desse novo Estatuto, os temas principais e recorrentes foram os seguintes:

- A manutenção ou não da inamovibilidade dos Juízes, já conquistada antes da Revolução Francesa;
- O modelo de designação dos Juízes: eleição, concurso e nomeação pelo Executivo;
- A regulamentação do processo de promoção dos Magistrados – o *tableau d'avancement*[221];
- A independência colectiva da Magistratura através de um órgão de auto-administração e de disciplina, o Conselho Superior da Magistratura.

Alguns destes temas encontraram acolhimento e consagração legal, como aconteceu com a reafirmação da inamovibilidade, a consagração do concurso (embora de curta duração) e a criação de um *tableau d'avancement*, também postas em causa dois anos depois. A questão da independência colectiva dos Juízes pela via de um órgão de auto-administração ainda terá de aguardar nova oportunidade, não para ser conquistada pelos Juízes, mas sim para lhes ser "outorgada", também como um mecanismo de controlo disciplinar das suas condutas. Talvez, por isso mesmo, no momento em que se propõe a criação desse órgão – o Conselho Superior da Magistratura –, também se impõe aos Juízes um dever de reserva particularmente exigente.

De facto, como já dissemos, o deputado Saint Romme, na 7.ª sessão parlamentar, de 20 de Janeiro de 1883, defendeu a criação de um Conselho Superior da Magistratura para, em alternativa à inamovibilidade (que rejeitava), garantir a independência dos Juízes, Conselho cuja composição de imediato indicou[222], e, em 29 de Janeiro, o então Ministro da Justiça

---

[221] A questão da evolução na carreia, através de promoção, foi sempre um problema na Magistratura francesa, tanto mais que "*etaient précaire les garanties qu'un avancement organisé sur telles bases donnait aux magistrats*", escreve ROUSSELET, que também nos informa que na base dessa evolução na carreira estão pedidos e favores. Este Autor descreve esta prática a partir dos meados do século XIX – cfr. *Histoire de la Magistrature Française des Origines à nos Jours, cit.*, p. 143/144. Pode ver-se essa descrição nas pp. 130 e segs. desta obra.

[222] *Foi nestes termsos que Saint Romme fez a proposta: "Je ne puis pas tout dire à la fois, mon cher collègue, d'autant plus que je suis assez souffrant. Une fois nommés, vient de dire mon honorable collègue*

apresentou ao Parlamento uma proposta de criação desse Conselho Superior[223]. A 10 de Março de 1883[224], o Ministro volta a apresentar nova proposta, tendo esta sido discutida e adoptada na 61.ª Sessão da *Chambre des Députés*, a 5 de Junho de 1883[225], na qual o relator defendeu que a

---

M. Beauquier, qui vous garantira l'indépendance et l'impartialité des juges? Rien n'est plus simple, messieurs. Je vous ai dit que je n'admets pas l'inamovibilité dans un gouvernement républicain. Eh bien, ne trouverons-nous donc pas un moyen de rendre l'indépendance aux juges en dehors de l'inamovibilité? Si, messieurs, et ce moyen est le suivant. Je vous proposerai, — et j'avais déjà déposé dès le 10 juin dernier amendement qui n'a pas, malheureusement, été discuté — je proposerai à la Chambre, pour donner cette garantie d'indépendance aux magistrats, ***de créer um conseil supérieur de la magistrature****, conseil sans lequel aucune révocation ne pourra être faite, aucun déplacsment avec disgrâce ne pourra être infligé, tant que le conseil supérieur n'aura pas statué". (Bold e italic nosso),*

Ce conseil supérieur de la magistrature doit se composer de deux éléments différents: d'abord un élément représentant les élus du suffrage universel, parce qu'il faut que cette magistrature ne soit pas un corps fermé, comme par l'inamoviblité, à tout le mouvement national qui se fait dans le pays. Il faut donc que ce conseil ait dans son sein des représentants du suffrage universel.

Je voudrais ensuite, messieurs, sans entrer dans plus de détails, que ce grand conseil fût composé, avec les représentants élus par le Parlement, de représentants élus par la cour de cassation. Si je demande ces deux éléments, c'est que, comme je vous le disais, je veux, d'une part, des représentants du suffrage universel dans ce grand conseil, mais je veux, d'autre part, aussi, des représentants des fonctionnaires, des magistrats, c'est-à-dire des représentants qui soient leurs égaux, leurs défenseurs. Comme vous le voyez, vous avez là une garantie sérieuse et vous ne pouvez venir me dire que, dans un moment de crise que nous ne devons pas prévoir, les magistrats seront à la merci du pouvoir exécutif.

Dès le moment que vous avez dans ce grand conseil un nombre considérable de membres représentant le parlement, vous rantie avez une garantie d'indépendance, une garantie d'integritée pour le magistrat, la garantie certaine qu'il lui sera rendu justice". Cfr. https://gallica.bnf.fr/ark:/12148/bpt6k6513228c/f6.item#, p.ª 84.

[223] *Journal Officiel de la République Française,* Chambre des Députés, 7.ª Séance, 20 Janvier 1883, *cit.*, p. 182. Cfr. https://gallica.bnf.fr/ark:/12148/bpt6k6513233p/f20.item

[224] Cfr. *Journal Officiel de la République Française,* Chambre des Députes, 31.ª Séance, 10 Mars 1883, p. 1883. Cfr. https://gallica.bnf.fr/ark:/12148/bpt6k65132521/f1.image. Neste Journal há apena a referência a apresentção pelo Garde des Sceaux de três projectos de lei, sendo uma delas relativa à reforma da organização judiciária.

[225] O debate sobre a criação do Conselho Supeirior da Magistratura, agora por proposta do Ministro da Justiça, começa com a seguinte intervenção do Presidente da Câmara dos Deputados:

"La Chambre s'est arrêtée à l'art. clé 13, concernait la création d'um conseil supérieur de lu magistrature.

Plusieurs amendèmans ont été, déposés sur cet article; le première est celui de M. de Marcère. Il consiste à remplacer les articlés 13, 15, 16, 17 18 par là disposition suivante:" https://gallica.bnf.fr/ark:/12148/bpt6k6513283k/f2.item, p.ª 1183

composição desse Conselho deveria ser a seguinte: "Les membres de ce conseil supérieur sont prise exclusivement dans la cour de cassation; un tiers est choisi par la cour elle-même, um autre tiers par le Sénat, et le dernier tiers par la Chambre des députés; ce n'est pas là introduire la politique dans la magistrature.

Il ne s'agit pas de choisir les magistrats, mais d'établir, je le répète, un grand arbitrage entre la nation et les magistrats; il s'agit d'assurer l'exécution des lois les plus hautes."[226]

No dia 1 de Agosto de 1883[227], essa proposta foi votada pelo Senado e pela *Chambre des Députés*, tendo ambos aprovado a lei, que é publicada em 30 de Agosto de 1883[228].

Contudo, não podemos deixar de dizer, com Jouvenel, que esse período histórico da III República é de "*compromission et conflits*", mas, diz-nos Gérard Masson, que "*le première étant toutefois plus nombreuses que les seconds, rythmèrent les cours de la vie politico-juridiciaire de cette époque*"[229], e, talvez por causa desse grau de conflitualidade, a III República teve

"Le ministère de la justice, la cour de cassation, les couréd'appel et les tribunaux de première instance conservent les pouvoirs disciplinaires qui leur sont confiés par le sénatus--consulte du 16 thermidor na X, par la loi du 20 avril 1810, par le décret du 2 mars 1852." Cfr. https://gallica.bnf.fr/ark:/12148/bpt6k6513283k/f2.item

E mais á frente dizia o Deputado Marcère: "Vous voulez instituer un conseil supérieur qui sera comme un tribunal placé à la tête de la hiérarchie judiciaire, qui prononcera des jugements contre tel ou tel magistrat, appartenant à tel ou tel ressort ou à tel ou tel tribunal. Cette création ne ressemble en rien au véritable pouvoir disciplinaire formé des membres de la famille judiciaire, qui, à chaque degré de l'ordre, protège le magistrat contre lui même, et entoure chacun des membres de la considération qui rejaillit sur le corps tout entier". Ibidem, p.ª 1184

Journal officiel de la République Française, Débats parlementaires, Chambre des Députés, 61.ª Séance, 5 Juin 1883, pp. 1183 e 1193, em *https://gallica.bnf.fr/ark:/12148/bpt6k6513283k.*

226 Cfr. *Journal officiel de la République Française*, Débats parlementaires, Chambre des Députés, 61.ª Séance, 5 Juin 1883, pp. 1187, em https://gallica.bnf.fr/ark:/12148/bpt6k6513283k/f5.item

227 *Journal officiel de la République Française,* Débats parlementaires, Chambre des Députés, 99.ª Séance, 1 Aout 1883, pp. 2056-2065, em *https://gallica.bnf.fr/ark:/12148/bpt6k6435819d/f1.image.*

228 *Loi du 30 Aout 1883 sur la Réforme de L'organisation Judiciaire,* Aout 1883, em *https://gallica.bnf.fr/ark:/12148/bpt6k5823821b/f5.item.texteImage.*

229 Masson, *Les Juges et le Pouvoir, cit.*, p. 92.

dificuldades sérias em afirmar o seu modelo de Juiz e compatibilizar-se com a Magistratura.

Nem podemos deixar de assinalar que toda a participação e envolvimento dos Juízes na política, quer voluntária e conscientemente, utilizando, para tanto, a interpretação da lei no exercício da função judicial e/ou outros instrumentos, como associações ou sindicatos, quer por terem sido nela envolvidos pela classe política, permite-nos dizer que a história revela que a apoliticidade dos Juízes, tanto no exercício da função judicial, como enquanto grupo sócio-profissional, é *um mito*.

BIBLIOGRAFIA

Agostinho, *Confissões*. Braga: Livraria Apostalado da Imprensa, 1990.

Hamilton, Alexander, James Madison, John Jay, and Viriato Soromenho Marques. *O Federalista*. Lisboa: Edições Colibri, 2003.

Hauriou, André, Jean Gicquel, and Patrice Gélard. *Droit Constitutionnel et Institutions Politiques*. 6. éd. Paris: Montchrestien, 1975.

Hitchman Coal & Coke Company v. Mitchell, Individually et ali., Judge Pitney (Supreme Court of United States. 1917).

Holmes. Otis v. Parker, Judge Holmes (U.S. Supreme Court 1903).

Jouvenel, Robert. *La République des Camarades*. 2ª. Éditons Équateurs, 2014.

Kahn, Paul W. *The Reign of Law: Marbury v. Madison and the Construction of America*. New Haven, Conn.: Yale Univ. Press, 1997.

Lambert, Edouard. *Le gouvernement des juges et la lutte contre la legislation sociale*. Paris: Ed. Dalloz, 2005.

Lochner v. New York, No. 198 U.S. 45 (1905). 292 (U.S. Supreme Court April 17, 1906).

Masson, Gérard. *Les Juges et le Pouvoir*. Langres: Moreau Syros, 1977.

Mayer, David N. *The Constitutional Thought of Thomas Jefferson*. 1. paperpack ed. Constitutionalism & Democracy, n.d.

Mountjoy, Shane. *Marbury v. Madison: Establishing Supreme Court Power*. Great Supreme Court Decisions. New York: Chelsea House, 2007.

Prélot, Marcel. *Institutions Politiques et Droit Constitutionnel*. Paris, 1957.

Roosevelt, Theodore. "A Charter for Democracy, Discurso de Theodore Roosevelt Em Ohio Na Convenção Constitucional," February 1912. Https://teachingamericanhistory.org/library/document/a-charter-for-democracy/. https://teachingamericanhistory.org/library/document/a-charter-for-democracy/.

Rousselet, Marcel. *Histoire de la Magistrature Française des Origines à nos Jours*. Vol. 2. 2 vols. Paris: Librairie Plon, 1957.

———. *Histoire de la Magistrature Française des Origines à nos Jours*. Vol. 1. 2 vols. Paris: Librairie Plon, 1957.

Schwartz, Bernard. *Main Currents in American Legal Thought*. Durham, N.C: Carolina Academic Press, 1993.

Sieyès, Emmanuel. "Opinions sur les Attributions et L'Organisation du Jury Constitutionnaire," 1795.

———. *Qu'est Que Le Tier État?* Paris: Sociète de l'Historie de la Révolution Française, 1888.

Slaugther-House v. The Crescent City LIive-Stock Landing, Judge Miller (Supreme Court of United States. 1873).

Stelzer, Manfred. *The Constitution of the Republic of Austria: A Contextual Analysis*. Constitutional Systems of the World. Oxford; Portland, OR: Hart Pub, 2011.

Stoner, Jones R. "Common Law and Liberal Theory: Coke, Hobbes, and the Origins of American Constitutionalism." Univ. Press of Kansas, 1992.

Thayer, James Bredly. *Legal Essay*. Oxford: Oxford University Press, 1908.

Tocqueville, Alexis. *De la Démocracie en Amérique*. Paris: Institut Coppet, 2012.

Tort, Olivier. "La magistrature française face aux deux Restaurations (1814-1815),." *Révue d'Histoire du XIXéme Siècle*, no. 49 (2014). https://doi.org/10.4000/rh19.4749.

DOCUMENTOS

1881

"Journal Officiel de la République Française. Chambre des Députes. 38.ª Séance, 26 March 1881," March 26, 1871. https://gallica.bnf.fr/ark:/12148/bpt6k2093198v.

1882

"Journal Officiel de la République Française . Chambre des Députés 52.ª Séance, 30 May 1882," 1882. https://gallica.bnf.fr/ark:/12148/bpt6k97574028

"Journal Officiel de la République Française. Chambre des Députés. 55.ª Séance, 5 Juin 1882," Juin 1882. https://gallica.bnf.fr/ark:/12148/bpt6k6385084c/f1.item.

"Journal Officiele de la République Française. Chambre des Députés. 56.ª Séance, 6 Juin 1882.," Juin 1882. https://gallica.bnf.fr/ark:/12148/bpt6k6385084c/f18.item

"Journal Officiel de la République Française. Chambre des Députés.58.ª Séance, 10 Juin 1882," Juin 1882. https://gallica.bnf.fr/ark:/12148/bpt6k6385087m/f1.item.

1883

"Journal Officiel de la République Française. Chambre des Députes 5.ª Séance, 15 Janvier 1883," January 15, 1883. https://gallica.bnf.fr/ark:/12148/bpt6k65132254/f1.item.

"Chambre des Députés. Session Ordinaire. 5.ª Séance de 16 Janvier 1883, publicado em 17 Janvier 1883.," January 17, 1883. Bibliothèque Nationale de France. https://gallica.bnf.fr/ark:/12148/bpt6k6513226j.

"Journal Officiel de la République Françaose. Chambre des Députés. 7.ª Séance, 20 Janvier 1883.," 1883. https://gallica.bnf.fr/ark:/12148/bpt6k6513228c.

"Journal Officiel de la République Française. Chambre des Députes 10.ª Séance, 25 Janvier 1883," January 26, 1883. https://gallica.bnf.fr/ark:/12148/bpt6k651323lv/f1.item.

"Journal Officiel de la République Française. Chambre des Députes 31.ª Séance, 10 Mars 1883," March 11, 1883.

"Journal Officiel de la République Française. Chambre des Députes 55.ª Séance, 26 May 1883," May 27, 1883. https://gallica.bnf.fr/ark:/12148/bpt6k6513276f/f9.item#.

"Journal officiel de la République Française. Débats parlementaires. Chambre des députés 61.ª Séance, 5 Juin 1883," Juin 1883. https://gallica.bnf.fr/ark:/12148/bpt6k6513283k.

"Journal officiel de la République Française. Débats parlementaires. Chambre des députés 99.ª Séance, 1 Aout 1883," August 1, 1883. https://gallica.bnf.fr/ark:/12148/bpt6k6435819d/f1.image.

1905

"Journal Officiel de la République Française. Chambre des Députes 15.ª Séance, 13 Novembre 1905," November 13, 1905.

JURISPRUDÊNCIA

Davidson v. New Orleans, Judge Miller (U.S. Supreme Court 1878).

Godcharles and Cª v. Wiegeman, Gordon (Supreme Court of Pensnsylvanie 1886).

Holmes. Otis v. Parker, Judge Holmes (U.S. Supreme Court 1903).

Coppage v. Kansas, (U.S. Supreme Court January 25, 1915).

Hitchman Coal & Coke Company v. Mitchell, Individually et ali., Judge Pitney (Supreme Court of United States. 1917).

Glass v Ives, No. 29743 (Louisina Supreme Court June 17, 1929).

United States v. Morrison, Judge Rehnquist (Supreme Court of the United States 2000).

LEGISLAÇÃO

"Ordonnance de 15 Fevrier 1815," Février 1815. https://books.google.pt/books?id=nq0_AAAAcAAJ&pg=RA1-PA920&lpg=RA1-PA920&dq=Ordonnance+15+F%C3%A9vrier+1815&source=bl&ots=Yd1wJzMxaG&sig=ACfU3U0Rnh3WRYwoQi8VSVpb5uYwy5HAww&hl=pt-PT&sa=X&ved=2ahUKEwjuuYmek_ftAhVTBGMBHTZxDM04FBDoATAFegQIBRAC#v=onepage&q=Ordonnance%2015%20F%C3%A9vrier%201815&f=false.

Lois 30 Aout 1883," Aout 1883. https://gallica.bnf.fr/ark:/12148/bpt6k5823821b/f5.item.texteImage.

Capítulo III
A Origem Política do Conselho Superior da Magistratura

Em Homenagem aos Doutores Rui Manuel Gens Moura Ramos e Joaquim José Coelho de Sousa Ribeiro

I. A ORIGEM DO CONSELHO SUPERIOR DA MAGISTRATURA: A SUA HISTÓRIA PARLAMENTAR

1. Informa-nos Gérard Masson que "*Après avoir écarté toute mesure qui aurait entrave l'action du pouvoir exécutif dans la nomination et l'avancement des magistrats, les républicains estimèrent necessaire de les soumettre à um regime disciplinaire leurs offrant davantage de garantie*"[230], regime que, por ser confuso e complexo, levou a que em 29 de Janeiro de 1883 fosse feita uma "*[P]résentation, par M. le garde des sceaux, ministre de la justice et des cultes, d'un projet de loi ayant pour objet la réforma de l'organisation judiciaire*"[231], em que se

---

[230] Gérard Masson, *Les Juges et le Pouvoir* (Langres: Moreau Syros, 1977), 79.

[231] Cfr. "Journal Officiel de la République Française. Chambre des Députes 12.ª Séance, 29 Janvier 1883," January 29, 1883, 163, https://gallica.bnf.fr/ark:/12148/bpt6k6513233p/f1.image.

propunha que a transferência e a reforma dos Magistrados deveria ser feita com o consentimento – parecer de concordância – do Conselho Superior da Magistratura, proposta que, a pedido do Presidente da República, veio a ser retirada em 11 de Março de 1883 na 31.ª sessão parlamentar[232].

Contudo, como já dissemos, mas que importa relembrar, revelando com um pouco mais de pormenor o discurso do Deputado Saint Romme na sétima sessão parlamentar de ***20 de Janeiro de 1883***, antes da apresentação acima referida, em que defendia a criação de um Conselho Superior da Magistratura para, em alternativa à inamovibilidade (que ele rejeitava), garantir a independência dos Juízes, Conselho cuja composição ele de imediato indicou[233]. Parece-nos importante transcrever agora esse discurso sobre esta questão quer quando propõe a criação quer quando, em resposta ao à pergunta - *Qui le nommera?* – feita pelo de Relator, propõe, de imediato, a sua composição. Eis a parte que nos interessa do discurso desse Deputado:

> *"Je ne puis pas tout dire à la fois, mon cher collègue, d'autant plus que je suis assez souffrant. Une fois nommés, vient de dire mon honorable collègue M. Beauquier, qui vous garantira l'indépendance et l'impartialité des juges? Rien n'est plus simple, messieurs. Je vous ai dit que je n'admets pas l'inamovibilité dans un gouvernement républicain. Eh bien,*

---

[232] Eis o texto do pedido de retirada do projecto:

"Je fais d'abord connaître à la Chambre que j'ai reçu de M. le Président de la République ampliation du décret suivant:

« Le Président de la République française, sur le rapport du garde des sceaux, ministre de la justice et des cultes,

« Décrète:

«1. Est retiré le projet de loi qui a été déposé à la Chambre des députés, dans la séance du 29 janvier 1883 (no 1657), ayant pour objet la réforme de l'organisation judiciaire.

Fait à Paris, le 10 mars 1883.

« JULES GRÉVY.

« Par le Président de la République:

« Le garde des sceaux, ministre de la justice et des cultes,

« MARTIN-FEUILLES. »

Acte est donné du retrait".

Cfr. "Journal Officiel de la République Française . Chambre des Députes 31.ª Séance, 10 Mars 1883," March 11, 1883, 541.

[233] "Journal Officiel de la République Française. Chambre des Députés. 7.ª Séance, 20 Janvier1883.," 1883, p.ª 84 e segs., https://gallica.bnf.fr/ark:/12148/bpt6k6513228c.

ne trouverons-nous donc pas un moyen de rendre l'indépendance aux juges en dehors de l'inamovibilité? Si, messieurs, et ce moyen est le suivant. Je vous proposerai, — et j'avais déjà déposé dès le 10 juin dernier un amendement qui n'a pas, malheureusement, été discuté — je proposerai à la Chambre, pour donner cette garantie d'indépendance aux magistrats, de créer um conseil supérieur de la magistrature, conseil sans lequel aucune révocation ne pourra être faite, aucun déplacement avec disgrâce ne pourra être infligé, tant que le conseil supérieur n'aura pas statué"[234].

Respondendo àquela pergunta - *Qui le nommera*? – Saint Romme diz:

"J'arriverai, j'espère, petit à petit, à vous indiquer tout le système. Ce conseil supérieur de la magistrature doit se composer de deux éléments différents: d'abord un élément représentant les élus du suffrage universel, parce qu'il faut que cette magistrature ne soit pas un corps fermé, comme par l'inamoviblité, à tout le mouvement national qui se fait dans le pays. Il faut donc que ce conseil ait dans son sein des représentants du suffrage universel.

Je voudrais ensuite, messieurs, sans entrer dans plus de détails, que ce grand conseil fût composé, avec les représentants élus par le Parlement, de représentants élus par la cour de cassation. Si je demande ces deux éléments, c'est que, comme je vous le disais, je veux, d'une part, des représentants du suffrage universel dans ce grand conseil, mais je veux, d'autre part, aussi, des représentants des fonctionnaires, des magistrats, c'est-à-dire des représentants qui soient leurs égaux, leurs défenseurs. Comme vous le voyez, vous avez là une garantie sérieuse et vous ne pouvez venir me dire que, dans un moment de crise que nous ne devons pas prévoir, les magistrats seront à la merci du pouvoir exécutif.

Dès le moment que vous avez dans ce grand conseil un nombre considérable de membres représentant le parlement, vous rantie avez une garantie d'indépendance, une garantie d'intégrité et pour le magistrat, la garantie certaine qu'il lui sera rendu justice."[235]

Como se vê, este Deputado informa-nos que em ***10 de Junho de 1882*** tinha já depositado uma emenda que não foi discutida – *"et j'avais déjà déposé dès le 10 juin dernier un amendement qui n'a pas, malheureusement, été discuté"*[236], – o que significa que muito antes do projecto do Ministro Devés

---

[234] Cfr. "Journal Officiel de la République Françaose. Chambre des Députés. 7.ª Séance, 20 Janvier1883.," p84.

[235] Cfr. "Journal Officiel de la République Françaose. Chambre des Députés. 7.ª Séance, 20 Janvier1883.," p.ª 84.

[236] "Journal Officiel de la République Française. Chambre des Députés.58.ª Séance, 10 Juin 1882," Juin 1882, https://gallica.bnf.fr/ark:/12148/bpt6k6385087m/f1.item.

apresentado a ***29 de Janeiro de 1883***, a proposta de criação do Conselho Superior da Magistratura[237] tinha sido já entregue no Parlamento para discussão.

É na 31.ª sessão da Assembleia Nacional, de **10 de Março de 1883**, que o Ministro da Justiça Martin-Feuillée apresenta um projecto dividido em três partes e que propõe a composição do Conselho Superior[238]. Esse projecto que visava instituir o Conselho Superior da Magistratura não é de imediato discutido por os Deputados terem entendido que só deveria ser debatido depois de ser impresso e distribuído[239] o que viria a acontecer a partir de **24 de Maio de 1883**, na 54.º sessão parlamentar[240]. Nesse interessante debate em que se interliga a inamovibilidade e, com ela, a independência colectiva dos Juízes, com a criação de um órgão de gestão administrativa da Magistratura, a composição e a competência do Conselho Superior da Magistratura torna-se a questão essencial da discussão[241]. Nessa discussão parlamentar, o Deputado Réne Goblet

---

[237] "Journal Officiel de la République Française . Chambre des Députes 12.ª Séance, 29 Janvier 1883," P.ª 182.

[238] "Journal Officiel de la République Française . Chambre des Députes 31.ª Séance, 10 Mars 1883."

[239] A apresentação e a proposta de se aguardar pela impressão e distribuição do projecto foi feita nos seguintes termos:

"M. Martin-Fouillée, garde des sceaux, ministre de la justice et des cultes. J'ai l'honneur de déposer sur la réforme judiciaire trois projets de loi distincts:

Le 1er, sur la reforme de l'organisation judiciaire;

Le 2e sur la compétence des juges de paix;

Le 3e relatif à l'institution d'assises correctionnelles.

M. le président. Les projets seront imprimés et distribués.

La Chambre fixera ultérieurement, à moins qu'elle ne veuille le faire maintenant, le jour de la nomination de la commission.

M. Jules Roche. Il vaut mieux que les projets soient imprimés et distribués.

M. le président. Il n'y a pas d'opposition ?. Le projet de loi sera imprimé, distribué et renvoyé à la commission qui en avait été précédemment saisie".

Cfr. "Journal Officiel de la République Française . Chambre des Députes 31.ª Séance, 10 Mars 1883," p.ª 541.

[240] "Journal Officiel de la République Française . Chambre des Députes 54.ª Séance, 24 Maio 1883," May 25, 1883, https://gallica.bnf.fr/ark:/12148/bpt6k6513276f/f1.image.

[241] Como pode ver-se do discurso do Deputado René Goblet quando diz que "*Le projet suspend l'inamovibilité, c'est-à-dire qu'il la supprime pour le présent, et, s'il la rétablit en apparence pour l'avenir, c'est en diminuant singulièrement la valeur et l'efficacité, tant par l'organisation d'un conseil*

critica a composição do Conselho e o modo de designação dos conselheiros dizendo que dela poderá resultar a sua politização[242]. Esse mesmo Deputado, embora entenda que é aceitável a atribuição ao Conselho de competência disciplinar e para transferir os Magistrados, já não aceita que tenha competência para substituir (*ramplacer*) Magistrados independentemente de qualquer acção disciplinar, por entender que o exercício dessa competência pode ser motivado por razões políticas[243].

---

supérieur qui deviendra le maître de la magistrature tout entière, que par les droits nouveaux que le projet attribue à ce conseil" In "Journal Officiel de la République Française . Chambre des Députes 54.ª Séance, 24 Maio 1883," May 25, 1883, p.ª 1051, https://gallica.bnf.fr/ark:/12148/bpt6k6513276f/f1.image.

242 Na verdade, esse Deputado diz que *"On lui avait proposé de constituer un conseil supérieur composé de membres de la cour de cassation élus par leurs colègues, de premiers présidents élus par les premiers présidents, et de cinq conseillers d'Etat. La commission n'a pas voulu introduire dans le conseil supérieur de la justice cet élément fort disparate de fonctionnaires administratifs nommés par le Gouvernement et dépendant de lui. Elle a rejeté cette combinaison, mais si la commission a décidé que les quinze membres du conseil supérieur seraient tous pris dans la cour de cassation en même temps elle a voulu que les deux tiers de ses membres, c'est-à-dire la majorité du conseil, fussent nommés par la Chambre et 5 par le Sénat.*

En faisant cela, messieurs, vous introduisez la politique dans la direction supérieure de la magistrature, car enfin vous êtes des hommes de parti, des hommes politiques, vous vous en faites honneur, et avec raison, et quand vous choisirez ces membre du conseil supérieur ce sera par des raisons politiques que votre choix sera déterminé". Cfr. "Journal Officiel de la République Française . Chambre des Députes 54.ª Séance, 24 Maio 1883," p.ª 1055.

243 Torna-se interessante transcrever aqui parte do discurso do Deputado René Goblet sobre essas questões porque no permite compreender os receios que, desde o início, causaram esse órgão de autodisciplina dos Juízes. Goblet dizia nessa 54.ª sessão parlamentar que o projecto de lei, que ele tratava por lei, *"maintien l'action disicplinaire, mais elle a transfere a un conseil supérieur sur laquel je me expliquerai tout a l'heure; et d'abord elle lui donne de nouveaux droits. Quels droits? Elle lui done, en premier lieu, le droit de déplacer les magistrats pour des raison qui ne sont pas de raison diciplinaire, mais qui peuvent être des raisons de convenances locales ou personnelles. Sur l'avis de ce conseil supérieur le garde des seaux pourra désormais déplacer um magistrat. Je croit que cette mesure peut avoir sont utilité et je me garderai bien de la critiquer, puisque j'en avait pris moi-même l'initiative dès 1879.*

Mais vous ajoutez un outre droit qui est infiniment plus grave et sur lequelle j'appele toute l'attention de la Chambre: c'est le droit de remplacement. Le conseil supèrieur pourra desormais indépendamment de l'action disciplinaire qui lui permet dejá de prononcer la déchéance – l'action disciplinaire qu'il aura tout entière – le conseil supèriuer pourra décider qu'il y a lieu de déplacer um magistrat motivée, j'entends bien, et l'on me dit c'est là qu'est la garantie.

Mais, motivé par quoi? Par quelles raisons? Si c'est le remplacement pour faute disciplinaire ou pour manquement professionelle, vous avez l'action disciplinaire qui existait dejá et que vous avez transferée aux conseil supérieur.

Na 55.ª sessão de 26 de Maio de 1883, o Ministro da Justiça Martin-Feuillée informa o Parlamento sobre a composição do Conselho Superior dizendo que "*se compose de 4 conseillers et d'un membre du parquet de la cour de cassation élus en assemblée générale. Ce conseil est présidé par le ministre de la justice ou à son défaut par son secrétaire général. Nous n'allons pas si loin, nous ne demandons pas que le conseil soit présidé par le ministre de la justice ou par son délégué*"[244]. Mais, o Gardes des Sceaux responde à questão do "*déplacement*" dizendo que "*nous vous proposons de décider que le déplacement ne pourra avoir lieu que sur l'avis conforme du conseil supérieur*" e que "*Ce déplacement ne devra entraîner pour le magistrat qui en sera l'objet aucune diminution de classe ni de traitement.*"[245] e reafirma a atribuição do poder disciplinar ao Conselho, retirando-o dos Tribunais ou, mais concretamente, do Tribunal de Cassação, que julgava disciplinarmente os Juízes. Contudo, o Garde des Sceaux não deixa de fazer a seguinte e clara advertência: "*Je dis, messieurs, que nous entendons que le magistrat soit indépendant; mais nous n'admettons pas, non, nous n'admettons pas, que cette indépendance aille jusqu'à l'hostilité ouverte contre le Gouvernement*"[246].

Esta 55.ª sessão do Parlamento é preenchida na sua quase totalidade com a discussão do projecto de organização judiciária em que o tema do Conselho Superior da Magistratura é um dos mais dominantes nas intervenções dos Deputados. Seria fastidioso aqui descrever toda essa discussão, tanto mais que o que nos interessa é assinalar a origem desse Conselho e alguns dos problemas que suscitou.

Je vois bien que ce qui l'on veut surtout ateindre, c'est l'hostilité politique, l'hostilité aux institutions et au gouvernement. Or l'on a parfaitement raison de voulouir réprimer l'hostilité politique se manifestant par des actes exterieurs et public.

Mais est-ce que cela n'est pas reprime dejá a l'heure quil est?. La cour de cassation n'a jamais hésite à considérer comme des manquement professionnels comme des fautes disciplinaire le manifestations politiques d'hostilité par la part des magistrats". Cfr. "Journal Officiel de la République Française . Chambre des Députes 54.ª Séance, 24 Maio 1883," p.ª 1055.

[244] Cfr. "Journal Officiel de la République Française. Chambre des Députes 55.ª Séance, 26 May 1883," p.ª 1070.

[245] Cfr. "Journal Officiel de la République Française. Chambre des Députes 55.ª Séance, 26 May 1883," p.ª 1070.

[246] "Journal Officiel de la République Française. Chambre des Députes 55.ª Séance, 26 May 1883," p.ª 1069.

Poderemos assim dizer que o Conselho Superior da Magistratura *nasce com a natureza de um órgão administrativo de gestão da disciplina dos Juízes e da carreira profissional desses Magistrados, bem como do Ministério Público*, diga-se. Gera desde logo reacções críticas no que se refere à transferência para si da competência disciplinar do Tribunal de Cassação e também no que à sua composição diz respeito. *Malgré tout*, na 61.ª Sessão da Chambre des Député, a **5 de Junho de 1883**[247], o projecto é discutido e adoptado por essa Câmara, tendo sido votado no **dia 1 de Agosto de 1883** pelo Senado e pela Câmara dos Deputados[248] e a lei é publicada em **30 de Agosto de 1883**[249]. Nessa lei o Conselho aparece consagrado no seu artigo 13.º [250] e, como contrapartida da "outorga" desse órgão de auto-administração, nessa mesma lei ou, mais especificamente, no seu capítulo 8, artigo 14.º (último parágrafo) é imposta aos Magistrados um rigoroso *dever de reserva*[251]. Para além disso, como decorre do seu artigo 11.º, essa lei suspende a inamovibilidade por um período de três meses, ao conceder ao Ministro da Justiça poderes absolutos para escolher os Magistrados que ele pretende manter no exercício de funções e aqueles que ele dispensaria.[252].

---

[247] "Journal Officiel de la République Françaose. Chambre des Députés. 55.ª Séance, 5 Juin 1882," Juin 1882, p.ª 1183 e 1193, https://gallica.bnf.fr/ark:/12148/bpt6k6385084c/f1.item.

[248] No Senado dos 273 senadores, 144 votaram a favor e 129 contra; na Câmara dos Deputados, dos 291 votantes, votaram a favor 259 e contra 32.

[249] "Lois 30 Aout 1883," Aout 1883, https://gallica.bnf.fr/ark:/12148/bpt6k5823821b/f5.item.texteImage.

[250] *Art. 13. — La cour de cassation constitue le conseil supérieur de la magistrature. Elle ne peut statuer en cette qualité que toutes chambres réunies.*

Le procureur général près la cour de cassation représente le gouvernement devant le conseil supérieur.

[251] Cfr. "Lois 30 Aout 1883." O dever de reserva está consagrado nos três últimos parágrafos do artigo 14.º desta lei, onde se dispõe que:

Art. 14. — (...) Toute manifestation ou démonstration d'hostilité au principe ou à la forme du gouvernement de la République est interdite aux magistrats.

L'infraction aux dispositions qui précèdent constitue une faute disciplinaire.

[252] *Art. 11. — Dans un délai de trois mois à partir de la promulgation de la présente loi, il sera procédé, par application des règles ci-dessus établies, à la réduction du personnel des cours d'appel et des tribunaux.*

Les éliminations porteront sur l'ensemble du personnel indistinctement.

Le nombre des magistrats éliminés, soit parce qu'ils n'auront pas été maintenus dans les fonctions judiciaires, soit parce qu'ils n'auront pas accepté le poste nouveau qui leur aura été offert, ne pourra dépasser le chiffre des sièges supprimés.

Em última análise, o poder político estava a adoptar as medidas que entendia necessárias para evitar a intervenção dos Juízes na política[253].

Mas, importa esclarecer que este primeiro Conselho Superior é ainda dominado pelo Tribunal de Cassação que, diz-nos Masson, simboliza o espírito de casta da Magistratura. Na verdade, nos termos do disposto no artigo 13.º dessa Lei é este Tribunal reunido em plenário, constituído pelos Presidentes das Câmaras do Tribunal de Cassação, os Conselheiros desse Tribunal e do Tribunal de Recurso, os Juízes, os Juízes Suplentes dos Tribunais da Instância e os Juízes de Paz, e o Procurador-Geral em representação do Governo[254]. Como pode ver-se estamos perante um órgão completamente dominado pelos Magistrados Judiciais.

2. Dado o primeiro passo para assegurar a independência colectiva dos Juízes relativamente ao Executivo com a criação do Conselho Superior da Magistratura ou, mais especificamente, com o Plenário do Tribunal de Cassação, repleto de Juízes de todas as instâncias, a funcionar como Conselho Superior, esta a situação, com algumas variações, vai perdurar até ao final da Segunda Grande Guerra e, com ela, com o fim da III República que, de acordo com os analistas franceses, vivia em défice de democracia. Tornava-se assim necessário democratizar o aparelho judicial e os Juízes republicanos.

Mas, o que é importante aqui assinalar é que desde os anos oitenta do século XIX a Magistratura é envolvida pela política, pelo que, com poucas excepções de envolvimento dos Juízes na política, são os políticos que discutem a necessidade de independência colectiva dos Juízes através

---

[253] Nesse sentido diz-nos Masson que "*Toutes précautions avaient été prises pour que la magistrature ne devint pas un ferment de dislocation politique*". Masson, *Les Juges et le Pouvoir*, 81.

[254] Trancrevemos aqui os artigos 13.º e 14.º da acima referida Lei de 30 de Agosto de 1883:

*Art. 13. — **La cour de cassation constitue le conseil supérieur de la magistrature**. Elle ne peut statuer en cette qualité que toutes chambres réunies.* (negrito nosso)

Le procureur général près la cour de cassation représente le gouvernement devant le conseil supérieur.

Art. 14. — Le conseil supérieur de la magistrature exercera à l'égard des premiers présidents, présidents de chambre, conseillers de la cour de cassation et des cours d'appel, des présidents, vices-présidents, juges, juges suppléants des tribunaux de première instance et de paix tous les pouvoirs disciplinaires actuellement dévolus à la cour de cassation ainsi qu'aux cours et tribunaux, conformément aux dispositions de l'article 82 du sénatus-consulte du 16 thermidor an X, du chapitre 7 de la loi du 20 avril 1810 et des articles 4 et 5 du décret du 1er mars 1852.

da criação de um órgão que, de certo modo, representa e faz a gestão administrativa e disciplinar da Magistratura. O Conselho Superior aparece assim como uma "*outorga*" do poder político a uma Magistratura que sai desacreditada do regime de Vichy e que continua a não ser muito bem vista pela sociedade política francesa, outorga que visa controlar o poder judicial, atribuindo-lhe a autodisciplina da classe e impondo-lhe, como contrapartida, um forte dever de reserva. Tudo isso para afastar os Juízes da política ou, pelo menos, para impor um forte limite a sua tradicional e permanente intervenção na política através dos Tribunais.

Sem pretender entrar no debate político na Assembleia Nacional que iria aprovar uma nova Constituição francesa, a de 27 de Outubro de 1946, o ponto é que a organização da Justiça ocupou muito tempo do debate político, tendo os partidos políticos da época – nomeadamente os partidos Comunista, Socialista e o Movimento Republicano Popular – apresentado projectos sobre a organização da Justiça, sendo certo que, antes disso, o último governo da III República, o Governo Provisório de Félix Goulin (1944-1946) tinha já apresentado um projecto de reforma da organização judiciária em que o Conselho Superior da Magistratura figurava com a mesma composição daquele criado pela Lei de 30 de Agosto de 1883.

Na base dos projectos dos partidos, pese embora a posição singular do partido comunista, não estava somente a preocupação de assegurar a independência funcional do Juiz, mas também o modo como pretendiam assegurar a *independência colectiva dos Magistrados judiciais*. Ainda que todos os projectos tivessem em comum a criação de um órgão de auto-administração dessa Magistratura, a natureza e a composição já não era a mesma. Assim, o partido socialista propunha a criação de um Conselho Nacional da Magistratura em que o Parlamento elegeria a maioria dos seus membros, ou seja, seis membros, e o Presidente da República presidia o Conselho e nomearia três. Este Conselho despido de Juízes, note-se, teria poder para nomear os Magistrados e todos os agentes de justiça, com excepção dos do Ministério Público. Por seu lado, o Deputado Vicent Auriol, que veio a ser primeiro Presidente da IV República, propunha a criação de um Conselho Supremo da Justiça constituído por Magistrados eleitos pelos seus pares e por cidadãos eleitos quer pelos Conselhos Provinciais quer pelo Parlamento.

De qualquer modo, todos queriam assegurar a independência colectiva dos Juízes através de um órgão de gestão administrativa e disciplinar dos

Magistrados e todos discutiam vivamente a questão da composição desse órgão, e não escondiam que o pretendiam controlar, acabando por ser feita uma proposta de criação de um Conselho Superior da Magistratura composto pelo Presidente da República, que preside, Garde des Sceaux, Ministro da Justiça, que seria o vice-presidente, por seis membros eleitos pela Assembleia Nacional por maioria de dois terços, que não podiam ser Deputados, e quatro magistrados[255].

Esta proposta foi de novo objecto de aceso debate, por se entender que a composição acabaria por contaminar politicamente a Justiça[256]. A propósito desse debate na Assemblée Nationale Constituante de 17 de Abril de 1948 é interessante dizer que, numa das propostas da redacção do artigo 108.º do projecto da Constituição feita pelo Deputado Robert Kalis, surge, ao que nos parece, pela primeira vez, dois importantes temas do direito processual moderno que é o de garantir o direito ao Juiz natural e a proibição de Tribunais de excepção[257]

---

[255] Eis o texto do projecto:

Article 111

Le Conseil supérieur de la magistrature est composé de douze membres:

- le président de la République, président ;

- le garde des sceaux, ministre de la justice, vice-président;

- six personnalités élues pour six ans par l'Assemblée nationale, à la majorité des deux tiers, en dehors de ses membres, six suppléants étant élus dans les mêmes conditions ;

- quatre magistrats élus pour six ans : un par les présidents et les conseillers de la Cour de cassation, un par les présidents et les conseillers des cours d'appel, un par les présidents et les juges des tribunaux de première instance, un par les juges de paix, quatre suppléants étant élus dans les mêmes conditions.

Les décisions du Conseil supérieur de la magistrature sont prises à la majorité des suffrages. En cas de partage des voix, celle du président est prépondérante.

O texto desse projecto de Constituição pode ser visto em "Projet de constitution du 19 avril 1946," n.d., https://mjp.univ-perp.fr/france/co1946p.htm.

[256] Sobre os debates na Assemblée Nacional Constituante e a viva discussão entre os Deputados com base em projectos diferentes é interessante ver o "Journal Officiel de la République Française . Débats de L'Assemblée Nationale Constituante 1eme séance, 17 Avril 1946," Avril 1946, 1973 a 1977, http://4e.republique.jo-an.fr/?q=17+avril+1946.

[257] Eis o texto do artigo 108.º, na parte que nos interessa agora, proposto de Robert Kalis :

"Nul ne peut être soustrait à ses **juges naturels**; **en matière pénale, il ne peut être créé**, sous réserve de l'organisation des tribunaux militaires et maritimes, **de juridiction d'exception sous quelque titre que ce soit**". Cfr. "Journal Officiel de la République Française . Débats de L'Assemblée Nationale Constituante 1eme séance, 17 Avril 1946," p.ª 1973. (Negrito nosso).

Como se vê das várias propostas, nelas a preocupação do controlo dos Juízes pelo poder político – Executivo e Parlamento – não desaparece, mesmo que se aceite que agora se pretende um controlo democrático pelo Parlamento e por um Presidente eleito, e, ainda, a preocupação de evitar o corporativismo judicial que conheciam e não apreciavam pelos maus exemplos que deu ao longo da história político-judiciária francesa, nomeadamente por propiciar a intervenção política dos Juízes. Assim, em todas as propostas os Juízes estavam em minoria.

É este debate que vai permitir ao Assembleia Nacional constituinte aprovar a criação de um Conselho Superior e consagrá-lo no capítulo IX da Constituição de 27 de Outubro de 1946[258], passando, pela primeira vez, esse órgão de auto-administração da Magistratura a figurar na Constituição, agora como um órgão de disciplina, de gestão da carreira dos Magistrados e de administração dos Tribunais, nela ocupando todo esse capítulo dessa lei fundamental. *O órgão de auto-administração da justiça adquira assim pela primeira vez um estatuto constitucional.*

A constitucionalização do Conselho Superior da Magistratura foi sem dúvida uma grande inovação numa França em que o Executivo tudo fez para controlar a Magistratura e o Poder Judicial. Agora, com esse órgão constitucional, pretendia-se assegurar a independência colectiva dos Juízes, mas sem deixar de assegurar o controlo do Poder Judicial quer pelo Parlamento quer Governo. Poder-se-á assim dizer que os Juízes conquistaram a sua independência pessoal através da garantia da inamovibilidade, lutando por ela, mas receberam dos demais órgãos do poder político a garantia da sua independência colectiva, através da criação desse Conselho.

Podemos dizer com Gérard Masson que "*Sous toutes ces reserves, l'institution du Conseil supérieur marquait toutefois une rupture dans la tradition qui faisait « du judiciaire une fonction subordonnée et à peine distincte de la fonction administrative». La disposition confiant au Conseil supérieur l'administratioa des tribunaux paraissait, en outre, malgré son manque de précision, devoir constituer*

---

[258] Aprovado por referendo realizado em 13 de Outubro de 1946, cuja proclamação dos resultados foi feita em 26 de Outubro de 1946, como pode ver-se em "Proclamation des résultats des votes émis par le Peuple français à l'occasion de sa consultation par voie de referendum, le 13 Octobre 1946," accessed February 5, 2021, https://gallica.bnf.fr/ark:/12148/bpt6k96173475/f2.item.

une amorce de transfonnation du mode de gestion de l'appareil judiciaire, gestion appelée à être distraite de la compétence de la machine ministérielle pour être remise a un organisme moins bureaucratique et plus démocratique"[259].

Apesar dessa inovação e dessa garantia de independência, em Janeiro de 1946, ainda antes da publicação do texto da Constituição, os Magistrados franceses, de imediato, em manifesto publicado pela União Féderale des Magistrats (UFM)[260], reagiram contra o órgão, manifestando-se contra a criação do Conselho por entenderem que, pela sua composição em que os membros são designados pelo Presidente da República e pelo Parlamento, os Magistrados não podiam nele confiar e, ainda, por não aceitarem que pudessem ser julgados por personalidades que não integravam o poder judicial. Após a publicação e entrada em vigor da Constituição, a vontade de controlo governamental do Conselho faz estalar conflito entre o Garde Sceaux e o Conselho Superior por causa da nomeação dos conselheiros e entre o Presidente da República e o Governo sobre o sentido do artigo 84.º. Por seu lado, o Parlamento [261], pela Lei 47-1366 de 22 de Julho, conferia importância ao Conselho, ao determinar no artigo 69.º dessa lei que o Tribunal de Cassação teria de elaborar e apresentar ao Conselho Superior relatório anual sobre a marcha dos processos[262].

---

[259] Masson, *Les Juges et le Pouvoir*, 246.

[260] A União dos Magistrados Franceses foi fundada em 1945 não é um sindicato, mas sim uma associação cívica. Sobre essa associação veja-se, por todos, Benoît Garnot, *Historie des Juge en France de l'Áncien Régime à nos Jours* (Nouveau Monde, n.d.), p.ª 248 e segs.

[261] Faz-se notar que o Sindicat de la Magistrature só é criado em 1968 com objectivos nitidamente políticos, pois como escreve Benoît Garnot, esse sindicato "*créé em 1968, est bien le premier syndicat de magistrats en France; ses fondateurs on choisi d'adopter la forme syndicale, et non associative, afin de créer les conditions d'un rapprochement avec les syndicats de fonctionnaires et d'ouvriers, et, plus généralement, dans le but inscrire ses combats au coeur du mouvemen social*". Garnot, p.ª 248. A partir da criação desse sindicato o confronto político com o executivo passou por diversas fases, todas marcadas por decisões judiciais que não agradaram ao poder político ou ao poder industrial e também pelo carácter marcadamente ideológico da acção desse sindicado que, na década 70 do século XX, contestava abertamente a justiça de classe, diz-nos Benoît Garnot na obra acima citada.

[262] *Art. 69. — Il sera fait rapport annuellement au conseil supérieur de la magistrature de la marche des procédures et de leurs délais d'exécution. Un état complet des affaires non jugées, avec l'indication pour chacune de la date du pourvoi et de la chambre saisie, sera joint à chaque rapport annuel.* Cfr. "Journal Officiel de la République Française n.º 267. Lois 47-1366 du 22 Julliet 1947," November 14,

Agora os Juízes, que durante toda a III República estiveram sob controlo do poder político, sem prejuízo de terem uma ou outra vez reagido politicamente, quer no sentido conservador quer no sentido progressista, como aconteceu no decurso do Governos de Vichy, agora, dizíamos, organizam-se numa associação, a União Féderale des Magistrats, criada em 1945, e regressam à luta política em defesa dos seus interesses colectivos de natureza profissional, criticando a composição do Conselho Superior da Magistratura e, de seguida, organizando-se para participar na eleição dos Magistrados para esse Conselho.

A esse propósito importa esclarecer que, com a constitucionalização do Conselho Superior da Magistratura na Constituição de 1946, os Juízes reagem agora colectiva e organizadamente através da União Féderale des Magistrats (UFM), que não é um sindicato, mas uma associação representativa dos interesses corporativos dos Juízes, reação que passa, primeiro, pela luta política contra o Conselho Superior e, de seguida, pela luta também político-eleitoral com vista a fazer-se representar nesse Conselho. E fazem essas lutas, utilizando um jornal que criaram, Le Pouvoir Judiciaire, através do qual reivindicam, desde o início, o reconhecimento de um poder judicial e uma maior independência dos Juízes em relação ao Poder Executivo, diz-nos Benoît Garnot. Não vamos aqui fazer a história do sindicalismo da Magistratura francesa, mas o que queremos salientar é que tem curiosamente na sua génese a União Féderale des Magistrats (UFM) e que se forma e se desenvolve no decurso da discussão parlamentar sobre um novo modelo do seu órgão de auto-administração, o Conselho Superior da Magistratura, que agora não é constituído pelo plenário do Tribunal de Cassação, nem por uma maioria de Juízes. A partir de agora, os Juízes utilizam o instrumento associativo para reivindicar o reconhecimento de um Poder Judicial ou, mais amplamente, um "pouvoir judiciaire", o terceiro poder que, bem sabem, que os parlamentares e o Executivo desde os finais do século XIX sempre se recusaram a reconhecer.

Essa associação, verdadeiro centro de resistência político-corporativa contra o Conselho Superior da Magistratura, evolui para um sindicalismo judicial com a formação de dois sindicatos, politicamente referenciados

---

1947, http://lexpol.cloud.pf/document.php?document=188619&deb=381&fin=385&titre=TG9pIG7CsCA0Ny0xMzY2IGR1IDIzLzA3LzE5NDc=.

como de esquerda, a Union Syndicale des Magistrats (USM), criado em 1968, e de direita, Association Professionelle des Magistrats (APM), criada em 1981.

Como se verá de seguida, embora sumariamente, é também através da acção do Conseil d'État que os Juízes acabam por reduzir o Conselho Superior a um mero serviço administrativo, contribuindo assim para a sua desvalorização funcional e política. Na verdade, os recursos das decisões do Conselho Superior devem ser interpostos para o Conseil d'État conforme jurisprudência deste Conseil, que entende que o Conselho Superior é um órgão administrativo pelo que as suas decisões podem e devem ser apreciadas pela jurisdição administrativa. Esta acção do Conselho de Estado que equiparou o Conselho Superior da Magistratura a um serviço administrativo de gestão da carreira dos Magistrados contribuiu definitivamente para a perda da sua importância a partir da V República (1958).

Pensamos ser correcto afirmar que o Conselho Superior da Magistratura, em virtude dessa sua equiparação a um ente administrativo, entra na V República já bastante fragilizado e com a sua autoridade enfraquecida e é nesta situação que encontra acolhimento na referendada Constituição de 1958 – artigo 64.º –, passando a ser um órgão constitucional que assiste o Presidente da República, que é o seu Presidente, com funções administrativas de gestão da carreira dos Magistrados e disciplinar dos Magistrados Judiciais e do Ministério Público. No que se refere à formação desse Conselho, esta é composta pelo presidente da República, pelo Ministro da Justiça (Garde des Saceax), cinco Magistrados Judiciais e um do Ministério Público, um Conselheiro de Estado designado pelo Conselho de Estado, três personalidades designados pelo Presidente da República, Presidente da Assembleia Nacional e Presidente do Senado, ou seja, é um Conselho em que a maioria dos seus membros não é constituída por Magistrados, mas sim por personalidades políticas, o que revela preocupação com corporativismo judicial, que os constituintes visam evitar com essa composição[263], e também alguma vocação de controlo político desse órgão "auxiliar" do Presidente da República para as questões judiciais.

---

[263] Como, aliás, Michel Debré a propósito da composição do Conselho Superior da Magistratura afirmava quando, no seu livro Mort de l'État Républicain, dizia que "*D'abord les magistrat y sont em minorité. On comprend que le législateur, ou plutôt, les constituant n'ait pas volu un organisme qui porte en lui les dangers de la cooptation et du corporativisme*". pª 125.

Não é estranho a esse controlo político a representação que, mesmo em 1947, os políticos e os franceses tinham do seus Juízes, o que Michel Debré (Ministro da Justiça na década 40 e Primeiro Ministro entre 1959 e 1962) sintetiza dizendo que os Magistrados eram mais respeitadores do que respeitados – "*plus respectueuse que respectée*" – e que revelavam falta de independência e de autoridade, falta de consideração pelos cidadãos e, ainda, que os poderes suspeitavam deles e que eles procuravam com uma degradante corrida à promoção resolver a sua medíocre situação material. Por seu lado, De Gaulle, nas suas memórias, embora de forma menos dura, dizia que os Juízes estavam em depressão quando ele chegou ao poder.

De qualquer forma, a independência individual do Juiz, ou seja, a inamovibilidade[264] ou por esta assegurada, foi consagrada na Constituição de 46 e a sua independência colectiva confiada a esse Conselho Superior, mas garantida pelo Presidente da República[265], por um o regime disciplinar regulado por lei e por um estatuto consagrado por lei orgânica[266].

Em conclusão, podemos dizer que a independência colectiva dos Juízes não foi por estes conquistada, mas *outorgada* por um poder político que continuava a desconfiar da Magistratura, que, com a sua conduta, contribuiu para essa permanente suspeição, poder político esse que tudo fez para a controlar politicamente. É desta tensão política que nasce o Conselho Superior da Magistratura Francesa e que passa a ser reconhecida constitucionalmente a partir da Segunda Guerra Mundial.

Por essa razão e porque se pretendia evitar o corporativismo judicial e assegurar o controlo político da Magistratura no seu todo, o Conselho é originariamente composto por uma maioria de membros designados pelos órgãos do poder político, estando os Magistrados em minoria, nascendo assim com a natureza de um órgão administrativo, constitucionalmente reconhecido. Contudo, cedo a sua autoridade é enfraquecida, também

---

[264] Nos termos do disposto no último parágrafo do artigo 64.º que diz "Os magistrados de carreira são inamovíveis".

[265] De acordo com o disposto no primeiro parágrafo do artigo 64.º que diz "O Presidente da República é o garante da independência da autoridade judicial".

[266] Ordonnance nº 58-1270 du 22 décembre 1958. Cfr. "Ordonnance nº 58-1270 du 22 décembre 1958," Décembre 1958,https://publicofficialsfinancialdisclosure.worldbank.org/sites/fdl/files/assets/law-library-files/FranceJudiciary%20Law1958%28as%20amended%29fr.pdf.

por acção do Conseil d'État, acabando por ser transformado num órgão administrativo de mera gestão da carreira profissional e de disciplina dos Magistrados.

Por outro lado, a história da Magistratura e das suas relações com os demais poderes do Estado – Parlamento e Executivo – nesse período de tempo revela que os Juízes sempre tiveram uma activa participação na política, ora envolvendo-se nela para agir politicamente quer através das suas decisões judiciais quer através de acções abertamente políticas desenvolvidas corporativamente, utilizando os Tribunais e mais recentemente esse novo instrumento de luta político-corporativa que são os sindicatos, ora sendo nela envolvidos pelo Poder Legislativo e Executivo.

II. MODELOS DO CONSELHO SUPERIOR DA MAGISTRATURA NO CONTINENTE EUROPEU E AMERICANO

No que se refere ao Conselho Superior da Magistratura, o modelo criado pela V República em 1958 vai ser o adoptado em vários países europeus, como iremos agora ver.

A partir da Segunda Guerra e desta experiência francesa, as Constituições de muitos países europeus acolhem essa figura, embora, por vezes, com distinta composição e competência, mas sempre com a presença de membros políticos ou por estes designados.

Vejamos muito sumariamente alguns exemplos, essencialmente para demostrar que ainda não foram criadas as condições necessárias para o reconhecimento de um Poder Judicial com auto-governo, mas quase todas consagram somente uma auto-administração desse poder.

Referiremos às Constituições europeias a partir de 1946, data que parece ser a da constitucionalização do Conselho Superior, 1958, por ser este o ano em que o modelo foi consagrado pela V República francesa e começou a ser adoptado por outras Constituições europeia; por outro lado, no continente americano não se encontra qualquer referência ou adopção de um órgão judiciário dessa natureza. Posto isto, podemos começar pela própria Constituição Francesa de 1958.

a) França

Em 1946, o Conselho Superior da Magistratura, pela primeira vez, passa a figurar na Constituição francesa, agora com uma composição bem diferente daquela que até então tinha sido consagrada por lei nos finais do século XIX. Na verdade, até à Constituição da IV República (1946--1958) o Conselho Superior não figurava nas Constituições francesas, mas, como dissemos, após aceso debate parlamentar, é instituído por lei no Plenário do Tribunal de Cassação, sendo dominado por Juízes de todas as instâncias. Esta a situação, com algumas variações, vai perdurar até ao final da Segunda Grande Guerra para, na III República, ser constitucionalizado com a Constituição de 27 de Outubro de 1946.

Nesta Constituição, o Conselho Superior é criado no Título IX, artigos 83 e 84, com a seguinte composição: Presidente da República, que preside, Ministro da Justiça (Garde des Sceaux), como Vice-presidente, e doze personalidades como membros titulares, sendo seis membros eleitos por maioria de dois terços pela Assembleia Nacional, quatro membros eleitos pelos Magistrados Judiciais e dois membros designados pelo Presidente da República. São designados doze membros suplentes. Importa frisar que os Magistrados eleitores são divididos em quatro colégios eleitorais e cada um elege um Magistrado[267]. O Conselho Superior tinha as seguintes atribuições: administrativas, disciplinares, graciosas e eleitorais[268]. Como pode ver-se agora, o Conselho Superior tem uma maioria constituídas por personalidades que não integram a Magistratura Judicial e é controlado politicamente pelo Presidente da República, pelo Ministro da Justiça e pelos membros eleitos pela Assembleia Nacional. É esta configuração com que vai persistir até 1958.

Com a Constituição de 1958, agora na V República, este órgão da Magistratura Judicial nos termos do disposto nos artigos 64.º e 65.º do Título VIII passou a ser constituída pelo Presidente da República, na

---

[267] O primeiro Colégio é constituído por Juízes do Cour de Cassation; o segundo é formado pelos Juízes dos Tribunais Superiores de Recurso (Cours et Tribunaux supérieur d'Appel); o terceiro colégio é composto pelos Juízes dos Tribunais de Instância e o quarto colégio é integrado pelos Juízes de Paz. Para maior desenvolvimento veja-se, entre outros, Marcel Prélot, *Institutions Politiques et Droit Constitutionnel* (Paris, 1957), 530 e segs.

[268] Sobre o conteúdo funcional de cada uma dessas atribuições veja-se Prélot, 530/531.

qualidade de garante da independência do Poder Judicial, por Magistrados Judiciais, Magistrados do Ministério Público e personalidades, que não sejam membros do Parlamento, da Magistratura ou da Administração, estando esses membros integrados em duas distintas seções, sendo uma com jurisdição sobre os Juízes e outra com jurisdição sobre os Magistrados do Ministério Público, a saber:

a) A secção com jurisdição sobre os Juízes, é composta pelo Presidente do Tribunal de Cassação, que preside, por cinco Magistrados Judiciais, um Magistrado do Ministério Público, um Conselheiro de Estado designado pelo Conselho de Estado e seis personalidades que não podem ser membros do Parlamento, nem da Magistratura Judicial e do Ministério Público, sendo designados pelo Presidente da República, dois pelo Presidente da Assembleia Nacional e dois pelo Presidente do Senado.
b) A secção com jurisdição sobre os Magistrados do Ministério Público é composta pelo Procurador-Geral do Tribunal de Cassação, que preside, por cinco Procuradores do Ministério Público e um Juiz, bem como um Conselheiro de Estado e um advogado em exercício, juntamente com os seis cidadãos qualificados e destacados referidos no segundo parágrafo.

O Ministro da Justiça pode participar em todas as sessões das secções do Conselho Superior, excepto naquelas que tratam de matéria disciplinar.

Como decorre dessa composição do Conselho Superior a maioria dos seus membros não são Magistrados e são designados pelo poder político e cada secção tem jurisdição disciplinar sobre os respectivos Magistrados.

Em 2008, com a revisão da Constituição de 1958, o Presidente da República continua a figurar como o garante da independência do Poder Judicial e o Conselho um órgão que assiste o Presidente da República – artigo 64.º. Nos termos do artigo 65.º, continua a ser constituída pelas duas Secções acima referidas – ou na linguagem do texto constitucional, "uma formação competente em relação aos magistrados da sede e outra competente em relação aos magistrados do ministério público" – com as seguintes composições:

a) cinco Magistrados Judiciais, um Magistrado do Ministério Público, um Conselheiro de Estado designado pelo Conselho de Estado, um advogado e seis qualificadas e destacadas personalidades que não pertençam ao Parlamento, nem à Magistratura judicial e do Ministério Público, designadas duas pelo Presidente da República, duas pelo Presidente da Assembleia Nacional e duas pelo Presidente do Senado, que integram a formação competente em relação aos Magistrados da sede e que é presidida pelo Presidente do Tribunal de Cassação;
b) A formação competente em relação aos Magistrados do Ministério Público. Presidida pelo Procurador-Geral junto do Tribunal de Cassação, é constituída por cinco Magistrados do Ministério Público e um Magistrado Judicial, um Conselheiro de Estado, designado pelo Conselho de Estado, um advogado e as seis personalidades acima mencionadas.

Como decorre dessa composição do Conselho Superior, a maioria dos seus membros não são Magistrados e são designados pelo poder político, sendo de realçar que cabe ao Presidente da República, e não ao Conselho Superior ou a qualquer outro órgão judicial, garantir a independência dos Juízes[269].

A jurisdição disciplinar sobre os respectivos Magistrados cabe a cada secção, que, por força da sua composição, implica a intervenção dos membros nomeados pelos órgãos políticos de soberania.

Finalmente importa dizer que a Constituição de 1958 e a revista em 2008 não falam de Poder Judicial, mas sim de Autoridades Judiciárias e que o Conselho Superior é um órgão administrativo, como já tivemos a ocasião de explicar, o que significa que as suas decisões podem ser impugnadas judicialmente[270].

---

[269] Na verdade, nos termos do disposto no artigo 64.º da Constituição da República Francesa "O Presidente da República é o garante da independência da autoridade judicial. Nessas funções é assistido pelo Conselho Superior da Magistratura"

[270] Para maior desenvolvimento veja-se François-Guillhem Bertrand, "El Gobierno de la Justicia en Francia," in *El Gobierno de la Justicia. El Consejo General del Poder Judicial* (Universidad de Valladolid, 1996), 61 e segs.

c) Espanha

Em Espanha, o Consejo General del Poder Judicial é instituído pela Constituição de 1978. Na verdade, a Constituição de Cadiz de 1812, apesar de regular pormenorizadamente no seu Título V o Poder Judicial – los Tribunales y la adminsitración de Justicia –, não faz qualquer referência a um órgão garante da independência dos Juízes, o que se compreende, tendo em conta que ela surge nos inícios do século XIX. Mesmo ao longo desse século, as Constituições de 1834, 1837, 1845, 1869 e de 1876, não se preocuparam em assegurar a independência colectiva dos Juízes através de um órgão de governo ou de gestão administrativa dos Juízes. Limitavam-se a declarar essa independência no Título relativo aos Tribunais.

No século XX, a Constituição de 9 de Dezembro de 1931, que trata os Tribunais no seu Título VII também não consagra qualquer órgão de governo ou de administração dos Tribunais, sendo que assegura no seu artigo 98.º a independência e a inamovibilidade dos Juízes, garantias essas que são reconhecidas aos Juízes desde o século XIX.

A Constituição franquista de 15 de Dezembro de 1966, aprovada por referendo e publicada em 10 de Janeiro de 1967, altera as Leyes Fundamentales del Reino com vista a institucionalizar a ditadura e o regime franquista. Nestas "nuevas Leyes Fundamentales" o ditador era o chefe supremo de todos os poderes do Estado, não se consagrando qualquer órgão de governo ou de administração do Poder Judicial.

Só a Constituição de 1978 é que no seu Título VI institucionaliza o Poder Judicial e cria e regula no seu artigo 122, n.º 2 um órgão de governo desse Poder a que denomina de Consejo General del Poder Judicial, com uma composição mista, Juízes e outros juristas, com o objectivo de assegurar a independência da Magistratura. Essa composição vai sendo alterada ao longo dos tempos, sendo que o método de eleição dos vogais suscitou sempre controvérsia.

Na verdade, diz-nos Ordóñez Splís que "la elección de los vocales del Consejo General del Poder Judicial há sido muy controvertida: em 25 años de vigencia de la Constitución ya probado três modelos, sin que ninguno satisfaga a todos" tendo todos, com excepção do modelo actual sido impugnadas junto do Tribunal

Constitucional[271]. Com efeito, originariamente o Consejo General era presidido pelo Presidente do Supremo Tribunal e constituído por 20 vogais nomeados pelo Rei, sendo 4 eleitos pelo Senado, 4 eleitos pela Câmara dos Deputados, de entre Advogados e juristas de reconhecida competência com mais de quinze de exercício da profissão e 12 eleitos pelos Juízes – 3 Juízes do Supremo Tribunal, 6 Juízes Magistrados de segunda instância e 3 Juízes da primeira instância - por todos os Juízes no activo[272].

Em 1985, a Lei Orgânica n.º 6/1985, de 1 de Julho[273] alterou o método de eleição dos membros de procedência judicial que passaram a ser eleitos pelas Cortes Generales, com a seguinte justificação oferecida no Preâmbulo dessa Ley: "Para la elección de los doce miembros del Consejo General del Poder Judicial que, de acuerdo con el artículo 122.2 de la Constitución Española, deben ser elegidos «entre Jueces y Magistrados

[271] David Ordóñez Solís, *Jueces, Derecho y Política. Los Poderes del Juez en una Sociedad Democrática* (Editorial Aranzadi, Navarra, 2004), p.ª 133.

[272] Cfr. Artigo 7 e segs da Lei Orgânica n.º 1/80, de 10 de Janeiro, in "Ley 1/80, 10 enero," enero 1980, https://www.boe.es/boe/dias/1980/01/12/pdfs/A00837-00842.pdf.., estabelecendo o artigo 7.º que El Consejo General del Poder Judicial estará integrado por el Presidente del Tribunal Supremo, que lo presidirá, y por veinte Vocales nombrados por el Rey por un período de cinco años. De éstos, doce entre Jueces y Magistrados de todas las categorias judiciales en los términos que establece la presente Ley; cuatro a propuesta del Congreso de los Diputados y cuatro a propuesta del Senado, elegido en ambos casos por mayoría de tres quintos de sus miembros, entre Abogados y otros juristas, todos ellos de reconocida competencia y con más de quince años de ejercicio en su profesión. Por seu lado, o artigo 8.º consgra que "Los doce Vocales de procedencia judicial serán elegidos entre Jueces y Magistrados pertencientes a todas las categorías judiciales, en los términos establecidos en la presente Ley.

Integrarán el Consejo tres Magistrados del Tribunal Supremo, seis Magistrados y tres Jueces".

[273] Cfr. "Ley Orgânica 6/1985, 1 de Julio," July 1, 1985. Na parte relativa ao Cnsejo General del Poder Judicila (Livro II), esta lei começa por declarar no seu artigo 104.º que

"1. El Poder Judicial se organiza y ejerce sus funciones con arreglo a los principios de unidad e independencia.

2. El gobierno del Poder Judicial corresponde al Consejo General del Poder Judicial, que ejerce sus competencias en todo el territorio nacional, de acuerdo con la Constitución y lo previsto en la presente ley. Con subordinación a él, las Salas de Gobierno del Tribunal Supremo, de la Audiencia Nacional y de los Tribunales Superiores de Justicia ejercerán las funciones que esta ley les atribuye, sin perjuicio de las que correspondan a los Presidentes de dichos Tribunales y a los titulares de los restantes órganos jurisdiccionales".

de todas las categorías judiciales», la Ley, informada por un principio democrático, partiendo de la base de que se trata del órgano de gobierno de un Poder del Estado, recordando que los poderes del Estado emanan del pueblo y en atención al carácter de representantes del pueblo soberano que ostentan las Cortes Generales, atribuye a éstas la selección de dichos miembros de procedencia judicial del Consejo General. La exigencia de una muy cualificada mayoría de tres quintos –a la que la Constitución requiere para la elección de los otros membros – garantiza, a la par que la absoluta coherencia con el carácter general del sistema democrático, la convergencia de fuerzas diversas y evita la conformación de un Consejo General que responda a una mayoría parlamentaria concreta y coyuntural"[274]. Para além desses vogais Juízes, o Congresso continuou a eleger 4 vogais e o Senado outros quatro, todos de entre Advogados e juristas de reconhecida competência com mais de quinze de exercício da profissão. Assim, de acordo com esta nova metodologia, todos os vogais do Consejo General passaram a ser eleitos pelo Parlamento espanhol[275].

---

[274] Preâmbulo da "Ley Orgânica 6/1985, 1 de Julio," July 1, 1985, p.ª 10.

[275] - Sobre a composição e o método de designação dos vogais do Consejo General del Poder Jdicial, A Ley 6/1985 estableece que:

Artículo 566.

El Consejo General del Poder Judicial estará integrado por el Presidente del Tribunal Supremo, que lo presidirá, y por veinte Vocales, de los cuales doce serán Jueces o Magistrados en servicio activo en la carrera judicial y ocho juristas de reconocida competencia.

Artículo 567.

1. Los veinte Vocales del Consejo General del Poder Judicial serán designados por las Cortes Generales del modo establecido en la Constitución y en la presente Ley Orgánica, atendiendo al principio de presencia paritaria entre hombres y mujeres.

2. Cada una de las Cámaras elegirá, por mayoría de tres quintos de sus miembros, a diez Vocales, cuatro entre juristas de reconocida competencia con más de quince años de ejercicio en su profesión y seis correspondientes al turno judicial, conforme a lo previsto en el Capítulo II del presente Título.

Artículo 569.

1. Los Vocales del Consejo General del Poder Judicial serán nombrados por el Rey mediante Real Decreto, tomarán posesión de su cargo prestando juramento o promesa ante el Rey y celebrarán a continuación su sesión constitutiva.

Em 2001 ocorre nova alteração do modo de designação dos membros desse Consejo General com a Lei Orgânica n.º 2/2001, de 28 de Junho. Agora, os "Magistrados e Jueces", para usarmos a terminologia dessa Lei, continuam a ser eleitos pelo Senado es Congresso dos Deputados, mas os candidatos ao cargo são propostos pelas associações representativa dos Juízes e por grupo de Juízes representativos de 2% dos Juízes no activo[276]. A primeira eleição de 6 membros é feita pelo Congresso, dos 30 restantes, cabe ao Senado eleger 6. Procura-se assim um equilíbrio entre a controlo político do Consejo General e os Juízes a quem se pretende agora oferecer uma representação corporativa composta por Juízes filiados em associações e Juízes não filiados.

Mas, em bom rigor, continua a haver um controlo político do Consejo e uma quebra do corporativismo judicial, na medida em que a corporação,

---

[276] Cfr. "Ley, 2/2001, 28 Junio," June 28, 2001, https://www.boe.es/eli/es/lo/2001/06/28/2/dof/spa/pdf. Na verdade, nos termos do disposto no artigo 112.º n.º 23 dessa ley "3. Los candidatos serán presentados, hasta un máximo del triple de los doce puestos a proponer, por las asociaciones profesionales de Jueces y Magistrados o por un número de Jueces y Magistrados que represente, al menos, el 2 por 100 de todos los que se encuentren en servicio activo. La determinación del número máximo de candidatos que corresponde presentar a cada asociación y del número máximo de candidatos que pueden presentarse con las firmas de Jueces y Magistrados se ajustará a criterios estrictos de proporcionalidad, de acuerdo con las siguientes reglas:

a) Los treinta y seis candidatos se distribuirán en proporción al número de afiliados de cada asociación y al número de no afiliados a asociación alguna, determinando este último el número máximo de candidatos que pueden ser presentados mediante firmas de otros Jueces y Magistrados no asociados; todo ello, de acuerdo con los datos obrantes en el Registro constituido en el Consejo General del Poder Judicial conforme a lo previsto en el artículo 401 de la presente Ley Orgánica y sin que ningún Juez o Magistrado pueda avalar con su firma más de un candidato.
b) En el caso de que el número de Jueces y Magistrados presentados con el aval de firmas suficientes supere el máximo al que se refiere la letra a), sólo tendrán la consideración de candidatos los que, hasta dicho número máximo, vengan avalados por el mayor número de firmas. En el supuesto contrario de que el número de candidatos avalados mediante firmas no baste para cubrir el número total de treinta y seis, los restantes se proveerán por las asociaciones, en proporción al número de afiliados; a tal efecto y para evitar dilaciones, las asociaciones incluirán en su propuesta inicial, de forma diferenciada, una lista complementaria de candidatos.
c) Cada asociación determinará, de acuerdo con lo que dispongan sus Estatutos, el sistema de elección de los candidatos que le corresponda presentar".

para efeitos de eleição, só pode indicar 12 dos 20 Juízes, ficando o Senado e Congresso dos Deputados com liberdade de escolha dos 12 Juízes de entre os 36 candidatos que integram lista proposta pela Magistratura Judicial[277].

Apesar do seu estatuto constitucional de *órgão constitucional*, e de o artigo 104 da Ley Orgânica del Poder Judicial consagrar que "El gobierno del Poder Judicial corresponde al Consejo General del Poder Judicial, que ejerce sus competencias en todo el territorio nacional, de acuerdo con la Constitución y lo previsto en la presente ley", atribuindo assim o governo do Poder Judicial a esse Consejo, é dominante a doutrina que defende que o Consejo General del Poder Judicial é um órgão administrativo submetido ao controlo judicial como qualquer outro órgão administrativo[278].

d) Itália

O Consiglio Superiore della Magistratura surge na Itália em 1907, por força da Legge 511, de 14 de Julho, cujo artigo 4.º estabecia que "Il Governo del Re, sentito il parere del Consiglio superiore della magistratura, istituito con la presente legge, é autorizzato a pubblicare una tabella delle sedi di pretura ritenute come piu' disagiate per un numero non superiore a 150", Consiglio, órgão consultivo do Ministerio grazia e giustizia. A Legge 689 de 1907, regulou mais pormenorizadamente a estrutura orgânica e funcional desse Conselho.

Neste país, a Constituição de 1948, oferece ao Conselho Superior da Magistratura no seu artigo 107.º do Título IV sob a epígrafe "A Magistratura" uma nova configuração e natureza, embora trate o Poder Judicial como "função jurisdicional" e não como um poder, o que assinala um rasto histórico que podemos, por brevidade, aceitar que se inicia no século XIX com a adopção do modelo napoleónico criado em 1810

---

[277] Em sentido próximo e com uma explicação mais pormenorizada sobre esse controlo político, veja-se, Solís, *Jueces, Derecho y Política*, p.ª 137/138.

[278] Sobre a natureza Jurídica do Consejo General del Poder Judicial, para maior desenvolvimento veja-se Valentín Cortés Domínguez, "Naturaleza del Consejo General del Poder Judicial," in *El Gobierno de la Justicia. El Consej General del poder Judicial* (Valladolid: Universidad de Valladolid, 1996), 173 e segs.

com a lei de 20 de Abril desse ano em que a justiça era considerada um ramo do executivo por este governado e controlado, nomeadamente através da dependência hierárquica dos presidentes de certos Tribunais. Assim, cabia a esse Ministro o governo da Justiça, entendido como os Tribunais, e o exercício da administração da justiça. Por outro lado, esse modelo contribui para explicar o tratamento legal dado aos Tribunais nos anos 20 do século XX sob o fascismo italiano pelo Regio Decreto 31 dicembre 1923, n. 2786. "Testo unico delle disposizioni sull'ordinamento degli uffici giudiziari e del personale della magistratura em que se cria o Consiglio Giudiciario, também designado nesse mesmo diploma como Consiglio Superiore della Magistratura junto do Ministro da Justiça ou, como nela se diz, o Conselho Superior da Magistratura do Ministério da Justiça e dos Assuntos Religioso - Il Consiglio superiore della magistratura presso il Ministro della giustizia e degli affari di culto (...)" e, mais tarde, na própria Constituição republicana actual, onde o Judicial continua a ser tratada como "função" e colocada sob o controlo pelo poder político.

Com efeito, de acordo com o Regio Decreto logo no seu artigo 9.º determina que os funcionários da Magistratura serão nomeados pelo Rei, sob proposta do Ministro da Justiça, tratando assim os Juízes por funcionários e fazendo depender a sua nomeação do Ministro da Justiça e do Conselho de Ministro. Para além disso, e no que se refere à composição os artigos 150.º a 155.º consagram que esse Conselho é composto por cinco membros efectivos nomeados por Decreto Real, ouvido o Conselho de Ministro, de entre magistrados que exercem o cargo de Primeiro Presidente - ou o de Procurador-Geral do Tribunal de Recurso, ou equivalente, ou o de Conselheiro do Tribunal de Cassação, ou equivalente. O mais alto dos magistrados com as mais altas funções é nomeado Presidente do Alto Conselho. Tem ainda cinco membros suplentes com a categoria de Conselheiros do Tribunal de Cassação ou equiparado, para um mandato de três anos e só podem ser reconduzidos após dois anos contados a partir do termo do seu mandato. Para além desses membros são designados mais dois Magistrados com a categoria inferior, um deles à do Conselheiro do Tribunal de Apelação – Corte di Appelo – e o outro com a categoria não inferior à do Juiz, para exercerem funções administrativas junto do Ministro da Justiça, o primeiro como Secretário e o segundo como Vice-secretário.

As competência desse Conselho é muito limitada, como pode ver-se nos artigos 153.º e 154.º desse diploma[279]

---

[279] Transcrevemos aqui a parte desse diploma relativa ao Conselho Superior que por agora nos interessa.

Art. 9. I funzionari dell'ordine giudiziario sono nominati dal Re, sulla proposta del Ministro i per la giustizia, salvo 11 disposto degli articoli 105, 139 e 142 e le disposizioni speciali stabilite per il personale deale cancellerie e segreterie.

CAPO IX.
Art. 150.º
Presso ogni Corte di appello è constituito o Consiglio giudiziario composto del primo presidente e del procuratore generale del la Corte di appello, o di colore qui ne fano la veci de un presidente de sezione e di um consiglieri della Corte medissima designati anualmente dal primo presidente, e del presidente del Tribunale locale.

Qualora nella Corte di appello vi sia un solo presidente di sezione il quale debba far parte del Consiglio giudiziario in sostituzione del primo presidente, completerà il numero dei componenti del Consiglio il consigliere più anziano della Corte di appello.

Il Consiglio giudiziario è costituito presso la Corte di appello anche per i magistrati appartenenti alla circoscrizione della sezioni distaccate. Quando il Consiglio giudiziario debba occuparsi di tali magistrati, fa parte di esso il presidente della sezione distaccata in luogo di altro presidente di sezione della Corte.

Art. 151.
Il Consiglio superiore della magistratura presso il Ministro della giustizia e degli affari di culto è composto di cinque membri effettivi nominati con decreto Reale, sentito il Consiglio dei ministri, fra i magistrati aventi funtioni di primo presidente - o di procuratore generale di Corte di appello, o equiparate, ovvero quelle di consigliere di Corte di cassazione o equiparate. Il più anziano dei magistrati con funzioni più elevate è nominato presidente del Consiglio superiore.

Fanno altresi parte del Consiglio superiore della magistratura cinque membri supplenti, scelti fra i magistrati residenti in Roma, aventi grado di consigliero di cassazione o equiparato. Uno almeno dei membri ettettivi ed uno dei supplenti devono appartenere al pubblico ministero. I membri del Consiglio superiore della magistratura durano in carica tre anni, allo scadere dei quali cessano dall'uficio, contemporaneamente, ancho quelli che abbiano ottenuta la nomina, in sostituzione di altri, da meno di tre anni. Non possono essere rinominati, se non dopo un biennio dalla saadenza del loro ufficio. Il divieto non si applica agli attuali componenti del Consiglio superiore della magistratura.

Al Consiglio superiore sono addetti due magistrati che esercitano funzioni amministrative presso il Ministoro della giustizia; l'uno, di grado non inferiore a consigliero di Corte di appello o parificato, esercita le funzioni di segretario; l'altro, di grado non inferiore a giudice o parificato, adempie le funzioni di Vice segretario.

Sabemos que o fascismo italiano não concedia qualquer independência real aos Tribunais, logo aos Juízes, posto que, como nos explica Salvatore

---

La nomina è fatta per entrambi con decreto ministeriale al principio di ogni triennio; puo essere rinnovata ed è sempre revocabile.

Art. 152.

Il Consiglio superiore della magistratura delibera a sezione semplice e in adunanza plenario, salvo quanto è stabilito nel secondo comma dell'art. 116.

Per la validità delle deliberazioni a sezione semplice occorre l'intervento di cinque membri. In caso di impedimento, assenza o mancanza di membri effettivi parapo chiamatta sostituirli i membri supplenti, ad invito del presidente o del membro effettivo, più elevato in grado o più anziano, che ne fa le veci.

In adunanza plenaria il Consiglio superiore delibera con l'intervento di tutti i suoi componenti, membri effettivi e supplenti.

Per la validità delle deliberazioni è sufficiente l'intervento di otto membri; nelle votazioni, in caso di parità, prevale il voto del presidente.

Art. 153. Il Consiglio superiore della magistratura, a sezione semplice, procede alla classifleazione dei giudici e dei sostituti procuratori del Re agli effetti della promozione al grado superioro secondo le norme contenute nel presente decreto. Inoltre dà parere sui sagtienti argomenti:

1.º) Passaggio dei magistrati dalle funzioni giudicanti a quelle dlel pubblico ministero e viceversa;

2.º) Tramutamento di ufficio dei magistrati inamovibili a norma dell'art. 4 della legge 24 juglio 1908, n. 438;

3º) Altri provvedimenti per i quali il Ministro per la justicia richieda il parere.

Art. 154.

In adunanza plenaria il Consigli giudiziari presso le Corti di appello il Consiglio superiore della magistratura procede alla revisione degli scrutini, su ricorso degli interessati o su richiesta del Ministro per la giustizia. Quando l'adunanza plenária sia composta di otto membri, per la validitá della classificagione di merito distinto occorrono almeno sette voti; se il numero dei componenti sai maggiore occorono otto voti.

Inoltre dá parere sulle nomine di avvocati esercenti e di professori di Universitá a funzione giudiziari di grado non superiore a quello di consiglieri o sostituto procuratore generale di Corte di appello, e su tutti gli altri di argomenti sul quali il Ministro chieda l'avviso in adunanza plenária.

Para se ver o diploma completo REGIO DECRETO 30 dicembre 1923, n. 2786. Testo unico delle disposizioni sull'ordinamento degli uffici giudiziari e del personale della magistratura," de Dicembre 1923, https://www.gazzettaufficiale.it/eli/gu/1923/12/31/306/sg/pdf.

Senense, "repudiaba apertamente los valores y la ideologia liberale e che afirmava explícitamente que la actividad de justicia era parte de la actividade de Gobierno del Reino (...)"[280], posição ideológica esta que deu causa a um debate sobre a necessidade de assegurar efectivamente essa independência, debate esse que atravessou, na opinião desse mesmo autor, toda a história institucional do Reino de Itália[281].

Derrotado o fascismo, a Constituição republicana então aprovada vai reflectir a luta entre as diversas forças políticas para encontrar um modelo capaz de assegurar a independência dos Juízes e diminuir a influência do Poder Executivo na esfera do judicial. Entendiam que seria preciso criar instalar instrumentos capazes de assegurar efectivamente essa independência dos Tribunais através de um conjunto de normas vinculadoras do legislador ordinário. A solução encontrada foi muito próxima daquela que no século XIX os políticos franceses tinham construído, ou, seja, a criação de uma instituição capaz de conciliar a independência dos Juízes com a natureza profissional da Magistratura Judicial e com a necessidade de pôr termo ou, pelo menos, de afastar esses Magistrados da luta política.

Essa solução passou assim pela criação constitucional de um Consiglio Superiore della Magistratura, tal como tinha acontecido em França. Assim, a Constituição Republicana consagrou no seu artigo 104.º a criação do Conselho Superior da Magistratura presidido pelo Presidente da República, sendo Vice-Presidente designado de entre os membros eleitos pelo Parlamento. São ainda membros natos de pleno direito o Presidente do Tribunal de Cassação e o Procurador-Geral junto desse Tribunal.

Acontece que a Constituição não indica o concreto número de membros do Consiglio eleitos pelos Magistrados e os eleitos pelo Parlamento, mas por lei sabemos que são em número de 30, sendo dois terços eleitos por todos os Magistrados ordinários, no total de 20 conselheiros, e um terço, no total de 10 conselheiros, eleito pelo Parlamento em sessão conjunta

---

280 Salvatore Senese, "El Gobierno de la Justicia en Italia," in *El Gobierno de la Justicia. El Consejo General del Poder Judicial* (Valladolid: Universidad de Valladolid, 1996), p.ª 77.

281 Na opinião desse autor "Toda la historia institucional del Reino de Italia aparece marcada por um debate repetido em orden a la escasa efectividad de la independencia de la Magistratura. Desde otros angules se denunciaba, en el complejo de atribuciones del poder executivo em matéria de administración de la jurisdicción, uno de los vehículos más eficaces para los atentados a la independencia de la Justicia. Senese, 77.

com professores universitários titulares que ensinam disciplinas jurídicas e advogados com quinze anos de efectivo exercício da advocacia, que não podem estar inscritos na ordem profissional durante o mandato que é de quatro anos para todos os membros eleitos. Estes não podem ser reeleitos imediatamente a seguir ao término do respectivo mandato.

Como pode ver-se a Constituição assegura uma elevada representatividade da Magistratura, estabelecendo que dois terços desses membros terão de ser eleitos pela Magistratura de entre as diferentes categorias de Magistrados. Isto para além da presença de dois outros Magistrados que são o Presidente do Tribunal da Cassação e o Procurador-Geral junto desse Tribunal. Contudo, a Presidência e a Vice-Presidência é já atribuída a membros não Magistrados, o Presidente da República e um membro eleito pelo Parlamento.

Acontece que, só passados mais de dez anos, é que foi aprovada a lei reguladora do Consiglio, pelo que durante todo esse tempo esse órgão constitucional funcionou com base no Regio Decreto Legislativo, n.º 511 de 31 maggio1946, conhecido por Lege della Guarentigie della Magistratura, que apesar de no seu artigo 13º declarar que cabe ao Ministro da Graça e da Justiça a alta supervisão sobre todos os serviços de Justiça e Magistrados, tem uma composição maioritariamente formada por Magistrados, o que leva Luis Aguiar de Luque a defender que essa composição "propiciará um claro afianzamiento de las posiciones favorables al autogobierno de la Magistratura"[282].

Pese embora a existência de uma posição doutrinal e política do reconhecimento de um Poder Judicial equiparado ao dos outros órgãos de soberania, ou seja, o Legislativo e o Executivo, logo de um autogoverno da Magistratura[283], a Constituição de 1947 não terá ido tão longe, limitando-se a consagrar no seu artigo 104.º que "A magistratura é uma Ordem autónoma e independente em relação a qualquer outro poder" e a assegurar uma forte presença dos Magistrados na composição do Consiglio Superiore della Magistratura "sentando así las bases para una

---

[282] Luis Aguiar de Luque, "El Gobierno Judicial en el Derecho Comparado: Entre la Dirección Política y la Gestión Administrativa," in *El Gobierno del Poder Judicial. Una Perspectiva Comparada* (Madrid: Centro de Estudios Políticos y Constitucionales, 2012), p.ª 9.

[283] Na Itália o conceito de Magistratura engloba quer a Judicial quer a do Ministério Público.

ulterior evolución que hiciese del Consejo de la Magistratura um órgano de auténtico autogobierno judicial"[284].

Com efeito, a luta política da Associação Nacional dos Magistrados e da democracia cristã[285], em 1958, contra o Ministro da Justiça, aquando da elaboração da Lei 195 de 24 de Março[286] desse mesmo ano, reguladora do Consiglio Superiore della Magistratura, que pretendia enfraquecer a ideia de que esse órgão se deveria assumir como um órgão de autogoverno, levou a que, a partir dos anos 60 do século XX, esse Consiglio se afirmasse como órgão de autogoverno da Magistratura e, diz-nos Luis Aguiar de Luque, a que a Magistratura se impusesse como órgão constitucional "específica y autónoma en el sistema de división del poder"[287] .

Acontece que, após várias alterações da Legge 195 de 1958, em Abril de 2011 foi proposta uma reforma do Consiglio, através de um projecto

---

[284] Luque, "El Gobierno Judicial en el Derecho Comparado: Entre la Dirección Política y la Gestión Administrativa," p.ª 8.

[285] Importa assinalar aqui o papel do Tribunal Constitucional nessa luta que com as suas decisões contribuiu para consolidar a tese do autogoverno da Magistratura. Nesse sentido diz-nos Mauro Volpi que "La Corte Costituzionale non si e pronunciata sulla natura del CSM, ma non mancano le sentenze che sottolineano la finalità di rilievo costituzionale ad esso attribuita, come ad es. la s. n. 148 del 1983, che próprio in base a tale assunto ha ritenuto non contrastante com la Costituzione la previsione dell' insindacabilità dei suoi componenti «per le opinioni expresse nell'eserczio delle loro funzioni e concernenti l'oggetto della discussione", introdotta nella legge istitutiva del Consiglio dalla legge n. 1 del 1981", indicando ainda as sentenças dessa Corte n.º 168 de 1963 e 379 de 1992. A primeira que declarou inconstitucional o artigo 11 da Lei 195 de 1958 que estabelecia que o Consiglio poderia deliberar sobre matérias indicadas no artigo 105 da Constituição sob a prévio pedido do Ministro da Justiça; a segunda decidiu que havendo conflito insanável entre o Ministro da Justiça e o Consiglio, nos casos em que por proposta conjunta de ambos devem ser indicados nomes para a secção executiva e havendo recusa do Ministro em aceitar os nomes proposos pela da Comissão desse Conselho, prevalece a opinião do Consiglio Superiore. Mauro Volpi, "Informe Nacional. Itália. Consiglio Superiore della Magistratura e Sistema Político in Italia," in *El Gobierno del Poder Judicial. Una Perspectiva Comparada* (Madrid: Centro de Estudios Políticos y Constitucionales, 2012), p.ª 370.

[286] Ver a lei em "Legge 24 marzo 1958, n. 195. Norme sulla costituzione e sul funzionamento del Consiglio superiore della Magistratura." (1958), https://www.normattiva.it/uri-res/N2Ls?urn:nir:stato:legge:1958-03-24;195.

[287] Luis Aguiar de Luque, "El Gobierno Judicial en el Derecho Comparado: Entre la Dirección Política y la Gestión Administrativa," in *El Gobierno del Poder Judicial. Una Perspectiva Comparada* (Madrid: Centro de Estudios Políticos y Constitucionales, 2012), p.ª 10.

de revisão da Constituição – projecto lei constitucional n.º 4275, de 7 e Abril de 2011 – com vista a separar as Magistraturas em dois Conselhos distintos, atribuindo-se a ambos funções meramente administrativas com expressa proibição de exercerem funções distintas das previstas na Constituição, projecto que não foi aprovado[288] .

Pela Legge n.º 71, de 20 de Junho de 2022, que aqui não analisaremos, foram conferidos ao Governo poderes para:

a) alterar a revisão do sistema judicial, com referência específica à necessidade de remodelação, de acordo com princípios de transparência e de valorização do mérito, os critérios para atribuição de cargos de direcção e semi-direcção, para revisão do número de nomeações semi-direccionais e para redefinir, com base em os mesmos princípios, os critérios de acesso aos postos de Conselheiro de Cassação e Procurador-Geral adjunto no Tribunal de Cassação, bem como a reforma do procedimento de aprovação das tabelas de organização dos gabinetes judiciais;
b) a racionalização do funcionamento do Conselho Judicial, tendo em conta a necessidade de assegurar o simplificação, transparência e rigor na avaliação de profissionalismo;
c) alterar as condições de acesso ao poder judicial de licenciados em Direito;
d) reorganizar a disciplina da colocação de magistrados ordinários, administrativos e de contabilidade[289].

---

[288] Pode ver-se a tramitação desse projecto em https://leg16.camera.it/126?tab=7&leg=16&idDocumento=4275&sede=&tipo=

[289] Estes foram os objectivos que essa lei consagrou logo no seu artigo 1.º que passamos a transcrever:

"Art.º 1

Oggetto e procedimento

1. Il Governo é delegato ad adottare, entro un anno dalla data di entrata in vigore della presente legge, uno o piu decreti legislativi recanti disposizioni finalizzate alla trasparenza e all'efficienza dell'ordinamento giudiziario, nel rispetto dei principi e criteri direttivi previsti dal presente capo, in relazione:

a) alla revisione dell'assetto ordinamentale della magistratura, con specifico riferimento alla necessita' di rimodulare, secondo principi di trasparenza e di valorizzazione del merito, i criteri di assegnazione degli incarichi direttivi e semidirettivi, di rivedere il numero degli

Do que acabamos de expor resulta que, mesmo na Itália onde a ideia de autogoverno foi mais longe, a presença de membros externo à Magistratura nesse órgão de autogoverno teve sempre como fundamento evitar o corporativismo judicial na governação dessa classe profissional e, para além disso, e dizemo-lo com Senese "La elección de esta cuota de "laicos" por parte del Parlamento al tiempo que confirma el carácter de órgano no separado de uma visión gobal del interés general, assegura además la presencia de sensibilidades y opiniones diversas de las contingente mayorías de gobierno; la presidência que ostenta el Presidente de la República, (que em algunos momentos se há manifestado a través de uma presencia contínua y que en cuaquier caso nunca há sido entendida em sentido puramente formal), fortalece al órgano em sus relaciones com cualquer outro poder, además de exaltar el carácter de institución

---

incarichi semidirettivi e di ridefinire, sulla base dei medesimi principi, i criteri di accesso alle funzioni di consigliere di cassazione e di sostituto procuratore generale presso

la Corte di cassazione, nonche' alla riforma del procedimento di approvazione delle tabelle organizzative degli uffici giudicanti;

b) alla razionalizzazione del funzionamento del consiglio giudiziario, con riferimento alla necessita', di assicurare la semplificazione, la trasparenza e il rigore nelle valutazioni di professionalita';

c) alla modifica dei presupposti per l'accesso in magistratura dei laureati in giurisprudenza;

d) al riordino della disciplina del collocamento fuori ruolo dei magistrati ordinari, amministrativi e contabili.

2. Gli schemi dei decreti legislativi di cui al comma 1 sono adottati su proposta del Ministro della giustizia, di concerto con il Ministro dell'economia e delle finanze e con il Ministro dell'universita' e della ricerca. I medesimi schemi sono trasmessi alle Camere affinche' su di essi sia espresso il parere delle Commissioni parlamentari competenti per materia e per i profili finanziari entro il termine di trenta giorni dalla data della trasmissione. Decorso il predetto termine, i decreti legislativi possono essere adottati anche in mancanza dei pareri. Qualora detto termine venga a scadere nei trenta giorni antecedenti alla scadenza del termine previsto per l'esercizio della delega o successivamente, quest'ultimo e' prorogato di novanta giorni.

3. Il Governo, con la procedura indicata al comma 2, entro due anni dalla scadenza del termine per l'esercizio della delega di cui al comma 1 e nel rispetto dei principi e criteri direttivi fissati dal presente capo, puo' adottare disposizioni integrative e correttive dei decreti legislativi adottati.

4. Il Governo, entro tre anni dalla scadenza del termine per l'esercizio della delega di cui al comma 1 del presente articolo, provvede alla raccolta delle disposizioni vigenti in materia di ordinamento giudiziario ai sensi dell' articolo 17-bis, commi 1 e 2 della legge 23 agosto1988, n. 400".

de garantía (dado el papel asignado en la Constitución italiana al Jefe del Estado), subraya y refuerza la no separación de la sociedad civil y política manteniendo íntegra la independencia"[290]. Devemos esclarecer que para além dessa presença de "laicos" as relações entre o Consiglio Superiore della Magistratura e o Parlamento são interpostas pelo Ministro da Justiça. Na verdade, nos termos do disposto no Regulamento Interno do Consiglio, este deve elaborar um relatório anual sobre a administração da justiça que é apresenta ao Ministro para ser por este submetido à apreciação do Parlamento, juntamente com o relatório do próprio Ministro sobre o estado da Justiça[291].

Resulta ainda que a questão do Governo dos Juízes também aqui convoca lutas políticas em que os Magistrados participam activamente em defesa do seu estatuto e da sua independência aliados a forças políticas com relevância parlamentar e em que o poder político ao mesmo tempo que procura marcar presença no órgão do Governo, também quer assegurar à Magistratura não só a independência externa em relação aos demais poderes, como também a independência individual dos Juízes,

---

[290] Senese, "El Gobierno de la Justicia en Italia," p.ª 78.

[291] Eis o texto do artigo 28.º do Regolamento Interno del Consiglio Sueperiore della Magistratura de 1969, alterado pelo Decreto 27 settembre 2012:

Art. 28 Relazione sullo stato dell'amministrazione della giustizia

1. Il Consiglio redige una relazione sullo stato dell'amministrazione della giustizia, in conformita' all'ordine del giorno approvato dal Senato della Repubblica il 29 gennaio 1969.

2. I temi della relazione e gli eventuali gruppi di lavoro per la loro elaborazione sono deliberati dal Consiglio su proposta della Sesta Commissione. I gruppi di lavoro sottopongono le loro proposte alla Commissione stessa, che ne presenta il testo al Comitato di Presidenza, il quale fissa la data della discussione in Consiglio, previa distribuzione del testo a tutti i componenti ed al Ministro della Giustizia. Gli emendamenti devono essere presentati per iscritto almeno tre giorni prima della discussione. Si applicano le norme dell'ultimo comma dell'art. 26.

3. I gruppi di lavoro sono composti da non meno di tre e non piu' di cinque componenti del Consiglio, uno dei quali e' nominato coordinatore, coadiuvati da magistrati addetti all'Ufficio studi del Consiglio e da altri magistrati incaricati.

4. La relazione é trasmessa al Ministro della Giustizia e pubblicata nel Notiziario del Consiglio Superiore della Magistratura o in apposito supplemento, da distribuirsi ai magistrati e a chiunque vi abbia interesse.

Este regulamento pode ser visto em https://www.gazzettaufficiale.it/eli/id/2012/10/26/12A11412/sg

procurando por esta via orgânica conter dentro dos limites minimamente aceitáveis a luta política dos Juízes.

Com efeito, as relações de tensão entre o Consiglio e o poder político ou, se se quiser, entre a política e a justiça na Itália é altamente influenciada pela permanente acção e intervenção política de várias associações de Magistrados que, diz-nos Volpi, "esprimono diversi orientamenti ideali e di politica della giustizia, le quali giocano um ruolo fondamentale sia sull'elezione della componente togata sai sul funzionamento dei CSM"[292] e[293].

---

[292] Volpi, "Informe Nacional. Italia," p.ª 372/373.

[293] O texto da resolução do Senado tomada na sua 69.ª Sessão publica na V Legislatura de 29 de Janeiro de 1969, após apresentação de Relatório pelo Ministro da Justiça é o seguinte:

Il Senato,

considerato che è opportuno l'apprestamento di un piano generale e globale il quale preveda di riparare contemporaneamente, sia pure con la gradualità imposta dai tempi tecnici, alle deficienze di personale e di attrezzature mobili e immobili, riscontrate nei vari rami dell'amministrazione della giustizia e degli Istituti di prevenzione e pena;

che è urgente predisporre un piano per una migliore distribuzione degli uffici giudiziari ed, eventualmente, dei giudici in relazione alle diverse funzioni dell' organizzazione giudiziaria e definire piante organiche autonome per il Tribunale per i minorenni;

che il disegno di legge sul nuovo ordinamento giudiziario va elaborato con tutta sollecitudine e che in esso va soddisfatta la esigenza di snellimento delle magistrature collegiali; che le riforme ai codici ed alle leggi fondamentali vanno affrontate e definite nel senso indicato dalla Costituzione e dalle nuove esigenze sociali della comunità nazionale, mentre vanno rivedute ed eliminate con priorità le norme vigenti contrarie al dettato costituzionale;

che le procedure giudiziarie vanno sveltite, pur osservandosi la garanzia di difesa delle parti, mentre sono da evitarsi gli eccessi di fiscalismo e da semplificarsi al massimo gli adempimenti fiscali; che una priorità assoluta sulle altre riforme deve essere data ai disegni di legge relativi alle controversie del lavoro, ai diritti di difesa dell'imputato, all'efficiente difesa statale dei non abbienti e alla istituzione dei tribunali regionali amministrativi;

che è sommamente opportuno che il Ministro di grazia e giustizia presenti ogni anno una relazione sullo stato della Giustizia cui sia unita – come allegato – manaloga relazione del Consiglio superiore della magistratura; ritiene che le indicazioni fornite dal Ministro di grazia e giustizia rispondano alle esigenze sopra elencate e lo invita a promuovere tutte le nuove iniziative necessarie per soddisfarle". Bold por nós colcado para assinalar a parte que aqui nos interessa.

Este texto pode ser consultado em https://www.senato.it/service/PDF/PDFServer/BGT/395452.pdf

Podemos terminar dizendo com Senense que "Toda la historia institucional del Reino de Italia aparece marcada por um debate repetido em orden a la escasa efectividad de la independencia de la Magistratura. Desde otros angules se denunciaba, en el complejo de atribuciones del poder executivo em matéria de administración de la jurisdicción, uno de los vehículos más eficaces para los atentados a la independencia de la Justicia"[294], acrescentando que nesse debate entram as posições político-ideológicas da Magistratura e a sua participação na luta política que tal debate em bom rigor consubstancia.

e) Alemanha

Este país, em matéria de Governo dos Juízes, tem uma posição singular que se aproxima do velho e discutido controlo dos Tribunais pelo Executivo, quer da Federação, quer dos Estados federais. Na verdade, na Alemanha não existe um órgão constitucional ou com relevância constitucional de coordenação ou de Governo dos Tribunais, cabendo ao Ministro da Justiça dos Estados Federados e da Federação a gestão administrativa dos Tribunais e a gestão disciplinar dos Juízes. Numa palavra, em matéria de administração da Justiça as competências dividem-se entre a Federação e os Estados federados, sendo certo que o modelo de gestão adoptado por estes não é uniforme[295].

Na verdade, o Título IX da Constituição da República Federal Alemã (*Grundgesetz*), intitulado *Die Rechtsprechung* (A Jurisdição), abre com o artigo 92.º que trata da organização dos Tribunais e dos órgãos do poder judicial (*Organe der Rechtsprechenden Gewalt*) e consagra a estrutura federal e estadual dos Tribunais, estabelecendo que esse poder é exercido pelo Tribunal Constitucional Federal e pelos Tribunais Federais, organizados em cinco ordens jurisdicionais, a ordinária, a administrativa, a fiscal, a

---

294 Senese, "El Gobierno de la Justicia en Italia," p.ª 77.

295 De acordo com Walter Perron existem dois distintos modelos bem recortados, o de Baden-Wutemburg e o da Renania do Norte-Westfalia; os demais Estados adpotam modelos que se situam entre esses dois, sendo com maior ou menor participação simultânea do Parlamento e da Magistratura na administração da Justiça, mas em todos há uma forte predominância do Executivo. Para maior desenvolvimentom, veja-se Walter Perron, "El Gobierno de la Justicia en Alemania," in *El Gobierno de la Justicia. El Consejo Genenral del Poder Judicial* (Universidad de Valladolid, 1996), p.ª 56.

laboral e social. Mas, esse mesmo artigo 92.º estabelece que "o Poder Judiciário, confiado aos Juízes, é exercido pelo Tribunal Constitucional Federal, pelos tribunais federais previstos nesta Lei Fundamental e pelos Tribunais dos Estados"[296]. Estes Tribunais repartem entre si as competências para julgar os feitos submetidos a julgamento, tudo dependendo do nível federal ou do estadual – Federação ou do Estado Federado – em que a questão tem de ser resolvida.

Não vamos falar aqui da organização judiciária alemã, mas somente assinalar que esta está regulada em primeira mão pela Lei Constitucional – artigos 93.º e segs. – que indica a composição e competência do Tribunal Constitucional e do Supremo Tribunal da Federação e confere à Federação poderes para criar outros Tribunais Federais, mas é silente no que se refere a um órgão de administração ou de governo dos Tribunais.

E é silente por, na verdade, administração ou de governo dos Tribunais caber ao Ministro da Justiça da Federação ou dos Estados Federados, pois são eles que, a nível federal ou estadual, têm competência para nomear e promover os Juízes, para propor a inspecção dos serviços e exercer o poder disciplinar. Por outro lado, em matéria administrativa, os Presidentes dos Tribunais estão subordinados aos Ministros da Federação ou dos Estados conforme o caso, mas já não no exercício de funções jurisdicionais, onde gozam de plena independência. Contudo, em certas matérias, como as de natureza disciplinar, têm competência concorrentes, pois como informa-nos Perron "los Ministros de Justicia y los Presidentes de los Tribunales son competentes para realizar advertências y reprensiones en virtud de la normativa de inspección de servicio, asi como para incoar expedientes de responsabilidad disciplinaria"[297].

Podemos dizer que na Alemanha o sistema judicial é heterogéneo e os Tribunais estão subordinados ao poder político, concretamente aos Ministros da Justiça da Federação e dos Estados, que têm competência para decidir sobre a colocação e a promoção dos Juízes. Note-se que os Juízes dos Tribunais Superiores são designados por eleição, cabendo ao Parlamento (*Bundestag*) e ao Senado (*Bundesrat*) eleger os Juízes do

---

[296] "Artikel 92 [Organe der rechtsprechtnden Gewaltl]

"Die rechtsprechende Gewalt ist den Richtern anvertraut; sie wird durch das Bundesverfassungsgericht, durch die in diesem Grundgesetze vorgesehen Bundesgerichte und durch die Gerichte der Länder ausgeübt".

[297] Perron, "El Gobierno de la Justicia en Francia," p.ª 52.

Tribunal Constitucional e, no que se refere aos Supremos Tribunais federais, cabe a um comité de selecção formado, nos termos do n.º 2 do artigo 95.º da Constituição, pelos Ministros estaduais de Justiça e por um igual número de membros eleitos pelo *Bundestag*. Daí que a doutrina entenda que é forte a influência política nos Tribunais e que permanecem abertas demasiadas portas para a ingerência dos partidos políticos no Poder Judicial, diz-nos Walter Perron[298]. Tal não significa que os Juízes alemães não gozem de independência, o que, aliás, lhes é expressamente assegurada pelo artigo 97.º da Constituição.

Resumindo, na Alemanha não existe um órgão específico, com ou sem relevância constitucional, de governo ou de administração dos Poder Judicial. A administração desse Poder cabe ao Executivo da Federação, através do Ministro da Justiça e a designado dos Juízes, em certos casos, compete conjuntamente ao Executivo da Federação e ao Parlamento, nos Estados Federados cabe ao Ministro da Justiça de cada Estado essa tarefa. No que diz respeito à colocação dos Juízes cabe a esse Ministro e a um Comité de Selecção formado por Juízes, mas na maioria dos Estados, com excepção do Baden-Württemberg, a nomeação é feita exclusivamente pelo Ministro. No Estado de Baden-Württemberg, o Ministro só tem direito de propor a nomeação e a promoção dos Juízes ao Conselho Presidencial, constituído por Juízes do Estado eleitos pela totalidade dos seus pares nesse Estado; não havendo acordo entre o Ministro e esse Conselho a questão é submetida ao Comité de Selecção composto, nos termos do § 46 da *Landesrichtergesetz* (LRiG/BW) por quinze membros, a saber: seis juízes como membros permanentes, dois juízes do ramo do Tribunal para o qual a eleição é realizada como membros não permanentes, seis membros do Parlamento e um representante da Ordem dos Advogados[299].

---

[298] Perron, p.ª 59.

[299] Nos termos do § 46 Zusammensetzung des Richterwahlausschusses

(1) Der Richterwahlausschuss besteht aus fünfzehn Mitgliedern, und zwar

1. sechs Richtern als ständige Mitglieder,
2. zwei Richtern des Gerichtszweiges, für den die Wahl stattfindet, als nichtständige Mitglieder,
3. sechs Abgeordneten des Landtags und
4. einem Vertreter der Rechtsanwaltschaft.

(2) Der zuständige Minister oder sein ständiger Vertreter führt den Vorsitz; er hat kein Stimmrecht.

f) Brasil

No que se refere ao Brasil, resumidamente diremos que o Conselho Nacional de Justiça é entidade pública que assegura, entre outras coisas, o controle e a transparência administrativa e processual do sistema judiciário brasileiro, bem como a garantia do cumprimento dos deveres funcionais dos juízes. Como explica Flávio Pansieri[300], o Conselho é órgão interno de controle administrativo, financeiro e disciplinar da Magistratura.

Acontece que o Conselho Nacional da Magistratura[301] nasce por força da Emenda Constitucional 7/1977, de 13 de Abril, que o consagra no ponto II do artigo 112 da Constituição de 1967, tendo o artigo 120 desse mesmo diploma constitucional determinado a sua sede (na Capital da União), a sua jurisdição sobre todo o território nacional e a sua composição – sete Ministros do Supremo Tribunal Federal, e por este escolhidos. Para além disso, no § 1º desse mesmo artigo definiu como sua atribuição conhecer de reclamações contra membros de Tribunais, sem prejuízo da competência disciplinar destes, podendo avocar processos disciplinares contra juízes de primeira instância e, em qualquer caso, determinar a disponibilidade ou a aposentadoria de uns e outros, com vencimentos proporcionais ao tempo de serviço, observado o disposto na Lei Orgânica

---

[300] Flávio Pansieri, "Conselho Nacional de Justiça," in *Enciclopédia Jurídica da PUCSP. Direito Administrativo e Constitucional*, vol. 2 (São Paulo: Pontifícia Universidade Católica de São Paulo,), 2 a 20, accessed July 28, 2022, https://enciclopediajuridica.pucsp.br.

[301] De acordo com esse artigo 112.º

O Poder Judiciário é exercido pelos seguintes órgãos:

I – Supremo Tribunal Federal;

II – Conselho Nacional da Magistratura;

III – Tribunal Federal de Recursos e juízes federais;

IV – Tribunais e juízes militares;

V – Tribunais e juízes eleitorais;

VI – Tribunais e juízes do trabalho;

VII – Tribunais e juízes estaduais.

Esta Emenda Constitucional pode ser consultada em "Emenda Constitucional n.º 7/1977" (1977), http://www.planalto.gov.br/ccivil03/constituicao/emendas/emcanterior1988/emc07-77.htm.

da Magistratura Nacional. E no § 2º ficou estabelecido que o Procurador--Geral da República funciona junto ao Conselho[302].

A Lei Complementar 35/1979, denominada Lei Orgânica da Magistratura (LOMAN), nos seus artigos 50.º a 60.º densifica a regulamentação do Conselho Nacional da Magistratura, nomeadamente em matéria disciplinar e de aposentação dos Magistrados, consagrando, ainda, no seu artigo 51.º (norma que visa evitar conflito de competências entre o Conselho e os Tribunais) que "[R]essalvado o poder de avocação, a que se refere o artigo anterior, o exercício das atribuições específicas do Conselho Nacional da Magistratura não prejudica a competência disciplinar dos Tribunais, estabelecida em lei, nem interfere nela"[303].

A criação do Conselho Superior da Magistratura deu origem a um aceso debate doutrinal e político sobre a sua constitucionalidade, por se pensar que poderia pôr em causa a independência do Poder Judicial (Judiciário), mas entendeu-se que tal não poderia acontecer por ser um órgão composto exclusivamente por Juízes do Supremo Tribunal Federal (Ministros do STF). Contudo, essa reacção contra a criação do Conselho não desapareceu e na Assembleia Nacional Constituinte de 1988 a tese da inconstitucionalidade por ameaça da independência da Magistratura voltou a ser retomada quando foi apresentado por Afonso Arinos, com apoio da Ordem dos Advogados do Brasil, o projecto de criação na nova Constituição de um Conselho com poderes de controle externo do Poder

---

[302] Reza o artigo 120.º da acima referida Emenda

Seção III

Do Conselho Nacional da Magistratura

Artigo 120. O Conselho Nacional da Magistratura, com sede na Capital da União e jurisdição em todo o território nacional, compõe-se de sete Ministros do Supremo Tribunal Federal, e por este escolhidos.

§ 1º Ao Conselho cabe conhecer de reclamações contra membros de Tribunais, sem prejuízo da competência disciplinar destes, podendo avocar processos disciplinares contra juízes de primeira instância e em qualquer caso, determinar a disponibilidade ou a aposentadoria de uns e outros, com vencimentos proporcionais ao tempo de serviço, observado o disposto na Lei Orgânica da Magistratura Nacional.

§ 2º Junto ao Conselho funcionará o Procurador-Geral da República.

Veja "Emenda Constitucional n.º 7/1977" (1977), http://www.planalto.gov.br/ccivil03/constituicao/emendas/emcanterior1988/emc07-77.htm.

[303] "Lei Complementar n.º 35/1979 Lei Orgânica da Magistratura - LOMAN" (1979), https://www.trt24.jus.br/arq/download/biblioteca/alertas/LOMANANOTADA.pdf.

Judicial. Desta vez, os Magistrados desencadearam luta contra tal criação, alegando, como fundamento para a rejeição da sua criação, nomeadamente, a violação da independência do Poder Judicial e do princípio da separação dos poderes, por ter sido proposto uma composição em que figurariam membros escolhidos pelo Parlamento.

Sabemos que devido à recusa pela Magistratura da criação do Conselho Superior, a Constituição de 1988 não contemplou este órgão do Poder Judiciário, regulado no seu Capítulo III pelos artigos 92.º a 126.º, limitando-se a indicar, no artigo 92.º, como órgão desse Poder várias categorias de Tribunais e de jurisdições e a estabelecer no § 2 que o Supremo Tribunal Federal e os Tribunais Superiores têm jurisdição sobre todo o território nacional e a reconhecer autonomia administrativa e financeira dos Tribunais. Com fundamento nessa autonomia, os Tribunais passaram a ter poderes para nos termos do §1 do artigo 99.º, elaborar as suas propostas de orçamento "dentro dos limites estipulados conjuntamente com os demais Poderes na lei de diretrizes orçamentárias"[304]. Deste modo, em 1992, momento em que se reinicia a discussão sobre a reforma a Reforma do Poder Judicial (Judiciário), é retomada a discussão sobre a criação ou não do Conselho Nacional de Justiça, discussão que, com várias vicissitudes, decorreu até 2004, data da aprovação da Emenda n.º 45 de 30 de Dezembro desse ano[305]. É certo que a questão da inconstitucionalidade da consagração constitucional do Conselho Nacional de Justiça foi de novo levantada como argumento para obstar à sua criação constitucional, mas após a aprovação da aqui referida Emenda 45, o Supremo Tribunal Federal teve a oportunidade de julgar essa questão na Ação Direta de Inconstitucionalidade (ADI) n.º 3.3767, rejeitando a tese da inconstitucionalidade dessa Emenda e das suas normas que instituíam e regulavam o Conselho.

---

[304] Pela sua importância em sede de independência do Poder Judicial e de autogoverno ou de autoadministração dos Tribunais, não podemos deixar de assinalar essa faculdade atribuída aos Tribunais de elaborar as suas propostas de orçamento nos mesmos termos em que o fazem dos demais poderes soberanos.

[305] Pode ser consultado em "Emenda Constitucional n.º Nº 45, de 30 de Dezembro de 2004" (2004), http://www.planalto.gov.br/ccivil03/constituicao/emendas/emc/emc45.htm.

O Conselho Nacional de Justiça, a partir dessa Emenda, passou a figurar na Constituição brasileira como um órgão constitucional[306] de composição híbrida e, de acordo com a doutrina brasileira e com a Jurisprudência do STF[307], de natureza administrativa, de controle administrativo, financeiro e disciplinar da Magistratura. A competência do Conselho é relativa aos órgãos e Juízes situados, hierarquicamente, abaixo do Supremo Tribunal Federal, não tendo, portanto, nenhuma competência relativa a esse Supremo, como se afirma na acima referida (ADI) n.º 3.3767.

Pensamos não ser despiciendo assinalar que o Conselho Nacional de Justiça, no quadro das suas competência constitucionalmente consagradas pelo artigo 193-B, tem poder regulamentar reconhecido pelo Supremo Tribunal Federal em decisão proferida na ADC 12-MC/DF, podendo, ainda, nos termos n.º V do §4 do artigo 103-B da Constituição, "rever, de ofício ou mediante provocação, os processos disciplinares de Juízes e membros de tribunais julgados há menos de um ano" o que tem suscitado algum debate doutrinal, por se entender que este órgão de natureza administrativa pode, no prazo de um ano a partir da sua prolação, reexaminar decisões judiciais relativas a processos disciplinares[308].

---

[306] Nos termos do artigo 92.º da Constituição brasileira de 1988, o Poder Judiciário é composto por:

I – o Supremo Tribunal Federal;

I-A – o Conselho Nacional de Justiça; (Inciso acrescido pela EC nº 45, de 2004)

II – o Superior Tribunal de Justiça;

II-A – o Tribunal Superior do Trabalho; (Inciso acrescido pela EC nº 92, de 2016)

III – os Tribunais Regionais Federais e Juízes Federais;

IV – os Tribunais e Juízes do Trabalho;

V – os Tribunais e Juízes Eleitorais;

VI – os Tribunais e Juízes Militares;

VII – os Tribunais e Juízes dos Estados e do Distrito Federal e Territórios.

Como pode ver-se o Conselho Superior está posicionado logo a seguir ao Supremo Tribunal Federal.

[307] Ver Ação Direta de Inconstitucionalidade (ADI) n.º 3.3767, in "Ação Direta de Inconstitucionalidade – ADI 3.367 DF," 2006, https://stf.jusbrasil.com.br/jurisprudencia/14738814/acao-direta-de-inconstitucionalidade-adi-3367-df.

[308] Como escreve Flávio Pansieri "[E]ste item é extremamente instigante, pois como já tratado acima permite a compreensão de que a atividade correicional, também, e não somente, pode ser realizada nos casos em que os tribunais já tenham decido sobre o tema, mas o ponto central é o prazo de um ano estabelecido pelo constituinte derivado para a revisão destes processos". Pansieri, "Conselho Nacional de Justiça," p.ª 11.

No que se refere à composição, nos termos do disposto no artigo 103-B, introduzido por força da citada Emenda 45/2004, o Conselho é composto por 15 membros, sendo 9 oriundos da magistratura e 6 externos, o que atribui a maioria aos Magistrados[309]. Ora, sendo a maioria dos membros

---

[309] Estabelece o artigo 103-B da Constituição introduzido pela Emenda 45/2004 com redação dada pela EC nº 61, de 2009, que:

O Conselho Nacional de Justiça compõe-se de 15 (quinze) membros com mandato de 2 (dois) anos, admitida 1 (uma) recondução, sendo:

I – o Presidente do Supremo Tribunal Federal;

II – um Ministro do Superior Tribunal de Justiça, indicado pelo respectivo tribunal;

III – um Ministro do Tribunal Superior do Trabalho, indicado pelo respectivo tribunal;

IV – um desembargador de Tribunal de Justiça, indicado pelo Supremo Tribunal Federal

V – um juiz estadual, indicado pelo Supremo Tribunal Federal;

VI – um juiz de Tribunal Regional Federal, indicado pelo Superior Tribunal de Justiça;

VII – um juiz federal, indicado pelo Superior Tribunal de Justiça;

VIII – um juiz de Tribunal Regional do Trabalho, indicado pelo Tribunal Superior do Trabalho;

IX – um juiz do trabalho, indicado pelo Tribunal Superior do Trabalho;

X – um membro do Ministério Público da União, indicado pelo Procurador-Geral da República;

XI – um membro do Ministério Público estadual, escolhido pelo Procurador-Geral da República dentre os nomes indicados pelo órgão competente de cada instituição estadual;

XII – dois advogados, indicados pelo Conselho Federal da Ordem dos Advogados do Brasil;

XIII – dois cidadãos, de notável saber jurídico e reputação ilibada, indicados um pela Câmara dos Deputados e outro pelo Senado Federal.

A Emenda 45/2004, trouxe uma outra novidade no âmbito, já não do Poder Judicial, mas sim do judiciário, criando o Conselho Nacional do Ministérios Público, separado do Conselho Nacional da Magistratura, pese embora este último integre membros do Ministério Público e aquele Conselho membros da Magistratura Judicial e em ambos tenha assento Advogados e cidadãos designados pelo Câmara dos Deputados e outro pelo Senado Federal. Eis a composição do Conselho Superior do Ministério Público, consagrada pelo artigo 130-A da Constituição, por força daquela Emenda:

Art. 130-A. O Conselho Nacional do Ministério Público compõe-se de quatorze membros nomeados pelo Presidente da República, depois de aprovada a escolha pela maioria absoluta do Senado Federal, para um mandato de dois anos, admitida uma recondução, sendo:

I – o Procurador-Geral da República, que o preside;

II – quatro membros do Ministério Público da União, assegurada a representação de cada uma de suas carreiras;

III – três membros do Ministério Público dos Estados;

IV – dois juízes, indicados um pelo Supremo Tribunal Federal e outro pelo Superior Tribunal de Justiça;

oriundos da Magistratura Judicial, fica claro que o legislador constituinte, sob forte pressão política dessa Magistratura, diga-se, instituiu um órgão de autoadministração com poderes regulamentares, que exerce sob a forma de Resoluções. Estas, de acordo com a ADC 12-MC, possuem caráter normativo primário, "dado que derivam diretamente do § 4º do art. 103-B da Constituição e tem como finalidade debulhar os próprios conteúdos lógicos dos princípios constitucionais de centrada regência de toda a atividade administrativa do Estado, especialmente o da impessoalidade, o da eficiência, o da igualdade e o da moralidade"[310], o que lhe oferece um robusto instrumento para o exercício das suas competências.

Mas, se tivermos em conta que o Conselho confere unidade ao Poder Judicial, na medida em que tem competência para actuar em todo o território nacional, não podendo os Estados criar órgãos de controle local do sistema judicial e que é presidido pelo Presidente do Supremo Tribunal (§ 1 do artigo 103-B de Constituição) nele tendo assento Ministros dos Tribunais Superiores de Justiça e do Tribunal Superior do Trabalho; se tivermos ainda em conta os poderes desses Tribunais, enquanto órgãos de soberania, bem como a existência e os poderes do Conselho Justiça Federal que funciona junto do Superior Tribunal de Justiça (artigo 105 § único, inciso II), podemos concluir que o legislador constituinte, sob

---

V – dois advogados, indicados pelo Conselho Federal da Ordem dos Advogados do Brasil;

VI – dois cidadãos de notável saber jurídico e reputação ilibada, indicados um pela Câmara dos Deputados e outro pelo Senado Federal.

[310] Esta decisão judicial proferida nessa Ação direita de Constitucionalidade (ADC)12-MC parra caracterizar a competência regulamentar do Conselho Superior diz que "[A] Resolução nº 07/05 do CNJ reveste-se dos atributos da generalidade (os dispositivos dela constantes veiculam normas proibitivas de ações administrativas de logo padronizadas), impessoalidade (ausência de indicação nominal ou patronimica de quem quer que seja) e abstratividade (trata-se de um modelo normativo com âmbito temporal de vigência em aberto, pois claramente vocacionado para renovar de forma continua o liame que prende suas hipóteses de incidência aos respectivos mandamentos).

A Resolução nº 07/05 se dota, ainda, de caráter normativo primário, dado que arranca diretamente do § 4o do art. 103-B da

Carta-cidadã e tem como finalidade debulhar os próprios conteúdos lógicos dos principios constitucionais de centrada regência de toda a atividade administrativa do Estado, especialmente o da impessoalidade, o da eficiência, o da igualdade e o da moralidade". "Ação Direta de Constitucionalidade n. 12-MC. (ADC 12-MC)," February 16, 2006, p.ª 2, https://redir.stf.jus.br/paginadorpub/paginador.jsp?docTP=AC&docID=372910.

pressão da luta política dos Magistrados, acabou por aceitar criar um sistema complexo e *sui generis* de auto-governo dos Juízes brasileiros, constituído por esse conjunto complexo de órgãos constitucionais, sem curar de consagrar o mecanismo de *check and balance* que, com absoluta salvaguarda da independência dos Juízes, permitisse um verdadeiro controle desse Poder Judicial.

Na verdade, o facto de, nos termos do disposto no inciso VII do referido §4 do artigo 103-B da Constituição[311], o Conselho Superior estar obrigado a "elaborar relatório anual, propondo as providências que julgar necessárias, sobre a situação do Poder Judiciário no País e as atividades do Conselho, o qual deve integrar mensagem do Presidente do Supremo

---

[311] São estas as competências do Conselho Nacional de Justiça:

§ 4º Compete ao Conselho o controle da atuação administrativa e financeira do Poder Judiciário e do cumprimento dos deveres funcionais dos juízes, cabendo-lhe, além de outras atribuições que lhe forem conferidas pelo Estatuto da Magistratura:

I – zelar pela autonomia do Poder Judiciário e pelo cumprimento do Estatuto da Magistratura, podendo expedir atos regulamentares, no âmbito de sua competência, ou recomendar providências;

II – zelar pela observância do art. 37 e apreciar, de ofício ou mediante provocação, a legalidade dos atos administrativos praticados por membros ou órgãos do Poder Judiciário, podendo desconstituí-los, revê-los ou fixar prazo para que se adotem as providências necessárias ao exato cumprimento da lei, sem prejuízo da competência do Tribunal de Contas da União;

III – receber e conhecer das reclamações contra membros ou órgãos do Poder Judiciário, inclusive contra seus serviços auxiliares, serventias e órgãos prestadores de serviços notariais e de registro que atuem por delegação do poder público ou oficializados, sem prejuízo da competência disciplinar e correicional dos tribunais, podendo avocar processos disciplinares em curso, determinar a remoção ou a disponibilidade e aplicar outras sanções administrativas, assegurada ampla defesa;

IV – representar ao Ministério Público, no caso de crime contra a administração pública ou de abuso de autoridade

V – rever, de ofício ou mediante provocação, os processos disciplinares de juízes e membros de tribunais julgados há menos de um ano; (Inciso acrescido pela EC nº 45, de 2004)

VI – elaborar semestralmente relatório estatístico sobre processos e sentenças prolatadas, por unidade da Federação, nos diferentes órgãos do Poder Judiciário; (Inciso acrescido pela EC nº 45, de 2004)

VII – elaborar relatório anual, propondo as providências que julgar necessárias, sobre a situação do Poder Judiciário no País e as atividades do Conselho, o qual deve integrar mensagem do Presidente do Supremo Tribunal Federal a ser remetida ao Congresso Nacional, por ocasião da abertura da sessão legislativa.

Tribunal Federal a ser remetida ao Congresso Nacional, por ocasião da abertura da sessão legislativa", assinala que a relação entre o Poder Judicial e o Parlamento brasileiro não constitui senão um ténue mecanismo de controle e de interdependência entre esses poderes, mesmo tendo em conta que cabe ao Presidente da República nomear os Ministros do Supremo Tribunal Federal, os Juízes do Tribunal Superior de Justiça, dos Tribunais Regionais Federais, do Tribunal Superior do Trabalho e do Tribunal Superior Eleitoral – artigos 101, 104, 107, 111 e 118 da Constituição.

g) Outros Países no Continente Latino-Americano

Limitamo-nos aqui a informar que vários países latino-americanos nos anos 90 do século passado criaram, pela via Constitucional, Conselhos Superiores da Magistratura com composição muito semelhante às que descrevemos acima, tendo sempre membros oriundos da Magistratura, eleitos pelos Parlamentos ou outro órgão político, oriundos do meio académico e da advocacia, com funções administrativas e disciplinares. Nalguns países, como por exemplo, a Colômbia e Argentina, fala-se mesmo da autogoverno do Poder Judicial.

h) Reino Unido e Estados Unidos

Nesses países não há nenhum órgão semelhante aos Conselhos Superiores acima descritos, mas, apesar disso, interessa ver como o Poder Judicial está organizado para melhor compreendermos as diferenças de cultura jurídico-organizacional dos países anglo-saxónicos. Assim no(s):

1. Reino Unido

Pensamos não ser incorrecto afirmar que, nos Reino Unido, até à reforma de 2005, o "órgão" central de Governo dos Tribunais ingleses era o *Lord Chancellor*, figura que surge em 1608 como presidente do Parlamento, e que a partir do século XIV exerce essa função e a de responsável máximo da Justiça. A esse *Lord* compete articular as relações entre os Tribunais, o Governo e o Parlamento, sendo que os Tribunais e os Juízes estão subordinados ao Parlamento, sem prejuízo da sua independência. Com a *Constitutional Reform Act* de 2005 foi criado o Ministério da Justiça e também uma *Supreme Court*, que veio substituir a *House of Lords*, reduzindo-se os poderes do *Lord Chancellor*. Não vamos aqui tratar da questão da organização judicial do Reino Unido[312], por nesse país inexistir estrutura orgânica parecida com o Conselho Superior da Magistratura, pelo que nos limitamos a dar a indicação da inexistência de um órgão específico de Governo do Poder Judicial inglês separado dos demais órgãos de soberania, como já dissemos[313].

2. Estados Unidos

Já no que se refere aos Estados Unidos da América, existe a *Judicial Conference of the United States*, criada pelo Presidente Franklin D. Roosevelt em Agosto de 1939 e instalada em Novembro do mesmo ano. Essa Conferência é um importante órgão de decisão política dos Tribunais Federais, com competência para:

- "Comprehensively surveys the condition of business in the courts of the United States;
- Submits suggestions to the various courts to promote uniform management procedures and the expeditious conduct of court business;
- Exercises authority provided in the Judicial Conduct and Disability Act (28 U.S.C. §§ 351-64) to review circuit council judicial conduct and disability orders.
- Continuously studies the operation and effect of the general rules of practice and procedure in the federal courts, as prescribed by the Supreme Court pursuant to law.
- Acts in a variety of other areas dealing with court administration".

---

[312] Para maior desenvolvimento, veja-se, entre outros, Hilaire Barnett, *Constitutional and Administrative Law*, 3rd ed (London: Cavendish, 2000), p.ª 128 e segs. e Wladimir Brito, *Teoria geral do processo*, 2019, p.ª 73 e segs.

[313] Para maior desenvolvimento, veja-se entre outros, José Castám Tobeñas, *Poder Judicial e Independência Judicial* (Madrid: Instituto Editorial Reus, 1951), p.ª 25 e segs. e Gary Slapper and David Kelly, *The English Legal System*, 2017.

Embora não se possa compará-lo com os Conselhos Superiores de que temos vindo a tratar, podemos dizer que, nos USA, este órgão, exclusivamente "gerido" pelos Magistrados Judicias, tem algumas funções, inequivocamente classificadas de natureza administrativa, semelhantes às dos Conselhos Superiores.

Na verdade, esta Conferência é presidida pelo *Chief Justice of the United States* e é composta ainda pelos Juízes Presidentes de cada circuito judicial, o Juiz Presidente do Tribunal de Comércio Internacional, e um Juiz Distrital de cada circuito judicial regional[314]. Trata-se, portanto, de um órgão que, de acordo com a concepção norte-americana de separação dos poderes, não tem qualquer membro externo à Magistratura Judicial, sendo por esta gerido com independência com vista a assegurar as relações entre o Poder Judicial o Congresso e o Presidente.

Em articulação com a *Conference of the United States* encontramos a *Administrative Officie of the U.S. Courts* (AOUSC) que tem por função fornecer aos tribunais federais um conjunto de serviços administrativos, financeiros, jurídicos, legislativos, de gestão, tecnológicos e de apoio a programas, sendo apoiado pelas comissões da Conferência Judicial dos Estados Unidos (*Judicial Conference of the United States*) que, com o contributo dos Tribunais, o aconselham em matéria da elaboração do orçamento judicial anual para aprovação pelo Congresso dos EUA e pelo Presidente. Tem ainda a função de apoiar a Conferência Judicial e de executar as políticas definidas por essa Conferência Judicial.

Contudo e apesar da existência desses órgãos, no sistema norte-americano, como nos informa Leonidas Ralph Mecham[315], "The day-to-day responsibility for judicial administration rests largely with

---

[314] Em inglês e de acordo com a linguagem jurídica norte-americana, que no corpo deste texto traduzimos livremente, a composição, é a seguinte: Chief Judge of each judicial circuit, the Chief Judge of the Court of International Trade, and a district judge from each regional judicial circuit.

[315] Leonidas Ralph Mecham foi Director of Administrative Office of the U.S. Courts até 2006 e em 2011 elaborou a brochura a seguir aqui indicada para disponibilizar uma introdução ao sistema judicial federal, a sua organização e administração, a sua relação com o legislativo e poderes executivos do governo federal governo, e a sua relação para os sistemas judiciais do estado.

Cfr. Leonidas Ralph Mecham, *The Federal Court System in the United States* (Washington, D.C: Administrative Office of the U.S. Courts, 2011), p.ª 36.

each individual court. Each court is given the responsibility by statute and administrative practice to appoint its own support staff and manage its own affairs. Under the judiciary's budget decentralization program, moreover, substantial budget and administrative responsibility has been delegated to each court. Each court in the federal system has a chief judge who, in addition to hearing cases, has administrative responsibilities relating to the operation of the court". Ao *Chief Judge*, que aqui traduzimos por Juiz Presidente do Tribunal, cabe a responsabilidade de assegurar a eficiência e de prestar contas aos cidadãos. As decisões políticas importantes são tomadas em conjunto e sob a liderança do Juiz Presidente, por todos os juízes do Tribunal.

Como se vê, a completa independência dos Tribunais, de cada Tribunal, não é afectada pela existência desses órgãos administrativos, existindo um modelo *sui generis* de autogoverno dos Tribunais, assegurado exclusivamente pelos Juízes.

3. Da análise que acabamos de fazer dos vários modelos de gestão – administrativa e/ou política – dos Tribunais, temos de concluir dizendo que os modelos do sistema continental europeu e de alguns países latino-americanos revelam que os Conselhos Superiores ou Nacionais da Magistratura caracterizam-se por serem órgãos:

a) Instituídos constitucionalmente, por regra, pelo poder político com vista a evitar, ou ao menos, a controlar a luta política dos Juízes e a garantir o equilíbrio possível entre a necessidade de controlo politico-comunitário do Poder Judicial e o dever de assegurar a independência quer individual quer colectiva dos Juízes e, com ela, a do Poder Judicial;
b) Instituídos e instalados, por regra, com forte oposição política dos Magistrados;
c) Cujo controlo, após a instalação e início de funcionamento, é reclamado pela Magistratura que luta politicamente para dele expurgar os membros "laicos" e afastar a presença dos membros do Poder Executivo e Legislativo e o controle político do Poder Judicial.
d) De composição mista – Magistrados e não Magistrados – com o objectivo de evitar o corporativismo judicial, assegurar a

representação das várias sensibilidades e opiniões políticas democraticamente reconhecidas e aceites, evitar o isolamento do Poder Judicial da sociedade civil democrática, e de garantir a independência desse Poder, a sua legitimidade democrática, bem como a dos Juízes.

e) Em que, normalmente, participam:

   - o Presidente da República directamente, como Presidente desse órgão, ou pela via das designações que faz, como garante da independência dos Tribunais, e como garante do respeito por essa independência nas relações do Poder Judicial com os demais órgãos do poder político;
   - o Ministro da Justiça,
   - membros designados pelo Presidente da República e pelo Parlamento;

f) Doutrinalmente classificados como órgãos constitucionais ou com relevância constitucional, mas de natureza administrativa;

No que ao modelo de gestão do poder Judicial nos USA, podemos dizer que se carateriza pela absoluta independência dos Tribunais.

Como nota final desta parte deste trabalho, assinalamos o modelo brasileiro e italiano que têm características específicas que se acrescentam às acima indicadas e que os aproximam de um autogoverno, no sentido que aqui atribuímos a esta conceito.

Posto isto, podemos agora analisar a importante e decisiva questão da independência dos Tribunais para recortar o seu conceito, a sua tipologia e as suas demais características específicas, na medida em que os Juízes sempre a invocaram na sua luta contra o controlo político do Poder Judicial.

III. SENTIDO DO CONCEITO DE INDEPENDÊNCIA DO PODER JUDICIAL E DO JUIZ [316]

1. Independência individual e orgânica (do Poder Judicial)

Sobre a independência individual do Juiz já tivemos a ocasião de tratar esta questão, realçando a forte tensão política decorrente da longa e acesa luta político e jurídica para a sua afirmação e o facto de ela estar no centro das preocupações da Assembleia Nacional francesa no decurso do processo de criação do Conselho Superior da Magistratura. Por essa razão, ela não será aqui invocada senão para se esclarecer alguns aspectos relevantes da luta pela conquista da independência do próprio Poder Judicial.

Na verdade, foi no decurso dessa luta pela independência individual e a partir dela – relembramos que essa independência foi sempre um postulado antimonárquico ou da luta dos Juízes contra a monarquia absoluta[317] – que os Magistrados Judiciais perceberam a importância do

[316] Para maior desenvolvimento veja-se o interessante estudo de Peter H. Russel sobre a Teoria Geral da Independência Judicial in Peter H. Russell, "Toward a General Theory of Judicial Independence," in *Judicial Independence in the Age of Democracy. Critical perspectives from Around the World* (Charlotteville: University Press of Virginia, 2001), 325.

[317] Como pode ver-se do que se disse no capítulo anterior. Em sentido próximo Dieter Simom quando escreve que "la independencia de la justicia es tan sólo uno de los muchos postulados antimonarquicos de la época del estabelecimento del Estado burguês de derecho, anterior a la revolucion de los anos 1848/184" e quando explica que "El esquema histórico-genético del dogma de la independencia há puesto de relieve la estrecha vinculación entre la función social de la justicia y la función de su independencia: Para poder cumplir su tarea de garantia de la libertad burguesa, la justicia tenia que ser, en la mayor medida posible, independiente del poder contra el que habia tenido que luchar para conseguir tal liberdad, y el cual continuaba amenazándola: el soberano." Dieter Simon, *La independencia del juez* (Barcelona: Ariel, 1985), p.ª 9. No mesmos entido, escreve Valeriano Hernandez Martin que "El Poder y la independencia que los liberales reivindicaron la judicatura durante el sieclo XVIII eran entendidos implicitamente como poder e independencia frente al monarca, pero ningún valor en sí mismos, o sea, sin significado frente a otras instancias distintas del Rey. La independencia del Juez institucional no era desejable sino quando servía para reforzar uma posición institucional que pudiera ser utilizada contra el poder político establecido. Uma vez que éste fue derribado ya no eran necesaríos los Tribunales, pues 'el despotismo ya no volverá a existir', como decía tranquilizadoramente el Comité Constitucional revolucionário" Valeriano Hernández Martín, *Independencia Del Juez y Desorganización Judicial*, Monografías Civitas (Madrid, España: Centro de Publicaciones del Ministerio de Justicia, 1991), p.ª 50.

reconhecimento da independência colectiva da própria Magistratura e a do Poder Judicial[318], na medida em que ela contribuiria para uma efectiva protecção dos Juízes, de cada Juiz, da influência, interferência e pressão sócio-política do Legislativo e, especialmente, do Executivo, bem como das forças políticas, máxime, partidos políticos, e sociais, máxime sindicatos. Para além disso, essa independência orgânica e funcional também protegia os Juízes, cada Juiz, da interferência de outros Juízes. Numa palavra, essa independência tanto era relativamente a factores externos com a factores internos[319] e tinham a inamovibilidade como escudo protector[320].

Mas, apesar de tomarem consciência da importância e necessidade dessa independência, os Juízes, como tivemos já a oportunidade de assinalar, não se aperceberam que ela não poderia ser realizada e assegurada pela simples justaposição das vontades dos Magistrados inorgânicamente manifestada, nem que tal independência intenciona uma estrutura orgânica funcionalmente adequada para prosseguir a tarefa de conter as interferências acima referidas e de assegurar a protecção político-jurídica da Magistratura como um corpo organicamente organizado. Quem se apercebeu dessas necessidades, quem compreendeu tal intencionalidade foi o Parlamento francês que, como já tivemos a oportunidade de explicar, promoveu um debate longo no tempo e profundo na análise sobre o modelo de estrutura orgânica capaz de, simultaneamente, controlar a permanente e, muitas vezes, aberta intervenção política dos Juízes, e assegurar a independência colectiva da Magistratura, enquanto um corpo (jurídico, diríamos, por facilidade de expressão) que se queria separado do corpo político, *stricto sensu*, e afastado da luta política. Como vimos, foi esse

---

[318] O que, como defende Dieter Simon, já tinha sido percebido pela burguesia liberal que "veía em la judicatura el « bastión de la libertad burguesa» contra los excesos del monarca – a la par que ésta iba siendo reclutada cada vez más de sus próprias filas –, hizo suya, en su lucha por el Estado constitucional, la causa de la justicia, dándole a la reivindicación independentista uma dimensión revolucionaria". Simon, *La independencia del juez*, p.ª 5.

[319] Nesse sentido, escrevem Nicolò Zanon e Francesca Biondi que "Quindi, se l'indipendenza appartiene alla magistratura nel suo complesso, essa si manifesta pure nel singolo magistrato, qualificandone la posizione sia all'interno che all'esterno: nei confronti degli altri magistrati, di ogni altro potere dello Stato e dello stesso c.s.M.. Nicolò Zanon and Francesca Biondi, *Il Sistema Costituzionale Della Magistratura*, 2. ed (Bologna: Zanichelli, 2008), p.ª 47.

[320] No mesmo sentido, Zanon and Biondi, p.ª 91.

equilíbrio compatibilizador da independência colectiva dos Magistrados com a "neutralidade" política desses titulares do Poder Judicial e o seu afastamento do jogo político, que os deputados franceses entenderam que só poderia ser assegurada por uma estrutura orgânica, o Conselho Superior da Magistratura, funcionalmente adequada para simultaneamente garantir essa independência, a neutralidade política dos Juízes e o seu afastamento da política. Na verdade, o reconhecimento político da independência tinha como contrapartida, agora político-jurídica, a pretensão política do Parlamento de realizar o Juiz montesquiano, um ser neutro, funcionário, "bouche de la lois", logo, um autómato politicamente neutro e invisível. Talvez, por isso, o célebre administrativista alemão Adolf Merkl defendia que "la independencia judicial há desempeñado mayor papel en la política que en la jurisprudência"[321].

Vimos já que a Magistratura reagiu politicamente, rejeitando esse programa dos Deputados franceses para a criação de um Conselho Superior da Magistratura, por os Juízes serem rebeldes à sua captura por um órgão vocacionado a controlá-los. Pretendiam as vantagens do "mundo" da independência associada à inamovibilidade e do mundo da participação política e da isenção de controlo, mesmo que indirecto, pelos outros poderes, pelo que não podiam aceitar esse órgão de controlo e de responsabilização funcional que os Deputados tinham criado. À data, nos anos 80 do século XIX, essa reacção político-corporativa dos Juízes revelava que ideavam a independência como atributo que não podia tolerar qualquer tipo de controlo, nem de responsabilidade, logo, como algo de absoluto, esquecendo até que, em bom rigor, ela teria de ser assumida como um axioma do princípio da separação dos poderes, que, como princípio fundamental da organização politica dos Estados de Direito, implica o controlo do poder pelo poder e rejeita a possibilidade de, nessa forma de Estado, haver poder sem controlo. Contudo, os Magistrados acabaram por se aperceber que esse órgão poderia ser corporativamente importante não só para assegurar a sua independência externa face aos demais poderes, mas para organizar a sua luta política em defesa dos seus interesses corporativos. É então que aceitam o Conselho Superior a Magistratura e se organizam para passar a controlá-lo, lutando

[321] Adolf Merkl, Teoria General del Derecho Administrativo, Ed. Revista de Derecho Privado, Madrid, 1935, p.ª 54.

agora contra a presença de "estranhos" na sua composição; querem um conselho só para eles, corporativamente composto. Lutam agora por uma absoluta e incontrolada independência externa.

Importa ainda dizer que alcançada a independência do Juiz, cedo esta passou a ser também assumida como instrumento de lutas político-corporativas da Magistratura, transformando essa garantia de liberdade dos Juízes e dos direitos individuais e comunitário assegurada aos cidadãos em sua (deles Juízes) independência, isto é, em instrumento de luta político(-sindical) pela obtenção de maiores benefícios patrimoniais e/ou condições de trabalho, bem como de recusa de prestação de contas (*accountability*). A independência era assim ideada e invocada como privilégio pessoal ou corporativo dos Juízes, que os dispensa de prestar contas e da responsabilidade pública. Nesse sentido Dieter Simon escreve que a independência, cujo conceito diz-nos foi complexo e poroso, conduziu "a veces bajo el lema 'reforma de la justicia', otras bajo la consigna 'justicia independiente' – a uma lucha por conseguir mejoras em el âmbito de nombramiento, promoción, retribuición, inspección jerárquica, administrativa propria etc."[322]. A independência passou assim a ser utilizada também como instrumento do corporativismo judicial, passando a assumir esta nova função, como nos explica Dieter Simon[323].

Podemos concluir a análise deste tema, fazendo algumas, necessariamente breves, considerações sobre essa dupla dimensão da independência, não só para melhor compreendermos o seu significado, como ainda para percebermos o que tem de ser garantido pelo Conselho Superior da Magistratura.

Na verdade, a independência a que aqui nos referimos deve ser perspectivada sob o ponto de vista da independência do Poder Judicial, enquanto modo de organização institucional – jurídico-política – da Magistratura judicial e sob o ponto de vista da independência dessa Magistratura. Em ambos os casos, na sua dimensão interna e externa, institucional e funcional[324].

---

[322] Simon, *La independencia del juez*, p.ª 11.

[323] Simon, p.ª 50.

[324] Em sentido próximo escreve José Castán Tobeñas que " La independencia de que se trata tiene um doble aspecto, pues puede contemplarse tanto en su proyeción exterior, en la la posición de la magistratur frente a los poderes políticos o fuerzas sociales, como em su proyección interior, en la posición del juez frente a las partes para evitar que motivos de afecto o de aversión, interés em el juicio que se ventile u otras causas semejantes puedan afectar a

Convém relembrar que a independência judicial quer seja do Poder Judicial quer seja da Magistratura é um imperativo do Estado de direito democrático, que não deve ser entendido somente como um privilégio concedido aos Juízes e ao Poder Judicial, mas também como uma garantia jurídico-política dos cidadãos no quadro de uma sociedade democrática em que nenhum poder é absoluto. A afirmação dessa independência pelo Poder Judicial e pelos Juízes contribui para a confiança no sistema judicial e para o respeito pelos Juízes, sendo até um dos elementos essenciais para a própria legitimidade da titularidade e do exercício desse Poder pelos Juízes. Contudo, tal não deve ser entendido como defesa de uma independência absoluta no sentido de que pode ser exercida à margem do princípio da separação e interdependência dos poderes que postula o controlo do poder pelo poder.

Para além disso, a independência dos Magistrados reclama, entre outros, que o Juiz:

a) Se mantenha afastado da política *stricto sensu*, o que lhe impõe o dever de não exercer funções nem participar em actividades políticas – caso queira exercê-las e venha efectivamente a assumir essas funções, **não poderá regressar à Magistratura** – com vista a evitar pressões e influências políticas no exercício da função judicial;
b) Adopte uma conduta politicamente neutral – neutralidade política – no exercício das funções judiciais, para evitar que as decisões sejam produzidas com base nas suas posições político-ideológicas.
c) Não participe em associações ou instituições que, pela sua natureza ou objectivos, possam interferir directa ou indirectamente com a actividade judicial ou influenciar ou pressionar o Poder Judicial. Assim, por exemplo associações sindicais.
d) Exerça o seu múnus vinculado à Constituição e à lei, que deve assumir como parâmetros funcionais e decisionais da Magistratura.

---

la imparcialidade del fallo. Tobeñas, *Poder Judicial e Independência Judicial*, p.ª 42. Em sentido próximo quando fala do modo como podee ser interpretada a ideia de independência. Cfr. Simon, *La independencia del juez*, p.ª 10.

Já no que se refere à independência do Poder Judicial, enquanto poder soberano, essa independência impõe a sua neutralidade política, e que assegure, de acordo com a Constituição e a lei, que a função judicial seja exercida com autonomia.

Vejamos agora as dimensões da independência do Poder Judicial e da Magistratura, começando por recortar o conceito e o sentido de independência externa e interna.

a) Conceito e sentido da independência externa

A independência externa, reclamada pelo princípio da separação e interdependência dos poderes, visa assegurar a protecção do Poder Judicial, enquanto instituição, da Magistratura e do Juiz individualmente considerado, de interferências de outros poderes soberanos ou fácticos e convoca uma dupla, mas dotada de complementaridade, relação, a saber:

1. A relação jurídico-política entre o Poder Judicial, enquanto instituição soberana, e os demais poderes soberanos ou fácticos estranhos à Magistratura;
2. A relação jurídico-política do Juiz, enquanto titular do poder judicial e detentor do poder de dirimir conflitos de interesses públicos ou privados, com os demais poderes soberanos ou fácticos estranhos à Magistratura.

Em ambos os casos, essa independência para ser operativa tem de ser jurídico-politicamente assumida com um elevado grau de intensidade, sem prejuízo dos mecanismos de controlo do poder pelo poder que é o núcleo essencial constitutivo do princípio da separação e interdependência dos poderes[325].

---

[325] Para assinalar a necessidade do elevado grau de intensidade da independência externa como condição de operacionalidade e garantia de protecção da Magistratura no quadro do princípio da separação dos poderes, Nocilò Zanom e Francesca Biondi dizem que "[L]a separazione dei poteri, come elemento classico della tradizione costituzionale liberale, può insomma subire attenuazioni in vari settori dell' ordenamento, ma non nei confronti della magistratura". Zanon and Biondi, *Il Sistema Costituzionale Della Magistratura*, p.ª 55.

Como resulta do que se acaba de expor, tivemos o cuidado de separar a instituição – Poder Judicial – do seu titular – o Juiz – e do exercício por este da função de julgar, na medida em que a distinta natureza jurídica daquela instituição e do seu titular reclama tratamento diferenciado, nomeadamente no campo das relações com os demais poderes soberanos do Estado, no do controlo, da prestação de contas e da responsabilidade. Mais à frente teremos a oportunidade de perceber melhor a importância desse tratamento separado, que, diga-se, não curto-circuita as suas relações internas.

Esclarecida essa dupla relação da independência externa, podemos agora olhar para a sua estrutura interna para revelar que esta é constituída por duas dimensões, a institucional e a funcional e que em ambas, esclareça-se desde já, a independência protege o Poder Judicial, enquanto instituição, e a Magistratura e o Magistrado, enquanto dimensões colectiva e singular da titularidade desse Poder com funções judicativas, de indevidas interferências de poderes estranhos, quer no exercício autónomo das competências funcionais daquele Poder, quer de indevidas interferências na actividade judicativa do Juiz e na sua carreira profissional.

2. A Independência externa e funcional do Poder Judicial

1. Sob o ponto de vista institucional ou, se se quiser, do Poder Judicial enquanto instituição soberana, essa independência visa impedir que se estabeleçam relações entre esse Poder e quaisquer outros poderes externos, soberanos, de natureza sindical ou de outra natureza associativa, ou poderes fácticos que, pela sua natureza, possam permitir que esses poderes indevidamente interfiram ou exerçam influências, por qualquer forma, no exercício autónomo e pleno das competências próprias no quadro constitucional ou legalmente estabelecido, com vista a condicionar, por qualquer forma, a sua liberdade de as exercer. Como corolário dessa independência externa, ao Poder Judicial deve, sob o ponto de vista constitucional ou legal, ser reconhecido o direito a auto-governo ou, ao menos, a auto-administração[326], e no quadro desse direito, entre outras,

[326] Colocamos aqui essas duas possibilidades sem tomar para já posição sobre o modelo de governação do Poder Judicial que entendemos ser preferível, no quadro de uma aplicação

autonomia e plenitude de competência para, nos termos constitucional ou legalmente estabelecidos, decidir com autonomia e plenitude de competências.

Decidir com plenitude, exclusividade e autonomia de competências, entre outros, sobre:

- propostas de orçamento a apresentar ao Parlamento;
- execução orçamental;
- formação de Magistrados, modelos institucional de ensino, programas, conteúdos e métodos de ensino, bem como critérios de admissão nesse ensino;
- vagas para ingresso e promoção de Magistrados;
- critérios a adoptar para o ingresso na carreira e para a promoção de Juízes;
- critérios a adoptar para a avaliação dos Magistrados;
- titularidade do poder disciplinar ou do poder de deduzir acusação disciplinar e de executar as penas judicialmente aplicadas aos Magistrados, conforme o sistema de julgamento das infrações profissionais que for instituído;
- gestão processual nos Tribunais, entendido aqui como determinação administrativa do número de processos a atribuir anualmente a cada Juiz, inspecção da organização, funcionamento e eficiência dos serviços judiciais sob o ponto de vista dessa gestão;
- gestão administrativa dos serviços judiciais, dos seus recursos humanos, financeiros e materiais (entre estes, as plataformas informáticas e de publicitação das suas actividades).

a) Sob o ponto de vista da independência externa funcional, no quadro do modelo de "governação" – auto-governo ou auto-administração – adoptado para o Poder Judicial, essa independência deve assegurar a faculdade desse poder de decidir com plena autonomia e sem outros condicionamentos que não sejam os constitucional ou legalmente consagrados com respeito pelo princípio da separação e interdependência dos poderes. Com essa independência deve ficar garantido que, no exercício das suas funções constitucionais ou legais, não haverá ingerência de

séria do princípio da separação e interdependência dos poderes.

poderes externos à Magistratura, que não sejam aqueles que constitucional ou legalmente sejam admitidos com respeito pelo princípio da separação e interdependência dos poderes. Podemos assim dizer que essa independência externa assegura ao Poder Judicial uma "reserva funcional", que deve ser constitucionalmente garantida.

Esclarecida a questão da independência do Poder Judicial, enquanto instituição, importa ver agora qual o sentido da independência do Magistrado ou, se se quiser, do Juiz.

3. A Independência externa e interna do Juiz

No que se refere ao Juiz, essa independência externa ou interna, quer seja institucional quer funcional, que são as formas que ela pode assumir, tem em vista proteger o Juiz de interferências de outros poderes externos ao poder Judicial e à própria Magistratura que, pela sua natureza, possam indevidamente exercer influências ou interferir, por qualquer forma, especialmente na sua actividade judicativa ou na dimensão profissional – máxime carreira e promoção – com vista a condicionar, por qualquer forma, a sua liberdade de decidir.

a) *A independência externa institucional do Juiz* visa proteger o Juiz de ameaças ou ataques aos seus direitos jurídico-constitucional consagrados, nomeadamente a inamovibilidade, a sua independência (interna) judicativa e a responsabilidade, que limitem, condicionem ou eliminem total ou parcialmente a sua liberdade funcional, em especial, de decidir no momento judicativo. Para além disso, garante o livre e pleno exercício do poder de julgar, impedindo interferências, pressões ou condicionamentos externos. Em última análise, visa assegurar a estabilidade do estatuto jurídico-constitucional, no sentido de que este só pode ser alterado pela via constitucional e nos termos constitucionalmente estabelecidos para o efeito e garantir ao Juiz a liberdade de exercício as suas funções judicativas.

Mas, para que essa independência opere plenamente todos os seus efeitos, torna-se necessário que o Juiz também contribua com a sua conduta, evitando praticar actos – especialmente aquele cuja prática legalmente lhe está proibido – que contribuam para enfraquecer ou, até mesmo, para a tornar absolutamente ineficaz. Assim, ao Juiz deve ser vedada participação política, através da inscrição em partidos ou associações políticas, a inscrição ou participação em sindicatos ou associações que, pela sua natureza, implicam a participação em lutas político-sociais, interferência atentatórias à independência externa do Poder Judicial ou da imagem pública da Magistratura, comissões de serviço em órgãos parlamentares ou governamentais de natureza política ou administrativa.

b) *A independência interna do Juiz*[327] tem uma natureza funcional e institucional.

b1.) Sob o ponto de vista funcional, essa independência antes de mais localiza-se:

1. No concreto exercício da actividade judicativa, ou seja, no momento em que o Juiz julga e decide o litígio; e
2. Na (inter)relação interna entre as Magistraturas dentro da mesma ordem Jurisdicional e/ou no quadro de diferentes ordens judiciais. Esta última dimensão convoca a questão de saber se há uma hierarquia nas Magistraturas, ou seja, se, constitucionalmente, ela deve organizar-se por um critério hierárquico de que resulte interferência dos Magistrados das instâncias de recurso nas decisões dos Magistrados da primeira instância de julgamento. Aqui estamos perante uma outra dimensão daquele exercício e que dele também decorre por força da lei.

Estas são as principais questões que a independência interna funcional coloca.

No que se refere à independência do Juiz no exercício da sua actividade judicativa é claro que nenhum poder pode interferir nessa actividade, violando essa independência no decurso do Julgamento e no momento da decisão. Nessa actividade, o Juiz só deve obedecer à lei *lato sensu* e, no quadro dessa obediência, apreciar e valorar a prova e decidir com plena liberdade e independência. Nenhum outro Juiz da mesma ou de diferente

---

[327] De acordo com Juan Montero Aroca a independência interna do Juiz é a que diz respeito às relações de poder existentes dentro da própria organização do Poder Judicial. Cfr. Juan Montero Aroca, *Independencia y Responsabilidad del Juez* (Madrid: Civitas, 1990), p.ª 55.

instância deve ou pode interferir nesse processo judicativo e na decisão dele resultante. Aqui, nesse momento, há uma verdadeira e intransponível reserva decisional que implica e recobre todo o processo judicativo. Cumprida a missão judicativa com o julgamento do caso e a publicação da sentença, esta passa a ser um acto judicial de domínio público sujeito a controlo crítico político-comunitário que deve ser exercido na plenitude quer por juristas no âmbito da crítica técnico-jurídico, quer pela comunidade, mesmo a política, no âmbito da crítica sociológico-valorativa do respeito pelos valores constitucionais que fundamentam a decisão e da própria compatibilidade da decisão com esses valores e com os invocados pelo Juiz.

Já no que à segunda questão diz respeito, começaremos por dizer que a existência de vários graus de jurisdição instituídos pela Constituição e/ou criados por lei e da possibilidade processualmente consagrada de reexame da decisão proferida numa instância por Juiz ou Juízes de outra instância não constitui qualquer ofensa à independência interna do Juiz[328], desde que se entenda que esses diferentes graus de jurisdição e o reexame que postulam não consubstanciam qualquer hierarquia entre Magistrados desses diversos graus.

Na verdade, não há uma hierarquia entre os Magistrados quer sejam da mesma ordem judicial quer de sejam de distintas ordens, pois como diria Merkl, a jurisdição exerce-se com independência e a administração exerce-se com subordinação. Entende este administrativista, que "la organización de justicia es um complexo orgânico que se caracteriza por la coordenación" e não por uma hierarquia como acontece com a organização administrativa[329]. Os Magistrados distinguem-se entre si pelas distintas funções que exercem nos respectivos Tribunais, que funcionalmente se distinguem pelas respectivas competências, que não estão

---

[328] Em sentido próximo Nicolò Zanon e Francesca Biondi defendem que "Il principio dell'ìndìpendezadeì giudici, insomma, compatibile con la presenza, nel sistema processuale, di disposizioni preordinate al coordinamento dell esercizio della funzione giursdizionale, mediante l'individuazione della competenza e la determinsione degli effetti degli atti processuali, anche in relazione all'attività di altra autorità giudiziaria, allo scopo di perseguire finalità di giustizia e la sollecita definizione del processo (cfr. C. Cost, ordinanza 241 del 1991)". Zanon and Biondi, *Il Sistema Costituzionale Della Magistratura*, p.ª 87.

[329] Adolf Merkl, *Teoria General del Derecho Administrativo* (Madrid: Revista de Derecho Privado, 1935), p.ª 54 a 57.

também organizadas hierarquicamente, mas sim de acordo com o ***critério de prevalência decisional***, processualmente definida. Queremos com isto dizer que a distinção entre os Magistrados dos diferentes graus de jurisdição é meramente funcional e que não existe um vértice na organização da carreira dos Magistrados.

Assim, sob o ponto de vista da função judicativa, cada Juiz, no momento em que exerce essa função, que é pública e soberana, está investido na totalidade do Poder Judicial e a sua sentença reflecte a manifestação do púbico exercício desse poder soberano. Isto não significa que essa sentença não possa ser reexaminada e até mesmo substituída por outra, nem que a parificação entre os Juízes seja absoluta. Não. A igualdade funcional dos Juízes é mesmo meramente funcional, ou seja, quando um Juiz em qualquer uma das instâncias – Tribunais de base (1.ª Instância), Tribunais Apelação (2,ª instância) e Supremos Tribunais (3.ª e última Instância de cada ordem jurisdicional) – exerce a sua função de julgar fá-lo com plena independência (interna e externa institucional e funcional), a mesma que é reconhecida aos Juízes das outras instâncias, pelo que, no exercício dessas suas funções, não há hierarquia entre Juízes das distintas instâncias, mas sim e somente diferença funcional.

Essa igualdade entre Juízes não é beliscada pelo facto de a decisão poder ser objecto de recurso e, consequentemente, poder ser reexaminada por outros Juízes de um Tribunal de Recurso. O que ela, por um lado, reflecte não é a hierarquia entre os Juízes, mas sim a diferença de funções atribuída por lei a cada Juiz no respectivo Tribunal (cada Tribunal, diga-se, consubstancia essa diferença funcional) e, por outro, que a lei constitucional e ordinária – Estatuto dos Tribunais e a lei de processo – reconhecem e consagram a existência de vários níveis funcionais da actividade judicativa para a apreciação dos casos submetidos a julgamento[330].

E nem se diga que as diferentes categorias profissionais dos Juízes – Juiz de 1.ª Instância, de 2.ª Instância, Juiz Desembargador, e do Supremo Tribunal, Juiz Conselheiro – confirmam a existência de hierarquia,

---

[330] Em sentido próximo dizem Nicolò Zanon e Francesca Biondi que "significa soltanto che l'ordinamento processuale conosce la possibilitá di più grade de giudizio, a garantia dei dirigi coinvolti nele controversie giudiziarie". Zanon and Biondi, *Il Sistema Costituzionale Della Magistratura*, p.ª 79. Em sentido próximo, veja--se Aroca, *Independencia y Responsabilidad del Juez*, p.ª 120.

posto que na verdade elas não consubstanciam qualquer hierarquia, mas somente o *nomen juris* para as diversas funções processualmente exercidas em distintos Tribunais e, sob o ponto de vista profissional, a revelação do avanço na carreira através de concurso ou de outro método (já foi pela antiguidade) e de acordo com requisitos, como o do mérito, aferidos em avaliação e/ou em inspecção. Estes *nomen júris,* dos Juízes dos distintos Tribunais, revelam somente a designação atribuída de acordo com o Tribunal onde o Juiz exerce a sua função pública soberana e simbolizam unicamente a progressão na carreira profissional, por regra, constituída por três níveis funcionais e não hierárquicos, na generalidade dos países, e, como sabemos, é, naturalmente, distinta das carreiras da função pública. Por essa razão, um Juiz do Supremo não dá ordens nem instruções a um Juiz do Tribunal de 2.º Instância (Apelação), nem esta a um Tribunal da 1.ª Instância. O que cada um faz relativamente ao outro é proferir decisões que prevalecem umas sobre as outras de acordo com a lei de processo, a que denominei noutro local por ***decisão prevalecente***[331].

Poder-se-á ainda argumentar que há Constituições, como a portuguesa e as dos países africanos de língua portuguesa, estas por influência daquela constituição e da doutrina portuguesa, que falam em hierarquia dos Tribunais. Contudo, podemos dizer que são raridades, pois as Constituições dos países europeus da União europeia, dos Estados Unidas da América, da generalidade dos países da América latina não falam em hierarquia dos Tribunais. Aliás, nem as Constituições de língua portuguesa (com excepção da brasileira que não tem qualquer referência à hierarquia dos Tribunais) quando falam em hierarquia não a caracterizam, o que também as leis estatutárias ou processuais não fazem. Sem pretender entrar na análise desta questão, por aqui não ser o lugar próprio, sempre se dirá que a referência à hierarquia é feita na parte relativa à organização dos Tribunais, mas da análise das leis de processo fácil é de concluir que,

---

[331] Wladimir Brito, *Teoria geral do processo*, 2019, p.ª 106. Nesse sentido escrevem Nicolò Zannon e Francesca Biondi que "Ma il fatto che una sentenza di un giudice di primo grado possa essere riformata in appello , oppure annulata dalla Corte di cassazione,non significa affatto, ovviamente, che esista una soggezione di tipo gerarchico del giudice di primo grado rispetto a quello d'appello o di Cassazione: significa soltanto che l'ordinamento processuale conosce la possibìlità di più gradi di giudizio, a garanzia dei diritti coinvolti nelle controversie giudiziarie" Nicolò Zanon and Francesca Biondi, *Il Sistema Costituzionale Della Magistratura*, 2. ed (Bologna: Zanichelli, 2008), p.ª 78/79 e Brito, *Teoria geral do processo*, p.ª 56 e segs.

em última análise, a hierarquia refere-se aos três distintos graus processuais dos recursos e, consequentemente, aos três distintas origens e força jurídica de decisões prevalentes.

b2) Sob *o ponto de vista da independência interna institucional do Juiz*, essa independência prende-se com a sua relação com o órgão de gestão da carreira do Juiz, seja esse órgão um órgão de natureza administrativa ou de auto-governo, no que diz respeito, entre outros, à carreira profissional, à disciplina e ao modelo processual adoptado para a acção disciplinar.

Começando pela carreira profissional de que já falamos[332], importa dizer desde já que essa carreira não consubstancia uma hierarquia entre os Magistrados Judiciais, visto que, como já dissemos, em bom rigor, ela não é, nem pode ser entendida como uma manifestação dessa ou de qualquer outra hierarquia.

A primeira questão que a independência interna institucional convoca é a do ingresso nessa carreira que deve ser organizada segundo o modelo de concurso de admissão com critérios pré-definidos e publicitados no edital de abertura do concurso; para além disso, devem os júris de avaliação dos candidatos ser constituídos no exacto momento da abertura do concurso também com elementos externos à Magistratura e publicitados no acima referido aviso, com vista a assegurar a transparência e a imparcialidade e a independência do futuro Magistrado relativamente às estruturas orgânicas da Magistratura. É aqui que ela se manifesta pela primeira vez.

De seguida, a independência funcional do Juiz reclama a análise do modelo e os critérios de avaliação para efeitos de progressão na carreira, na medida em que podem ser constituídos em instrumentos de interferência, de pressão ou de influência directa ou indirecta no livre exercício da função judicativa do Juiz. Com razão defendem Nicolò Zanon e Francesca Biondi que "[E]siste um rapporto tra indipendenza e e «valutazione» di professìonalìtà dei magistrati: può essere um rapporto di tensione se valutazioni mal organizzate rischino di minare l'indipendenza: puè sere um rapporto di strumentalità, se esse siano al contrario bene organizzate, in modo da accrescere l'indipendenza (insieme alla preparazione) del magistrato"[333]. De facto, o modelo e os critérios de avaliação (do mérito) e

---

[332] Para maior desenvolvimento veja-se, entre outros, Brito, *Teoria geral do processo*, p.ª 105 e segs.

[333] Zanon and Biondi, *Il Sistema Costituzionale Della Magistratura*, p.ª 82.

de constituição dos júris (havendo-os) são decisivos para assegurar interna e institucionalmente a própria independência funcional do Juiz.

Ainda sob esse ponto de vista, a inamovibilidade constitui um sério e decisivo escudo contra ataques ou violações da independência e uma das mais eficazes garantias institucionais e legais contra violações dessa independência. A ela se junta, embora com menor eficácia, a imunidade funcional do Juiz que lhe assegura que não responde civil, disciplinar ou criminalmente pelas suas decisões, desde que estas sejam tomadas com respeito pela lei, de acordo com a *legis artis*, sem dolo ou corrupção, mesmo que contenham erros técnico-jurídicos, desde que não sejam grosseiros e/ou inaceitáveis. Para melhor compreensão desse conceito de imunidade funcional do Juiz, transcrevo o que a esse propósito tenho vindo a defender: a "(...) imunidade funcional (...), em certos casos, o isenta de assumir pessoalmente a obrigação de reparar os danos causados pelas suas decisões e que também o liberta das acima referidas – 'constrições ilegítimas ao seu poder de julgar'. (...) essa imunidade funcional assegura a absoluta independência dos Tribunais e dos Juízes, respeita a necessária correlação entre a responsabilidade e a independência e subtrai ao Juiz o direito de a ela renunciar, exactamente porque não se trata de um direito subjectivo, mas sim de um privilégio funcional. Para além disso, assegura de forma inequívoca, um tratamento igual a todos os órgãos de soberania"; a "imunidade funcional, protege mais eficazmente o Juiz, quer pessoal, quer funcionalmente, e assegura melhor a inviolabilidade da sua independência"[334].

Alguns autores, como, por exemplo, Stammler[335], chegam a defender que a independência interna é também em relação as autoridades jurídicas produtoras de doutrina, de precedente e de jurisprudência.

---

[334] Brito, *Teoria geral do processo*, p.ª 111.

[335] De acordo com Stammler "La independencia del Juez debe ser ante de todo uma independencia *interior*, baseada em la liberdad espiritual. El Juez sólo debe someterse a su *própria convicción*, debidamente fundamentada. Esta liberdad espiritual, necessaria para el ejercicio de las funciones de Juez, se halla amenazada por diversos peligros. Estes peligros nascen, por una parte , de las injerencias externas de la legislación; por outra parte, de ciertos doctrinarios bien intencionados y, finalmente, de la propria tendencia del Juez a respaldar sus fallos em autoridade de otros..." Rudolf Stammler, "El Juez," in *Lecturas de Filosfoia del Derecho*, vol. II (Mexico: Dirección General del Anales de Jurisprudencia y Boletín Judicial, 2001), p.ª 429.

Finalmente, a independência interna institucional convoca ainda a questão da disciplina, do modelo processual adoptado para a acção disciplinar e das garantias de defesa e de imparcialidade que oferece. Entendemos que, sendo o Juiz titular de um órgão de soberania, o modelo que oferece maiores garantias de defesa é o Judicial e não o do processo administrativo disciplinar que convoca a ideia de hierarquia entre os Juízes, que em bom rigor não existe, como já dissemos, bem como a de que o Juiz é um funcionário como os demais, o que nos parece ser inadequado para apreciar o comportamento deontológico e funcional de um titular de um órgão de soberania, o Juiz[336].

4. Independência e controlo do Poder Judicial e do Magistrado

Começaremos por lembrar que a função judicial ou se se quiser o Tribunal e os respectivo Juiz, seu titular exclusivo, originariamente tem como objectivo dirimir conflitos de interesses exclusivamente privados entre cidadãos de uma dada comunidade; progressivamente e em especial a partir do século XIX – poderíamos escolher como marco o caso Marbury *versus* Madison e a sentença do Juiz Marshall nele proferida – o Poder Judicial alarga a sua função para passar a controlar a constitucionalidade das leis, o que lhe confere um enorme poder de intervenção no Legislativo e no Executivo, órgãos produtores de diversos tipos de leis. Com esta decisão, o Poder Judicial manifesta a sua intervenção no político ou, se se quiser, exerce uma importante função política, que é a de obrigar os demais órgãos do poder a obedecer à Constituição e à lei. Mas, com a evolução da sociedade e, com ela, com as novas concepções das funções dos Tribunais, este vem alargando, diríamos, exponencialmente o âmbito da sua intervenção, que agora para além do controlo da constitucionalidade das leis (que já não era coisa pouca) passa a intervir em matérias altamente delicadas para o sistema democrático, nomeadamente, o controlo penal e do património dos políticos com assento parlamentar e no Governo, o sistema eleitoral, o controlo dos actos da Administração pública e, através deles, de políticas públicas, o controlo das contas do Estado, o controlo da democracia interna dos partidos, etc. Tudo isto consubstancia um

---

336 Para maior desenvolvimento, veja-se Brito, *Teoria geral do processo*, p.ª 106 e segs.

considerável aumento dos sectores sociais e políticos que passam a ficar submetidos ao controlo judicial, e, consequentemente, a um exponencial aumento da judicialização da política e da Administração Pública[337]. Reconhecendo que, como diz Ordoñez Solís, "uma democracia com poder judicial fuerte es uma democracia más fuerte"[338], esse reforço do poder judicial reclama natural e necessariamente a responsabilidade do Juiz e postula o equilíbrio entre a sua independência e essa responsabilidade, que não deixa de ter também natureza política, por toda a actuação do Juiz depender e estar vinculada aos valores político-constitucionais, assumindo relevância política.

Ora, estes novos âmbitos de actuação e de controlo jurídico do poder judicial tornou obsoleta a imagem do Juiz montesquiano, do Juiz funcionário, boca da lei, cuja actividade era "invisible et nulle" e era considerado, de entre os três poderes aquele que é, "em quelque façon nulle"[339] e também do Poder Judicial hamiltiano, que, de acordo com Hamilton, é um poder que, "pela natureza das suas funções, será sempre o menos perigoso para os direitos políticos da Constituição, porque será o menos capaz de molestá-los ou de lhes causar danos", por entender que esse poder "não tem nenhuma influência sobre a espada ou sobre a bolsa; (...) não pode tomar nenhuma resolução activa , seja ela qual for. (...) não tem Força nem Vontade, mas apenas juízos"[340]. Agora, o Poder Judicial e o Juiz seu titular deixaram de estar isolados da sociedade e dos poderes públicos, já não são as instâncias neutras de aplicação mecanicista da lei, em que o Juiz é ideado como apolítico e como mero técnico cuja decisão – sentenças – é produto exclusivo do seu saber técnico-jurídico, para passarem a ser detentores de um poder, o de julgar – "*si terribe parmi les hommes* (..)", como dizia Montesquieu, poder que, por interferir em todas as instâncias sociais e políticas, não pode deixar de ser objecto de responsabilização e de controlo, nos termos a seguir definidos, tanto mais que os seus poderes na "sociedade actual, diz-nos Solis, "tienen una transcendencia política indudable y afectan a ámbitos especialmente delicados del sistema

---

337 Em sentido próximo, veja-se, Solís, *Jueces, Derecho y Política*, p.ª 70.

338 Solís, p.ª 70.

339 Montesquieu, *De L'Esprit Des Lois*, vol. 2 (Paris: Garnier-Flammarion, Paris, 1979), p.ª Livro. XI, 297 e 298.

340 Alexander Hamilton et al., *O Federalista* (Lisboa: Edições Colibri, 2003), p.ª 476.

democrático"[341]. Um poder com esta natureza e amplitude não pode ficar *solutibus ac imperium*.

O Poder Judicial e o Juiz têm de prestar contas aos demais poderes e ao povo de onde emana o seu poder e em nome de quem o exerce. Tudo isto intenciona a questão da legitimação do Juiz, tornando-a uma questão central no estudo do Poder Judicial. Tudo isto, sem deixar de reconhecer e de defender a independência do Poder Judicial e dos Juízes e de considerar que ela é um imperativo jurídico-político que tem de ser afirmado para assegurar a credibilidade e confiança nas decisões judiciais e a garantia da própria liberdade e segurança jurídica, cívica e política dos cidadãos.

Na verdade, a independência do Poder Judicial tem que ver com a relação entre os poderes soberanos estabelecida no âmbito da separação e interdependência dos poderes e visa assegurar – tal como a independência dos demais poderes soberanos – que nenhum poder externo ao Judicial possa nele interferir fora do que é constitucionalmente admitido ou, se se quiser, fora dos limites da interdependência dos poderes. Vale isso dizer que a interdependência, enquanto limitação recíproca dos poderes no âmbito das suas inter-relações, funciona e é operativa num quadro em que a Constituição consagra e regula o "jogo" de interferências recíprocas dos poderes, estabelecendo o grau, a natureza e os limites dessas interferências, sem perder de vista a separação dos poderes, e que a independência dos poderes tem de ser assegurada com respeito por esse princípio que, para evitar que se abuse do poder, tem de garantir que "le pouvoir arrête le pouvoir", diz-nos Montesquieu[342].

Aqui, estamos perante relações institucionais, ou seja, (inter)relações entre os poderes Legislativo, Executivo e Judicial, numa palavra, relações interorgânicas que implicam dinâmica conjunta e um controlo de cada um dos poderes pelos demais, controlo que tem de ser organizado com respeito pelas funções atribuídas a cada poder, por forma a que a limitação das respectivas independências seja a estritamente necessária para se evitar o abuso do poder e para assegurar a harmoniosa (inter)relação funcional dos três poderes ("puissances") que, como defende o autor de L'Esprit des Lois, por serem "constraintes d'aller, elles seront forcées d'aller em

---

341 Solís, *Jueces, Derecho y Política*, p.ª 70.

342 Montesquieu, *De L'Esprit des Lois*, vol. 1 (Paris: Garnier-Flammarion, paris, 1979), p.ª 293.

concert"[343]. Assim, esse controlo, necessariamente jurídico-político, tem de ter em conta a natureza e a concreta função constitucional de cada poder soberano, deve ser adequado à natureza institucional desses poderes[344] e não deve ir para além do estritamente necessário.

Contudo, não se deve perder de vista que o Poder Judicial, enquanto instituição, tal como os demais poderes soberanos, emana do povo e é em nome deste que é exercido, pelo que, para além daquele controlo inter-institucional, nada obsta que, tal como os demais poderes, sobre ele se faça controlo sócio-comunitário que, necessariamente, terá de incidir sobre o modo como funciona a organização do sistema judicial, a sua eficiência traduzida:

a) nos resultados do seu funcionamento sob o ponto de vista da satisfação das necessidades públicas, nomeadamente de justiça temporalmente adequada e aceitável;
b) em decisões judiciais reconhecidas como isentas e conforme os valores constitucionalmente consagrados, nomeadamente os relativos aos direitos da pessoa humana e ao meio-ambiente,
c) no estrito cumprimento por cada Juiz das regras deontológicas e do estatuto do Magistrado.

Numa palavra, numa justiça justa.

Duplo controlo que em nenhuma circunstância põe em causa ou viola a independência do Juiz, por incidir sobre a instituição, mas que reclama, para ser aceitável e sério, o auto-governo do Poder Judicial nas áreas que lhe são especificamente próprias, que lhe assegure o integral cumprimento as suas funções.

Já a independência do Juiz, enquanto titular único e exclusivo desse Poder, ***tem de ser absoluta no momento em que exerce a função de julgar***

---

[343] Montesquieu, 1:p.ª 302.

[344] Nesse sentido Karl Loewenstein é muito claro e expressivo quando escreve que "Pero los jueces también son hombres y, como todos los mortalhes, están expuestos a las tentaciones del poder ilimitado. Aqui surge la necessidade imperativa de montar unos medios técnicos que autolimitem la funcíon judicial protegendo así de la arbitrariedade de los jueces a los indivíduos que se sienten ante um tribunal de justicia. Todas las civilizaciones com una estrutura de Estado de derecho poseen, por lo tanto, ciertos controles intraórgano em la función judicial". Karl Loewenstein, *Teoria de la Constitución* (Barcelona: Ariel, 1976), p.ª 251.

até ao momento em que profere e publica a sua decisão. No decurso do exercício dessa função a ninguém, a nenhum poder, nem mesmo as estruturas internas do Poder Judicial enquanto instituição soberana, deve ser permitido interferir, limitar, condicionar ou controlar por qualquer forma o modo como a exerce. Contudo, no exercício dessa função, não pode o Juiz postergar valores constitucionais, em especial os relativos aos direitos da pessoa humana e ao meio-ambiente habitado por essa pessoa e demais seres vivos, nem pode ignorar a lei substantiva que confere os direitos em litígio nem a que regula o processo, por serem estes os parâmetros que balizam o exercício da sua função de julgar.

Julgado o caso e publicada a decisão, esta cai no domínio do controlo crítico da comunidade, quer para a aplaudir quer para a rejeitar por a considerar violadora daqueles valores constitucional e legalmente consagrados e injusta. Aqui está em causa a própria conduta funcional do Juiz, julgada comunitariamente boa ou má, conforme ou desconforme aqueles valores, aquelas leis e deontologicamente correcta ou incorrecta. Fica sob controlo comunitário a decisão e o seu autor, a quem foi concedida toda a liberdade e independência de a proferir com os fundamentos que melhor entendeu para a sustentar. Aliás, esse controlo sócio-comunitário é um verdadeiro antídoto contra o abuso do poder pelo Juiz em cada caso concreto e o corporativismo judicial, na medida em desvela esse abuso e impede que o Poder Judicial oculte situações institucional e comunitariamente inaceitáveis, exerça o poder disciplinar de forma inadequada ou omita o seu exercício quando o devia exercer, proteja ou persiga Magistrados, etc. Trata-se de um controlo que complementa os mecanismos de defesa da independência do Juiz, mas articula essa independência com a responsabilidade[345] do Magistrado e do próprio Poder Judicial.

Esse mesmo controlo é feito também com respeito pela independência interna funcional do Juiz pelo próprio Poder Judicial através da avaliação técnico-deontológica do seu trabalho e da inspecção dos seus serviços, com vista a classificá-lo para efeito de progressão na carreira.

Concluindo, podemos dizer que a independência não pode afastar a fiscalização e o controlo do Poder Judicial e o dever deste prestar contas à comunidade, antes a reclama, de forma adequada, à função

[345] A responsabilidade do Juiz é o correlato da independência, dito de outro modo a independência implica necessariamente a responsabilidade.

que é prosseguida por cada poder soberano, cabendo ao Poder Judicial, enquanto instituição constitucionalmente consagrada, assumir, sem complexo, nem arrogância solipsista, a defesa daquela independência, a fiscalização da forma como esse controlo é institucionalmente exercido e a prestação de contas à comunidade pela forma como a função judicial é exercida.

IV. LEGITIMIDADE DO JUIZ

A independência do Juiz convoca necessariamente a sua legitimidade na medida em que só pode ser Juiz quem está legitimado para exercer a função judicial e para reclamar a titularidade do Poder Judicial. Assim, a questão da legitimidade assume centralidade no estudo do Poder Judicial e da função judicial (mesmo a nível processual). Contudo, pese embora aqui ou ali se fale dessa legitimidade, em bom rigor, entre nós, essa questão não tem sido tratada com a profundidade que a sua relevância exige, mesmo a nível processual. Embora tenhamos consciência da necessidade de se lhe dedicar mais atenção também aqui não a vamos tratar com a profundidade que ela merece, limitando-nos a chamar a atenção para a importância e imprescindibilidade do seu estudo, e a assinalar as formas de legitimidade doutrinalmente consagradas.

Posto isto, podemos dizer que de acordo com a doutrina – jurídica e sociológica – são três os tipos de legitimidade do Juiz, a saber: a da legitimidade pela função, a da legitimidade pelo processo e a da legitimidade pela designação pelos demais órgãos do poder político. A estes três tipos – que, em certa medida, são inspirados na tipologia dos tipos de legitimidade defendidas por Max Weber – a legitimidade tradicional, a legitimidade legal e a legitimidade carismática –, acrescentamos nós a legitimidade pela argumentação fundamentadora das decisões judiciais ou, mais simplesmente, a legitimidade pela argumentação. Não esquecemos a importância da legitimidade pelo respeito do princípio do Juiz natural, que aqui não será objecto de análise. Sinteticamente diremos que a:

- **Legitimidade pela função** corresponde à legitimidade tradicional de Weber e, nessa medida, ela assenta no reconhecimento da necessidade social dessa função, desde a mais remota antiguidade até aos nossos dias e de, tradicionalmente, o exercício dessa função de dirimir conflitos de interesses ter sido sempre entregue a um corpo de Magistrados e de ser aceite como uma *"função pública"* inicialmente dependentes do Rei e, mais tarde, independente e com específico estatuto constitucional.

- **Legitimidade pelo Processo ou Legitimidade Legal** que, de acordo com a doutrina anglo-saxónica, os Juízes são investidos no poder de julgar e de punir pela própria sociedade, que lhes solicita a resolução de conflitos com respeito pelas regras de processo judicial pré-estabelecidas, processo que deve ser estruturado para permitir a maior participação e a menor parcialidade possível. Respeitando essas regras que são a fonte de legitimidade do seu poder, o Juiz legitima-se. Vale isso dizer que a decisão produzida pelo Juiz através desse processo socialmente reconhecido, com respeito pelas suas regras procedimentais pré-estabelecidas e conforme com a lei, consubstancia o legítimo exercício da função judicial e do poder de julgar, pelo que é aceite como legítima, sendo também reconhecido como legítimo aquele que exerce essa função e que decide com respeito por essas regras, o Juiz. A legitimidade da decisão é, assim, simplesmente uma legitimidade legal (jurídico--processual)[346].
- **Legitimidade pela designação,** outra manifestação da legitimidade legal agora a um nível mais elevado do que o do processo. Na verdade, esta legitimidade convoca uma dimensão democrática na legitimação dos titulares do exercício da função pública soberana de julgar, que são os Juízes, sem descurar a dimensão legal – jurídico-constitucional – dessa legitimação. Os Juízes são legitimados pela sua designação, por eleição pelo Parlamento e por indigitação do Presidente da República, o que lhes confere uma legitimação democrática indirecta, dado que a escolha é feita por

[346] Para maior desenvolvimento, veja-se, entre outros, Niklas Luhmann, *Sociologia do Direito*, vol. 1 (Rio de Janeiro: Tempo Brasileiro, 1983). Niklas Luhmann, *Sociologia Do Direito*, vol. 2 (Rio de Janeiro: Tempo Brasileiro, 1985)

Niklas Luhmann, *La Legitimation Par La Procedure* (Laval: Les Presses de L'Universite Laval, 2001).

órgãos soberanos democraticamente eleitos pelo povo, em nome de quem se administra a Justiça. Essa dimensão legitimadora também se ancora no ***consensus político***, fundamental[347], sobre a própria organização jurídico-política da sociedade, e, consequentemente, sobre a sua estrutura institucional, logo do próprio Poder Judicial, consagrada na Constituição. Esta legitimidade recobre uma dupla dimensão legitimadora, a saber: a legitimação democrática indirecta pela designação e a legitimação jurídico-constitucional, pela consagração constitucional dessa designação e, por *consensus político*, pela atribuição constitucional aos Juízes da titularidade do Poder Judicial e do seu estatuto jurídico. Tudo isto sem descurar a legitimidade directa decorrente da eleição do Juiz pelo povo, que aqui não trataremos.

- **Legitimação pela argumentação**, que implica argumentação racionalmente fundamentada da decisão capaz de convencer não só as partes no processo, mas toda a comunidade, constituída em auditório da retórica argumentativa do Juiz. Este, no exercício do seu poder de julgar, está constituído no dever de, no decurso do seu *iter* judicativo, desde a fase inicial da tramitação do processo até à da escolha da lei a aplicar e da sua interpretação, fundamentar com argumentos claros e racionalmente convincentes de que os critérios que utilizou para decidir asseguram não só que o processo se desenrolou em conformidade com normas previamente estabelecidas e conhecidas, nomeadamente as constitucionais, – *legitimidade pelo procedimento* – como também que a lei aplicada foi interpretada em conformidade com a Constituição e com os direitos fundamentais – *legitimidade assente no respeito pelos valores constitucionais* – e, ainda, que a decisão é justa – *legitimidade pelo conteúdo justo da decisão.* De acordo com Alexy, cabe à jurisdição a *representação argumentativa*, que se coloca em frente da *representação política*, que cabe ao Parlamento, e que legitima a decisão justa, proferida em nome do Povo. Deste modo, a argumentação é legitimadora da decisão, nomeadamente

---

[347] Na opinião de Juan Ferrando Badía, o *consensus* político ou fundamental "*es el acuerdo – más o menos – completo que existe en el seno de una determinada sociedad acerca del fundamento del Poder político, de su estructura institucional y jerarquía, de sus fines...*". Cfr. Juan Ferrando Badía, Estudios de Ciencia Política y de Teoría Constitucional, Ed. Tecnos, Madrid, 1988, pª 481.

daquela que, com respeito pelos direitos fundamentais, desaplique normas que os violem, mas também do exercício do poder jurisdicional pelo Juiz, logo, legitima o exercício por este da função de julgar e de proferir decisão.

Expostas sumariamente as teorias de legitimidade do Juiz, podemos concluir dizendo que, com excepção da denominada legitimidade tradicional, que entendemos ser somente o reconhecimento comunitário da necessidade de uma função, a judicial, e não do seu legítimo exercício por um dado agente, logo da sua legitimidade e da do Juiz que a exerce, todas as demais formas de legitimidade concorrem articuladamente, mas com intensidades e efeitos distintos, para legitimação do Juiz, sendo que a legitimidade pela argumentação, presente em cada caso concreto decidido pelo Juiz, é a que mais intensamente convoca a publicidade crítica e determina a legitimidade do Juiz.

V. AUTO-GOVERNO OU AUTOADMINISTRAÇÃO?

1. Introdução

1. O ponto agora é o de saber se, com a criação do Conselho Superior da Magistratura, foi aberto caminho para o reconhecimento de um Poder Judicial dotado de um (auto-)Governo ou de uma autoadministração. Em qualquer caso, coloca-se sempre a questão de saber como se organiza o sistema de *check and balance* relativamente a esse Poder e a quem e como deve prestar contas. Estas questões convocam um conjunto de outras necessárias para iluminar a nossa compreensão, nomeadamente, sobre a natureza jurídico-política do Conselho Superior da Magistratura, a sua composição, as suas funções, o modo como deve relacionar-se com os demais poderes soberanos e a comunidade e os mecanismos de controlo político-comunitário desse poder. Pergunta ainda pela legitimidade, independência e responsabilidade dos Juízes.

Algumas dessas complexas questões foram já tratadas, pelo que limitaremos a nossa discussão à questão de saber se os Tribunais e a Magistratura se organizam como um verdadeiro Poder Judicial ou como uma mera função constitucional.

a) *Magistratura Judicial é uma função constitucional ou um verdadeiro poder?*

Respondendo a esta primeira questão, sempre se dirá que ela é pertinente na medida em que na literatura jurídico-constitucional e até mesmo jurídico-processual, ora se fala de função judicial ora se fala de Poder Judicial para se referir aos Tribunais como órgãos de soberania titulados pelos Juízes que, no seu conjunto, formam a Magistratura Judicial. Pensamos que é útil esclarecer a natureza jurídica desse conjunto complexo constituído pelo órgão e pelos agentes seus titulares, que em algumas Constituições aparecem designados por Tribunais e noutras por Poder Judicial, designação que revela a clássica dúvida sobre essa natureza jurídica. Contudo, a opção por uma ou por outra natureza – função ou poder – determina o modo como, doutrinária e legislativamente, se trata esse conjunto no quadro dos órgãos constitucionais de soberania e nas relações entre esses órgãos, bem como a forma como ele é comunitariamente percecionado.

Começaremos por dizer que todo o poder é instituído para realizar um conjunto de funções, umas de natureza soberana, logo, políticas *latu senso*, outras de natureza administrativa, e todas as funções são concebidas para realizar os objectivos do poder instituído a quem é atribuído, ou seja, vai necessariamente referida a essa finalidade, sobre a qual se projecta ou se orienta. Assim, não há poder sem função, nem função desgarrado do ou não afectado e intencionado ao poder. Importa esclarecer que aqui o poder é entendido no seu sentido institucional, ou seja, inscrito numa instituição estatal, na ocorrência, em instituição soberana e a função vai entendida como actividade, como conjunto complexo e articulado de actividades teleologicamente orientadas para a realização dos objectivos que o poder intenciona. Neste sentido, discutir se os Tribunais são poder ou função é tarefa que, de acordo com o que acabámos de expor, deixa de ter sentido.

Na verdade, a denominada função jurisdicional mais não é do que uma das actividades institucionalmente orientada à realização de um dos fins do Estado, a realização da justiça, e sendo assim ela é o modo como o Poder Judicial se manifesta na sua dinâmica concretizadora do seu fim específico que é o de realização do direito no caso concreto com vista a dirimir juridicamente um conflito de interesses. Trata-se, portanto, de uma função determinada pela específica intenção da realização do direito com plena independência, que é a principal atribuição do Poder Judicial. Nesse sentido, a denominada função jurisdicional é doutrinalmente - a doutrina clássica - o *nomen juris* do Poder Judicial, sendo, portanto, uma função do poder político, mesmo que entendido no sentido amplo, como defende, Castanheira Neves[348], pelo que preferimos falar de Poder Judicial.

Poder Judicial que exerce a função política de um verdadeiro contra-poder jurídico - que essa sua função política lhe exige ou impõe - relativamente ao poder legislativo, como nos ensina Castanheira Neves[349], e também, acrescentamos nós, relativamente ao poder executivo, por só essa natureza de contra-poder jurídico lhe assegurar a autonomia face a esses poderes, logo, relativamente ao político no sentido estrito.

Essa relação entre os três poderes soberanos reclama necessariamente - necessidade exigida e, até mesmo, imposta pelo princípio da separação dos poderes, diga-se - a independência jurídica-política do Poder Judicial, para que possa assumir-se como (contra-) poder político-juridicamente intencionado.

2. Tivemos já a oportunidade de dizer que o Conselho Superior da Magistratura historicamente surge como órgão dos Tribunais, então considerados por Montesquieu como uma das funções soberanas do Estado (hoje também é denominado por Poder Judicial), que tinha como principal objectivo pôr termo ou, pelo menos, refrear a participação política dos Juízes e defender a independência externa e interna da Magistratura. Aliás, essa defesa da independência dos Juízes agora

---

[348] Em sentido próximo, Castanheira Neves defende que "Se a função jurisdicional, como elemento institucional que é do «sistema político» - ou, se quisermos, da comunidade política organizada em Estado -, actua decerto uma função e um poder de *relevo político*, participação e relevo que só por si nos impõem dizê-la também um *poder* e uma *função políticas* -embora tomado o «político» no seu mais amplo sentido -, nem por isso se terá de concluir que ela se oriente ou lhe seja lícito orientar-se, na sua concreta actividade de juízo jurisdicionalmente decisório, pela *intenção política* em sentido estrito e assim em termos de ser o seu um *poder político* também em sentido estrito, um «poder de governo»", entendendo, ainda, que essa função "insere-se certamente no político e mesmo no político estadual, a justificar-se assim que a vejamos atribuída a órgãos de soberania e integrada na estrutura ou organização do poder politico do Estado". António Castanheira Neves, *O Instituto dos "Assentos" e a Função Jurídica dos Supremos Tribunais* (Coimbra: Coimbra Editora, 1983), p.ª 429 e 430.

[349] Neves, p.ª 606/607.

colectivamente considerados, assinalava a entrada numa nova era das relações sempre tensas dos Juízes com os demais poderes soberanos e da afirmação dessa independência como um imperativo do Estado de Direito democrático, numa palavra, do Estado constitucional, indispensável para o livre exercício da função de julgar e para proteger o cidadão dos actos arbitrários ou ilegais do Executivo, assegurando-lhes o direito a uma justiça imparcial.

Mas, essa longa e difícil luta pela criação desse órgão e pelo reconhecimento da independência externa e interna do Juiz foi sempre acompanhada pela ideia da responsabilização do Juiz que é sintetizada por Condorcet[350] quando defende que a nação deve reconhecer a necessidade de Juízes independentes, ao mesmo tempo que defende a responsabilidade do Juiz como pedra angular do seu Estatuto.

Se a defesa da independência colectiva da Magistratura e a necessidade de impedir e controlar a sua intervenção na vida política, através, entre outros, da imposição legal do rigoroso dever de reserva, foram a motivação do debate sobre a criação do Conselho Superior da Magistratura – debate que ainda não perdeu sentido e que se continua a fazer com vivacidade – e foi a sua originária atribuição, o ponto é que para o exercício dessa função lhe foi também atribuída competência para decidir sobre a carreira do Juiz – ingresso e progressão na carreira, colocação, transferência, inspecção e acção disciplinar, entre outras. Também desde muito cedo, os próprios Juízes, a doutrina e a jurisprudência começaram a discutir se o Conselho Superior da Magistratura deveria ser considerado um órgão administrativo ou de governo, discussão que ainda hoje perdura, mesmo depois de a doutrina e jurisprudência dominante considerar que tem natureza administrativa, por os seus actos serem judicialmente sindicados, o que, diga-se, por si só, não é fundamento sólido que justifique a atribuição ao órgão de natureza administrativa[351].

---

[350] Condorcet, *Réflexions sur les pouvoirs & instructions a donner par les Provinces a leur Députés aux États-Généreaux* (Paris, 1789).

[351] Fazemos notar que a sindicabilidade judicial dos actos administrativos por si só não confere natureza administrativa ao órgão produtor desses actos. Na verdade, os demais órgãos de soberania, máxime, o Executivo, produzem actos administrativos todos juridicamente sindicáveis, o que, aliás, é uma garantia dos cidadãos contra ilegalidades ou, até mesmo, contra arbitrariedades e abusos do poder.

3. Essa discussão sobre a natureza jurídico-constitucional do Conselho Superior ainda continua a prender a atenção dos estudiosos desse tema, tanto mais que a doutrina tem vindo a criticar o modelo de Juiz funcionário apolítico criado por Montesquieu assumido pelos revolucionários de 1789 – Revolução Francesa – como aquele que, transformando o Juiz numa mera boca da lei – ou como diria Cícero "el magistrado es la ley que habla, y la ley el magistrado mudo"[352] –, era o adequado para o afastar da luta política, exactamente porque a apoliticidade contribuía para isolar o Juiz da sociedade e para o apresentar como funcionário neutral – neutralidade também política – com a função exclusiva de aplicar a lei para a resolução dos conflitos individuais. Como explica Juan Montero Aroca, "la ideia del poder político há sido asilar al juez de la sociedad, presentándole como uma instancia neutra de solución de conflictos individuales sin transcendência general"[353]. Esta figura do Juiz funcionário, dependente do Executivo que, a partir da revolução, assume a sua independência face ao Legislativo e ao Executivo, desaparece para dar lugar à do Juiz independente, mas sempre ideado e apresentado como neutral, apolítico e, como diz Cristina Dias Pascual, "especialista en concluir silogismos en los que la selección de las premissas resulta más que evidente"[354]. Foi este modelo de Juiz absolutamente vinculado à lei que a burguesia liberal assumiu como o mais adequado para o exercício da função judicial, por assegurar a (sua) liberdade burguesa[355]. É a independência deste tipo de Magistrado que originariamente o Conselho Superior deveria garantir e defender. É também esse Juiz independente que se opõe à criação desse Conselho e que, depois de tomar consciência de que nada podia fazer para impedir a sua criação, se organizou para o controlar por dentro, ao mesmo tempo que, para o desvalorizar jurídico-politicamente, lhe atribuía uma natureza e função meramente administrativa. De certo modo, esta luta dos Juízes contra o Conselho com vista a evitar o controlo externo do seu poder, acaba por ser uma luta contra si mesmos.

---

[352] Marco Tulio Cicerón, *Sobre la República; Sobre las leyes*, 3a. ed., reimp (Madrid: Tecnos, 2002), p. p.ª 217.

[353] Aroca, *Independencia y Responsabilidad del Juez*, p.ª 57.

[354] Cristina García Pascual, *Legitimidad Democrática y Poder Judicial*, Estudios Universitarios 66 (Valencia: Edicions Alfons el Magnànim, Institució Valenciana d'Estudis i Investigació: Generalitat Valenciana, Diputació Provincial de València, 1997), p.ª 112.

[355] Cfr. Simon, *La independencia del juez*, p.ª 7 e segs.

4. Efectivamente, o Conselho Superior da Magistratura *nasce com a natureza de um órgão administrativo de gestão da disciplina dos Juízes e da carreira profissional desses Magistrados, bem como do Ministério Público*, natureza que a Constituição francesa de 1946 assume e consagra, por ser consensualmente a assumida por todos os partidos com assento na Assembleia Nacional francesa que discutiu e aprovou essa Constituição em 27 de Outubro. Contudo, com a judicialização da política, em especial, a partir da decisão de Juiz John Marshall (1803), e da criação de Tribunais Constitucionais na Europa (cujas função, diz-nos Loewestein, é necessariamente política[356], embora as suas decisões assumam a forma jurídica[357]) pode dizer-se que se revela a existência de um verdadeiro Poder Judicial, exactamente por os Juízes se terem assim constituído num verdadeiro terceiro poder, o que gera em vários sectores da doutrina a ideia da emergência de um governo dos Juízes[358], que se não for controlado poderá originar uma verdadeira e perigosa ***judiciocracia***.

5. Podemos assim dizer que, a partir, pelo menos, do final da Segunda Guerra Mundial, a questão do auto-governo dos Tribunais começa a ganhar expressão, tanto mais que ampliam os sectores sociais e políticos, até então reservados aos outros poderes, em que os Tribunais passam a interferir, judicializando políticas públicas e actos do Governo[359], do que

[356] Afirma ainda este autor que "el control de la constitucionalidade es, essencialmente, control político, y, cuando se impone frente a los otros detentores del poder es, en realidad, uma decisión política". Loewenstein, *Teoria de la Constitución*, p.ª 309.

[357] De acordo com Loewestein, "fundamenta su competência, (...), en su derecho y deber de interpretar la constitución, ya que cada detentor del poder, para justificar su acción política, se apoya em uma norma constitucional. Dado, sin embargo, que la substancia del conflito es de naturaleza política, la función del Tribunal Constitucional adquire necessariamente um carácter político aunque la decisión esté revestida de forma judicial". Loewenstein, p.ª 321.

[358] Sobre o governo dos Juízes e o receio que provoca em França, veja-se Edouard Lambert, *Le gouvernement des juges et la lutte contre la legislation sociale* (Paris: Ed. Dalloz, 2005).

[359] A este propósito Loewenstein chama a atenção para essa ampliação da intervenção dos Tribunais nos outros poderes dizendo que "[S]in embargo, desde el siglo XVIII la función judicial há experimentado uma transformación radical. La independencia. Judicial sigue protegendo, como es debido, a los tribunales contra las intervenciones de otros detentadores del poder. Pero este aislamiento há dejado desde hace tiempo de ser recíproco. Uno de los fenómenos más característicos em la evolución del Estado democrático constitucional es el

resultam decisões judiciais (sentenças) que afectam um amplo universo de pessoas, de instituições e sectores da vida democrática, mesmo quando essas pessoas e instituições não participam no litígio. Essas decisões judiciais assumem assim uma transcendência política inegável, o que implica a indispensável necessidade de um controlo também político adequado à natureza da função judicial, bem como da responsabilidade política do Juiz entendida como crítica comunitária e dos poderes políticos às decisões do Juiz depois de proferidas e publicadas, bem como à postura ética deste sempre que seja contrária aos valores constitucionais e deontologicamente consagrados[360].

Esta é nova configuração do Poder Judicial e dos seus poderes que adequa jurídico-constitucionalmente as relações desse poder com os demais poderes soberanos e à necessidade de o conter nos limites constitucionalmente consagrados e comunitário-politicamente aceitáveis, com vista a evitar a sua supremacia sobre os demais[361], o seu funcionamento sem controlo, que, no limite, poderia conduzir a uma judiciocracia. Como correlato desse controlo político, impõe-se a necessidade de se reconhecer e de se aceitar um auto-governo do Poder Judicial, o que nos interpela sobre o modelo adoptar, modelo que deverá sempre ser capaz de conter atribuições desse Poder nos limites constitucionais e de afastar o fantasma de um Governo dos Juízes.

---

ascenso del poder judicial a la categoria de auténtico tercer detentador del poder" afirmando mais à frente que "[E]n el marco de esta nueva evolución, los tribunales ostentan por próprio derecho fuertes y eficaces controles interórganos frente a los otros detentadores del poder. Fundamentalmente de três clases: 1) El derecho de los tribunales a supervisar y comprovar la concordância de las acciones del poder ejecutivo com su base legal. 2) La competência judicial para el control de la constitucionalidade de las leyes emitidas por el gobierno y el parlamento. 3) En algunos órdenes jurídicos la decisión arbitral sobre conflictos que se puedan producir en el ejercicio de las funciones assignadas a los otros detentadores del poder. Esta última evolución se designa frecuentemente como «judícialización, o justicialización de la política»". Loewenstein, *Teoria de la Constitución*, p.ª 304/305.

[360] Em sentido próximo Ordóñez Solís diz que "la responsabilidade política del juez deve entenderse como la exposición de las soluciones que oferece el juez a los casos concretos siendo susceptibiles de crítica y, en la medida de los posibles, de cambio". Solís, *Jueces, Derecho y Política*, p.ª 71.

[361] Sobre a evolução histórica dessa supremacia do Poder Judicial sobre o Executivo veja-se Hernández Martín, *Independencia Del Juez y Desorganización Judicial*, p.º 31 e segs.

2. Auto-governo do Poder Judicial

Começaremos por dizer que somos defensores de um verdadeiro autogoverno do Poder Judicial, como conjunto complexo e articulado de órgãos e serviços com competência de direcção política e administrativa dos Tribunais e dos Magistrados Judiciais[362], por também defendermos o controlo político-comunitário desse poder na sua dupla dimensão, dos órgãos e serviços, por um lado, e dos Juízes, enquanto titulares únicos dos Tribunais, por outro. Torna-se assim necessário justificar essa nossa posição e apresentar uma proposta de modelo de autogoverno compatível com a especificidade funcional desse órgão do poder soberano. Assim, o Poder Judicial é reconhecido como órgão constitucional de soberania, o que acontece na generalidade das Constituições democráticas.

Começaremos desde logo por dizer que esse auto-governo confere dignidade ao Poder Judicial e aos Magistrados, equiparando constitucionalmente esse Poder aos demais poderes soberanos, ao mesmo tempo que reclama, no quadro da arquitectura constitucional do Conselho Superior da Magistratura Judicial, um estatuto do Juiz, em sede de responsabilidade deontológica, compatível com a sua titularidade de um poder soberano, respeito pela lei e reserva de competência.

De seguida, importa assinalar que esse governo deverá ser:

- um órgão necessariamente colegial;
- sem outra preeminência do seu Presidente, que não seja o de representar interna e externamente o órgão e de dirigir e coordenar os seus trabalhos;

---

362 A doutrina espanhola face à Constituição de 1978, não aceita a ideia de auto-governo, entendo que o Consejo General del Poder Judicial é um órgão constitucional criado para defender a independência externa dos Juízes, logo é um órgão instrumental ao serviço da independência dos Juízes, embora, até à entrada em vigor daquela Constituição, tenha sido prevalecente a ideia do auto-governo do Poder Judicial. Cfr. Domínguez, "El Gobierno de la Justicia," p.ª 173 e segs. É curioso notar que nessa mesma Constituição se fala do Consejo General como órgão de governo do Poder Judicial, entendendo Jose Luis Manzanares Samaniego que se trata de auo-governo limitado. Veja-se o número 2 do artigo 122.º da aqui referida Constituição de 1978. Cfr. Jose Luis Manzanares Samaniego, "Las Atribuciones del Consejo General del Poder Judicial," in *El Gobieno de la Justicia. El Consejo General del Poder Judicial* (Valladolid: Unversidad de Valladolid, 1996), p.ª109.

- um órgão institucionalmente solidário;
- sem hierarquia entre os seus membros.

Por outro lado, entendemos que, para que exista um efectivo governo do Poder Judicial, a esse governo deve, jurídico-constitucionalmente, ser atribuído, entre outros, os poderes e responsabilidades, a seguir indicadas:

a) **Poder de auto-organização,** entendido como poder de definição da sua organização interna, em que se inclui a distribuição dos "pelouros" a cada conselheiro, e do modelo de funcionamento, com respeito pelo princípio da colegialidade desse Conselho, que deverá ser orientada pelo plenário do Conselho.
b) **Poder Orçamental** de elaborar, de apresentar ao Governo e de, com este, discutir a sua proposta de orçamento anual para ser inserida no Orçamento de Estado e, uma vez aprovado esse orçamento, o **poder de gerir** a sua execução.
c) **Poder regulamentar de carácter interno,** manifestação jurídica do poder de auto-organização, e que se traduz na elaboração de regulamentos sobre o pessoal, organização e funcionamento dos seus órgãos e serviços.
d) **Autonomia de competências administrativas** na gestão e organização dos órgãos e serviços do Poder Judicial, nomeadamente, no que diz respeito à:

    - criação e gestão curricular e dos recursos humanos da Escola de Formação dos Juízes,
    - carreira e movimentação dos Magistrados e dos funcionários judiciais,
    - organização e funcionamento dos Tribunais,
    - plataforma(s) informática(s) de tramitação de processos judiciais,
    - inspecção dos serviços judiciais;

e) **Plenitude de competências** na fiscalização da conduta deontológica e na avaliação técnico-científicas e funcional dos Juízes e dos funcionários judiciais;
f) **Exclusividade de competência para acção disciplinar,** que implica que só o Conselho Superior deverá ser titular do acção disciplinar relativa aos Magistrados e funcionários judiciais,

fazendo aqui notar que, por entendermos que os Juízes não devem ser sujeitos a processos disciplinares, mas sim a julgamento por violação dos deveres deontológicos, o Conselho *só deverá ter essa exclusividade para deduzir acusação deontológica a apresentar em Juízo para julgamento com todas as garantias de defesa.*

g) **Responsabilidade política do Conselho Superior** perante o Presidente da República e o Parlamento, mas que implica sempre a prestação de contas sobre a actividade dos Tribunais – funcionamento, pendências e resultados obtidos – à própria comunidade através de um relatório anual, nos termos a seguir definidos.

Posto isto, podemos agora, em suma, dizer que o auto-governo exige, como é bom de compreender, uma organização, composição, funcionamento e responsabilidade política do órgão de governo do Poder Judicial, o Conselho Superior da Magistratura, adequada às funções decorrentes dessa sua natureza jurídica e ao imperativo de controlo político, contrapartida desse auto-governo.

Por outro lado, e é importante deixar muito claro, o auto-governo terá sempre de assegurar a separação entre a dimensão institucional do Poder Judicial – organização e funcionamento dos Tribunais, enquanto serviço público soberano – e a dimensão judicativa, ocupada exclusivamente pelos Juízes, enquanto titulares do poder de julgar e de decidir judicialmente. Por essa razão, defendemos que o Presidente e os Juízes que integram o Conselho Superior da Magistratura durante o mandato não devem exercer a actividade judicial, não podendo, portanto, exercer o poder de julgar. Só deverão exercer esse poder findo o mandato. Assim, evita-se a confusão, sempre prejudicial, entre a actividade político-administrativa dos Juízes membros do Conselho e a actividade jurisdicional, o que confere a uns e a outros plena liberdade no exercício das suas respetivas funções.

3. Proposta de modelo organizacional e funcional do órgão de governo do Poder Judicial: o Conselho Superior da Magistratura

A) Introdução

A organização estrutural do órgão de Governo do Poder Judicial deve ser feita com base no princípio democrático, no princípio do controlo externo, no princípio da legitimidade indirecta dos titulares do órgão de Governo dos Poder Judicial, e de forma a evitar o corporativismo judicial, bem como a judiciocracia. Por outro lado, deve ser assegurada a separação entre a actividade político-administrativa própria do autogoverno, da actividade jurisdicional, própria do poder de julgar e de decidir jurisdicionalmente. Finalmente, impõe-se o adequado controlo político-comunitário desse Poder e da Magistratura que não interfira nas respectivas independências, nomeadamente através da prestação de contas, nos termos a seguir propostos.

B) Composição

No que se refere à composição do órgão de Governo do Poder Judicial, o Conselho Superior da Magistratura, desde a sua origem, mesmo contra a vontade política dos Juízes, teve sempre e deve continuar a ter uma composição mista: *cidadãos,* designados pelo Presidente da República e eleitos pelo Parlamento e *Juízes de carreira,* eleitos pelos seus pares. O número total de Juízes deverá ser sempre inferior à soma do número dos cidadãos designados pelo Presidente da República com o número dos cidadãos designados pelo Parlamento com vista a evitar o corporativismo judicial[363] e também qualquer tentativa de judiciocracia.

Todos os membros do órgão de Governo do Poder Judicial devem exercer em exclusividade as suas funções durante todo o mandato, sendo equiparados para efeito de remuneração, honras e privilégios aos Juízes Conselheiros. A cada um dos membros deve ser obrigatoriamente atribuído um pelouro. Com isto permite-se a dedicação exclusiva de todos os membros, sejam laicos, sejam Juízes, à gestão político-administrativa dos assuntos do órgão de Governo do Poder Judicial, o conhecimento profundo dos problemas dos Tribunais lato sensu, a activa participação nas reuniões e em todas as actividades político-administrativas, o que

---

[363] - No mesmo sentido, FIGUEIREDO DIAS que entende que a representação minoritária dos Juízes no órgão de autogoverno do Poder Judicial evitaria o risco da corporativização desse órgão e da sua ilegitimidade. FIGUEIREDO DIAS, Do "Governo da Justiça" ao "Governo dos Juízes" no Portugal de Hoje, in El Gobierno del Poder Judicial, Ed. Universidad Valladolid, 1996, pª 89.

contribui para proteger esse órgão do corporativismo judicial e para oferecer uma gestão plural dos seus vários sectores.

Devem, por outro lado, ser consagradas incompatibilidades e imunidades funcionais desses membros, tal como acontece com o Presidente da República, os Membros do Governo e os Deputados. Nesse sentido, deve estabelecer-se que, até ao final dos seus mandatos, os membros do Conselho Superior da Magistratura não poderão exercer a actividade de julgar, não podendo o seu Presidente acumular as funções com as de Juiz de qualquer Tribunal.

C) Designação dos Membros e do Presidente do Governo do Poder Judicial

Dentro dos prazos constitucionalmente estabelecidos:

a) O Presidente da República deverá designar os membros que lhe compete escolher;
b) O Parlamento deverá designar os membros do Conselho que lhe compete eleger;
c) Os membros Juízes deverão ser eleitos pelos seus pares.

Os cidadãos devem ser designados por esses dois órgãos de soberania de entre cidadãos que não sejam Magistrados Judiciais, do Ministério Público ou Advogados no exercício efectivo de funções, podendo ser designados membros "laicos" que não sejam juristas.

O mandato dos membros do órgão de autogoverno do Poder Judicial deverá ser por um período de tempo suficientemente longo para justificar a sua não reeleição, podendo, por exemplo, entre nós, ser igual ao do mandato dos Juízes do Tribunal Constitucional.

Esta composição, juntamente com outros factores a seguir indicados, constitui um importante mecanismo de combate contra o corporativismo judicial.

No que à escolha dos membros Juízes se refere:

a) Todos os Juízes do respectivo país são eleitores e elegíveis para o órgão de governo, Conselho Superior da Magistratura, devendo haver uma quota igual para Juízes de cada uma das Instâncias.

Assim, permite-se que todos os Juízes se sintam representados nesse órgão.

b) O Presidente do Conselho Superior deverá ser um Juiz da mais alta instância judicial – entre nós, um Juiz Conselheiro –eleito em lista separada por todos os Juízes em sufrágio universal, directo e secreto, podendo haver voto por correspondência. O cargo de Presidente do Conselho Superior da Magistratura é incompatível com o Presidente do Supremos Tribunal, não podendo este, portanto, acumular as duas funções.

c) Uma vez eleitos e com a tomada de posse, o Presidente e Juízes ficam suspensos do exercício das funções de julgar, passando a dedicar-se em exclusivo à presidência e à actividade do órgão. Evita-se, assim, a confusão entre a função judicativa e a de gestão política e administrativa dos Tribunais e dos recursos humanos e materiais.

   Permite-se assim que a prestação de contas ao Presidente da República, ao Parlamento e à comunidade, seja feita não por um Juiz Presidente que exerce funções judicativas em acumulação com o da presidência do órgão de governo do Tribunais, mas sim por um Juiz, suspenso da função de julgar, que exerce em exclusividade as funções de Presidente deste órgão de Governo. Permite-se ainda que esse Juiz, assumindo exclusivamente as vestes de Presidente de um órgão constitucional de governo dos Poder Judicial, possa, sem entraves, nem constrangimentos, discutir com os outros órgãos de soberania e com a comunidade política todas as questões relativas ao Poder Judicial.

   Em resumo, separando os Juízes que julgam dos Juízes que exercem em exclusividade as funções de governo, de administração e de representação do Poder Judicial, separam-se as duas distintas funções, evitando-se ou, pelo menos, contribuindo para se evitar interferências indevidas na independência dos Juízes e dos Tribunais, ao mesmo tempo que se assegura a livre representação político-administrativa desse Poder e da Magistratura e o debate crítico com os demais poderes soberanos e com a comunidade sobre o governo e a gestão político-administrativa dos Tribunais.

d) Todos os membros do órgão de Governo do Poder Judicial devem exercer em exclusividade as suas funções durante todo o mandato, sendo equiparados para efeito de remuneração, honras, privilégios e deveres aos Juízes Conselheiros.

e) A cada um dos membros deve ser atribuído obrigatoriamente um pelouro, com vista a permitir a todos, sejam laicos, sejam Juízes, a dedicação exclusiva à gestão político-administrativa, o conhecimento dos problemas dos Tribunais, a activa participação nas reuniões e em todas as actividades político-administrativas. Tudo isto também contribui para proteger o órgão do corporativismo judicial e da judiciocracia ao mesmo tempo que oferece uma governação e gestão plural e informada dos seus vários órgãos e serviços.

f) Os membros do Conselho Superior da Magistratura só podem afastados do cargo com a cessação dos respectivos mandatos, por renúncia e incumprimento ou violação grave dos seus deveres funcionais, verificado pelo Plenário e aprovado por maioria de, pelo menos, 3/5 dos seus membros. Não deverão ser reeleitos para um segundo mandato.

D) Função

Para além das funções de defesa da independência do Poder Judicial e dos Juízes e, ainda, da auto-organização que implica a regulação da sua própria organização interna e do seu funcionamento, a que nos referimos já e que aqui para se evitar repetições fastidiosas, damos por reproduzidas, o Conselho Superior da Magistratura deve, ainda, participar embora de forma restrita e exclusivamente a título de consultivo, *no processo legislativo*, exclusivamente sobre a legislação processual, a organização, competência e funcionamento do Tribunais e respectivas secretarias judiciais, e o Estatuto dos Magistrados. No que se refere a este Estatuto, deve conter uma **carta deontológica do Magistrado Judicial**. Por a defesa da independência da Magistratura ser a principal função desse Conselho, a este deve ser reconhecido o direito de apresentar proposta desse Estatuto ao Parlamento. Deve, ainda, esse órgão de Governo dos Tribunais ter competência exclusiva para fiscalizar a conduta deontológica dos Juízes, e ser o responsável pela regulamentação e execução das leis relativas à instalação, funcionamento e inspecção dos Tribunais e, ainda, pela gestão dos recursos humanos, financeiros e materiais.

E) Prestação de Contas e Responsabilidade Política

O órgão de Governo do Poder Judicial deve prestar contas **ao Presidente da República e ao Parlamento.**

Para tanto, anualmente, deverá o Presidente desse órgão apresentar ao Presidente da República e ao Parlamento relatório circunstanciado sobre estado da Justiça – a sua actividade, a das unidades orgânicas, as pendências, a organização e o funcionamento dos serviços, os pontos fortes e fracos, as medidas que se propõe adoptar para suprimir e/ou ultrapassar os pontos fracos e melhorar os pontos fortes, etc. Esse relatório deverá ser publicamente debatido com o Presidente do órgão de Governo do Poder Judicial em sessão parlamentar expressamente convocada para o efeito. Poderá o Presidente da República, se assim entender, emitir pública opinião sobre o relatório.

Para além do debate parlamentar anual acima referido, a pedido do Presidente da República feito em mensagem dirigido a esse órgão de soberania em que se indicam expressamente as matérias que deverão ser analisadas, ou a solicitação devidamente motivada do próprio Parlamento, o Presidente do órgão do Poder Judicial poderá ser convocado para, em audiência com o Presidente da República ou em debate parlamentar (no âmbito das Comissão especializada), discutir as matérias relacionadas com a Justiça que causem alarme público ou que possam provocar crise funcional dos Tribunais, mas em nenhum caso deverá tal debate incidir sobre processos judiciais que estejam a correr termos pelos Tribunais e cujas sentenças não estejam transitadas em julgado.

VI. CONTROLO DO PODER JUDICIAL E DOS MAGISTRADOS JUDICIAIS

O controlo político-comunitário do Poder Judicial, através do seu órgão de governo, que temos vindo a defender assume duas distintas, mas complementares e articuladas, dimensões, a saber: uma relativa ao Poder Judicial, enquanto órgão de Governo dos Tribunais e outra relativa à Magistratura. Ambas reclamam controlo externo e interno, quer de natureza funcional, quer orgânica. Vejamos agora o sentido e a natureza desses controlos, dizendo desde já que devem ser adequados à natureza da função que esse órgão de soberania exerce e não podem em nenhuma circunstância intervir na independência do Juiz no exercício da sua função de julgar e no decurso da sua actividade judicativa.

Começaremos pelo contro do órgão de Governo do Poder Judicial, o Conselho Superior da Magistratura, designação que usaremos por ser a que é a mais usada na Europa.

1. Controlo externo do Conselho Superior da Magistratura. O controlo político

Esse controlo convoca a relação entre o Poder Judicial, através do Conselho Superior, e os demais órgãos de soberania, excluindo deste o Governo. Assim, trata-se de um controlo que deve ser exercido pelo Presidente da República e pelo Parlamento e que reclama a obrigatória apresentação anual ao Presidente da República e ao Parlamento de um relatório sobre o estado da justiça.

Assim esse órgão de Governo do Poder Judicial deve prestar contas **ao Presidente da República e ao Parlamento** nos termos acima referidos.

Tratando-se de um controlo feito por órgãos políticos de soberania, poderemos dizer que estamos perante um controlo político no sentido amplo da expressão.

Por outro lado, o Conselho Superior também está sujeito a um controlo comunitário, feito por organizações cívicas da sociedade civil, por cidadãos quer a nível individual quer a nível de grupo, por académicos, pela comunicação social, quer através dos meios tradicionais – jornais, revistas e televisões – quer através das redes sociais.

Também esse tipo de controlo assume natureza política, e tal como a anterior não deve em nenhuma circunstância beliscar a independência do Juiz no decurso do exercício da sua regular e jurídico-constitucional função de julgar e de decidir, nem devem ser discutidos processos judiciais em curso, excepto nos casos em que, havendo anormalidades tramitacionais ou de outra natureza, causem alarme público que possam afectar ou já estejam a macular a seriedade e a honorabilidade de Juízes, a sua credibilidade e/ou o bom e regular funcionamento dos órgãos do Poder Judicial.

Defendemos que o Presidente do Poder Judicial deve prestar contas à comunidade relativamente à concreta conduta dos Juízes violadora dos seus deveres deontológicos e/ou do seu estatuto.

A responsabilidade política do Poder Judicial poderá assim ser efectivada com seriedade e serenidade, o que coloca o Presidente do Poder Judicial em pé de igualdade com os titulares dos demais órgãos de soberania, mas com salvaguarda permanente da independência dos Juízes em sede de julgamento.

2. Controlo interno do Conselho Superior da Magistratura

Sob este ponto de vista, há um controlo crítico global e controlos críticos sectoriais.

a) O controlo crítico global é feito, desde logo, no final de cada mandato e no momento eleitoral para a escolha dos membros desse Conselho. Agora são os Juízes que, politicamente, avaliam o trabalho dos seus pares nesse órgão de governo dos Tribunais e, no caso de se consagrar a possibilidade de reeleição por mais um mandato, o que, em nossa opinião, não é aconselhável, decidem renovar-lhes a confiança, reelegendo-os, ou, manifestar a sua crítica e discordância política, sobre a forma como governaram os Tribunais, não os reelegendo. Aqui o controlo tem a natureza de controlo orgânico-funcional.

b) O controlo crítico sectorial também natureza funcional, no sentido de ser um controlo sobre o exercício das funções por cada membro do Conselho e por este colectivamente. Agora, olha-se e critica-se:

b1) a forma como cada conselheiro gere o seu pelouro e os resultados obtidos por essa gestão.

b2) O modo como o Conselho se relaciona com a Magistratura sob o ponto de vista da defesa da independência do Juiz e da Magistratura no seu todo, do prestígio do Poder Judicial, do acesso, progressão na carreira, bem como sob o disciplinar.

b3) O modo como o Conselho se relaciona com os demais órgãos de soberania e com a comunidade, até mesmo sob o ponto de vista da defesa da independência dos Juízes e sob o da prestação de contas.

3. Controlo externo da Magistratura

O controlo crítico externo do Juiz coloca esse Magistrado em relação com a comunidade, o povo, em nome de quem ele profere as suas decisões. Esse controlo é feito em momento posterior à prolação das suas decisões, visto que, como já dissemos e nunca é demais repetir, para se evitar mal-entendidos e críticas infundadas a esta nossa tese, em nenhuma circunstância deve haver interferências indevidas na actividade judicativa do Juiz e no momento em que exerce essa actividade. Queremos com isto significar que, publicada a sentença, esta cai no domínio da publicidade crítica, o que confere a todo e qualquer cidadão e a qualquer titular dos outros órgãos de soberania o direito de produzir juízo crítico –, positivo ou negativo – sobre a decisão.

BIBLIOGRAFIA

Aroca, Juan Montero. *Independencia y Responsabilidad del Juez*. Madrid: Civitas, 1990.

Bertrand, François-Guillhem. "El Gobierno de la Justicia en Francia." In *El Gobierno de la Justicia. El Consejo General del Poder Judicial*, 587. Universidad de Valladolid, 1996.

Brito, Wladimir. *Teoria geral do processo*, 2019.

Cicerón, Marco Tulio, and José. Guillén Cabañero. *Sobre la República; Sobre las leyes*. 3a. ed., Reimp. Madrid: Tecnos, 2002.

Condorcet. *Réflexions sur les pouvoirs & instructions a donner par les Provinces a leur Députés aux États-Généreaux*. Paris, 1789.

Domínguez, Valentín Cortés. "Naturaleza del Consejo General del Poder Judicial." In *El Gobierno de la Justicia. El Consej General del poder Judicial*, 173 a 180. Valladolid: Universidad de Valladolid, 1996.

García Pascual, Cristina. *Legitimidad Democrática y Poder Judicial*. Estudios Universitarios 66. Valencia: Edicions Alfons el Magnànim, Institució Valenciana d'Estudis i Investigació: Generalitat Valenciana, Diputació Provincial de València, 1997.

Garnot, Benoît. *Historie des Juge en France de l'Áncien Régime à nos Jours*. Nouveau Monde, n.d.

Hamilton, Alexander, James Madison, John Jay, and Viriato Soromenho Marques. *O Federalista*. Lisboa: Edições Colibri, 2003.

Hernández Martín, Valeriano. *Independencia Del Juez y Desorganización Judicial*. Monografías Civitas. Madrid, España: Centro de Publicaciones del Ministerio de Justicia, 1991.

Lambert, Edouard. *Le gouvernement des juges et la lutte contre la legislation sociale*. Paris: Ed. Dalloz, 2005.

Loewenstein, Karl. *Teoria de la Constitución*. Barcelona: Ariel, 1976.

Luhmann, Niklas. *La Legitimation Par La Procedure*. Laval: Les Presses de L'Universite Laval, 2001.

———. *Sociologia do Direito*. Vol. 1. 2 vols. Rio de Janeiro: Tempo Brasileiro, 1983.

———. *Sociologia Do Direito*. Vol. 2. 2 vols. Rio de Janeiro: Tempo Brasileiro, 1985.

Luque, Luis Aguiar de. "El Gobierno Judicial en el Derecho Comparado: Entre la Dirección Política y la Gestión Administrativa." In *El Gobierno del Poder Judicial. Una Perspectiva Comparada*, 25. Madrid: Centro de Estudios Políticos y Constitucionales, 2012.

Masson, Gérard. *Les Juges et le Pouvoir*. Langres: Moreau Syros, 1977.

Mecham, Leonidas Ralph. *The Federal Court System in the United States*. Washington, D.C: Administrative Office of the U.S. Courts, 2011.

Merkl, Adolf. *Teoria General del Derecho Administrativo*. Madrid: Revista de Derecho Privado, 1935.

Montesquieu. *De L'Esprit Des Lois*. Vol. 2. 2 vols. Paris: Garnier-Flammarion, Paris, 1979.

———. *De L'Esprit des Lois*. Vol. 1. 2 vols. Paris: Garnier-Flammarion, paris, 1979.

Neves, António Castanheira. *O Instituto dos "Assentos" e a Função Jurídica dos Supremos Tribunais*. Coimbra: Coimbra Editora, 1983.

Pansieri, Flávio. "Conselho Nacional de Justiça." In *Enciclopédia Jurídica da PUCSP. Direito Administrativo e Constitucional*, 2:2 a 20. São Paulo: Pontifícia Universidade Católica de São Paulo,. Accessed July 28, 2022. https://enciclopediajuridica.pucsp.br.

Perron, Walter. "El Gobierno de la Justicia en Alemania." In *El Gobierno de la Justicia. El Consejo Genenral del Poder Judicial*, 587. Universidad de Valladolid, 1996.

Prélot, Marcel. *Institutions Politiques et Droit Constitutionnel*. Paris, 1957.

"Proclamation des résultats des votes émis par le Peuple français à l'occasionde sa consultation par voie de referendum, le 13 Octobre 1946." Accessed February 5, 2021. https://gallica.bnf.fr/ark:/12148/bpt6k96173475/f2.item.

Russell, Peter H. "Toward a General Theory of Judicial Independence." In *Judicial Independence in the Age of Democracy. Critical perspectives from Around the World*, 325. Charlotteville: University Press of Virginia, 2001.

Samaniego, Jose Luis Manzanares. “Las Atribuciones del Consejo General del Poder Judicial.” In *El Gobieno de la Justicia. El Consejo General del Poder Judicial*, 109 a 125. Valladolid: Unversidad de Valladolid, 1996.

Senese, Salvatore. “El Gobierno de la Justicia en Italia.” In *El Gobierno de la Justicia. El Consejo General del Poder Judicial*, 587. Valladolid: Universidad de Valladolid, 1996.

Simon, Dieter. *La independencia del juez*. Barcelona: Ariel, 1985.

Slapper, Gary, and David Kelly. *The English Legal System*, 2017.

Solís, David Ordóñez. *Jueces, Derecho y Política. Los Poderes del Juez en una Sociedad Democrática*. Editorial Aranzadi, Navarra, 2004.

Stammler, Rudolf. “El Juez.” In *Lecturas de Filosfoia del Derecho*, II:323 a 463. Mexico: Dirección General del Anales de Jurisprudencia y Boletín Judicial, 2001.

Tobeñas, José Castám. *Poder Judicial e Independência Judicial*. Madrid: Instituto Editorial Reus, 1951.

Volpi, Mauro. “Informe Nacional. Itália. Consiglio Superiore della Magistratura e Sistema Político in Italia.” In *El Gobierno del Poder Judicial. Una Perspectiva Comparada*, 369 a 375. Madrid: Centro de Estudios Políticos y Constitucionales, 2012.

Zanon, Nicolò, and Francesca Biondi. *Il Sistema Costituzionale Della Magistratura*. 2. ed. Bologna: Zanichelli, 2008.

DOCUMENTOS

1882

“Journal Officiel de la République Française. Chambre des Députés.58.ª Séance, 10 Juin 1882,” Juin 1882. https://gallica.bnf.fr/ark:/12148/bpt6k6385087m/f1.item.

“Journal Officiel de la République Françaose. Chambre des Députés. 55.ª Séance, 5 Juin 1882,” Juin 1882. https://gallica.bnf.fr/ark:/12148/bpt6k6385084c/f1.item.

1883

“Journal Officiel de la République Françaose. Chambre des Députés. 7.ª Séance, 20 Janvier1883.,” 1883. https://gallica.bnf.fr/ark:/12148/bpt6k6513228c.

“Journal Officiel de la République Française. Chambre des Députes 12.ª Séance, 29 Janvier 1883,” January 29, 1883. https://gallica.bnf.fr/ark:/12148/bpt6k6513233p/f1.image.

“Journal Officiel de la République Française. Chambre des Députes 31.ª Séance, 10 Mars 1883,” March 11, 1883.

“Journal Officiel de la République Française. Chambre des Députes 54.ª Séance, 24 Maio 1883,” May 25, 1883. https://gallica.bnf.fr/ark:/12148/bpt6k6513276f/f1.image.

"Journal Officiel de la République Française. Chambre des Députes 55.ª Séance, 26 May 1883," May 27, 1883. https://gallica.bnf.fr/ark:/12148/bpt6k6513276f/f9.item#.

1946

"Journal Officiel de la République Française. Débats de L'Assemblée Nationale Constituante 1eme séance, 17 Avril 1946," Avril 1946. http://4e.republique.jo-an.fr/?q=17+avril+1946.

1947

"Journal Officiel de la République Française n.º 267. Lois 47-1366 du 22 Julliet 1947," November 14, 1947. http://lexpol.cloud.pf/document.php?document=18-8619&deb=381&fin=385&titre=TG9pIG7CsCA0Ny0xMzY2IGR1IDIzLzA3LzE5NDc=.

2021

"Proclamation des résultats des votes émis par le Peuple français à l'occasionde sa consultation par voie de referendum, le 13 Octobre 1946." Accessed February 5, 2021. https://gallica.bnf.fr/ark:/12148/bpt6k96173475/f2.item.

JURISPRUDÊNCIA

"Ação Direta de Constitucionalidade n. 12-MC. (ADC 12-MC)," February 16, 2006. https://redir.stf.jus.br/paginadorpub/paginador.jsp?docTP=AC&docID=372910.

"Ação Direta de Inconstitucionalidade - ADI 3.367 DF," 2006. https://stf.jusbrasil.com.br/jurisprudencia/14738814/acao-direta-de-inconstitucionalidade-adi-3367-df.

LEGISLAÇÃO

Emenda Constitucional n.º 45, de 30 de Dezembro de 2004 (2004). http://www.planalto.gov.br/ccivil_03/constituicao/emendas/emc/emc45.htm.

Emenda Constitucional n.º 7/1977 (1977). http://www.planalto.gov.br/ccivil_03/constituicao/emendas/emc_anterior1988/emc07-77.htm.

Legge 24 marzo 1958, n. 195. Norme sulla costituzione e sul funzionamento del Consiglio superiore della Magistratura. (1958). https://www.normattiva.it/uri-res/N2Ls?urn:nir:stato:legge:1958-03-24;195.

Lei Complementar n.º 35/1979 Lei Orgânica da Magistratura - LOMAN (1979). https://www.trt24.jus.br/arq/download/biblioteca/alertas/LOMAN_ANOTADA.pdf.

"Ley 1/80, 10 enero," enero 1980. https://www.boe.es/boe/dias/1980/01/12/pdfs/A00837-00842.pdf.

"Ley, 2/2001, 28 Junio," June 28, 2001. https://www.boe.es/eli/es/lo/2001/06/28/2/dof/spa/pdf.

"Ley Orgânica 6/1985, 1 de Julio," July 1, 1985.

"Lois 30 Aout 1883," Aout 1883. https://gallica.bnf.fr/ark:/12148/bpt6k5823821b/f5.item.texteImage.

"Ordonnance nº 58-1270 du 22 décembre 1958," Décembre 1958. https://publicofficialsfinancialdisclosure.worldbank.org/sites/fdl/files/assets/law-library- files/France_Judiciary%20Law_1958_%28as%20amended%29_fr.pdf.

"Projet de constitution du 19 avril 1946," n.d. https://mjp.univ-perp.fr/france/co1946p.htm.

1923. https://www.gazzettaufficiale.it/eli/gu/1923/12/31/306/sg/pdf.

"REGIO DECRETO 30 dicembre 1923, n. 2786. Testo unico delle disposizioni sull'ordinamento degli uffici giudiziari e del personale della magistratura," de Dicembre 1923. https://www.gazzettaufficiale.it/eli/gu/1923/12/31/306/sg/pdf.

BIBLIOGRAFIA GERAL

Agostinho. *Confissões*. Braga: Livraria Apostalado da Imprensa, 1990.

Aroca, Juan Montero. *Independencia y Responsabilidad del Juez*. Madrid: Civitas, 1990.

Austin, John. *The Province of Jurisprudence Determined*. Cambridge Texts in the History of Political Thought. Cambridge; New York, NY: Cambridge University Press, 1995.

Bacon, Francis. *The Essays or Counsels, CIivil and Moral*. USA: The Pennsylvania State University, 1998.

Bentham, Jeremy. *The Principles of Morals and Legislation*. Great Books in Philosophy Series. Buffalo, N.Y: Prometheus Books, 1988.

Bérenger, Jean, Contamine, Philippe, Durand, Yves and Rapp, Francis. *História Geral da Europa*. Vol. 2. 3 vols. Lisboa: Europa-América, 1987.

Bertrand, François-Guillhem. "El Gobierno de la Justicia en Francia." In *El Gobierno de la Justicia. El Consejo General del Poder Judicial*, 587. Universidad de Valladolid, 1996.

Bloch, Marc. *La Société Féodale*. Paris: Albin Michel, 1973.

Bobbio, Norberto. *O positivismo jurídico: lições de filosofia do direito*. São Paulo: Ícone, 2006.

Brito, Wladimir. *Teoria geral do processo*, 2019.

Caetano, Marcello. *História do Direito Português - 1140-1495*. Lisboa: Editorial Verbo, n.d.

Cicerón, Marco Tulio, and José. Guillén Cabañero. *Sobre la República; Sobre las leyes*. 3a. ed., Reimp. Madrid: Tecnos, 2002.

Condorcet. *Réflexions sur les pouvoirs & instructions a donner par les Provinces a leur Députés aux États-Généreaux*. Paris, 1789.

——— *Projet de Constituition Françoise présenté à la Convention Nationale*. A Montauban, 1793. https://archive.org/details/projetdeconstitu00cond/page/38/mode/2up/search/Tribunaux.

Domínguez, Valentín Cortés. "Naturaleza del Consejo General del Poder Judicial." In *El Gobierno de la Justicia. El Consej General del poder Judicial*, 173 a 180. Valladolid: Universidad de Valladolid, 1996.

Forsthoff, Ernst. *Traité de Droit Administratif Allemand*. Bruxelles: Émile Bruylant, 1969.

García Pascual, Cristina. *Legitimidad Democrática y Poder Judicial*. Estudios Universitarios 66. Valencia: Edicions Alfons el Magnànim, Institució Valenciana d'Estudis i Investigació: Generalitat Valenciana, Diputació Provincial de València, 1997.

Garnot, Benoît. *Historie des Juge en France de l'Áncien Régime à nos Jours*. Nouveau Monde, n.d.

Gilissen, John. *Introdução histórica ao direito*. 2. ed. Lisboa: Fund. Calouste Gulbenkian, 1995.

Grimal, Piere, J.- P. Millotte, and René Raynal. *História Geral da Europa*. Vol. 1. 3 vols. Lisboa: Europa-América, 1986.

Hamilton, Alexander, James Madison, John Jay, and Viriato Soromenho Marques. *O Federalista*. Lisboa: Edições Colibri, 2003.

Hassemer, Winfried, Arthur Kaufmann, and Gregorio Robles. *El pensamiento jurídico contemporáneo*. Madrid (España): Editorial Debate, 1992.

Hauriou, André, Jean Gicquel, and Patrice Gélard. *Droit Constitutionnel et Institutions Politiques*. 6. éd. Paris: Montchrestien, 1975.

Heck, Philipp. *Interpretação da Lei e a Jurisprudência dos Interesses*. Coimbra: Arménio Amado, Editor, 1947.

Hernández Martín, Valeriano. *Independencia Del Juez y Desorganización Judicial*. Monografías Civitas. Madrid, España: Centro de Publicaciones del Ministerio de Justicia, 1991.

Hespanha, António Manuel. *Cultura Jurídica Europeia*. Coimbra: Almedina, 2012.

———. *História das Intituições. Época Medieval e Moderna*. Coimbra: Almedina, 1982.

———. *Justiça e Litigiosidade: História e Prospectiva*. Lisboa, Portugal: Funadação Calouste Gulbenkian, 1993.

———. *Cultura Jurídica Europeia*. Coimbra: Almedina, 2012.

Hugo, Victor. *Servilité de la Magistrature Impériale sous le Despotisme de Napoléon-le-Petit*. Paris: Hachette, Livre BNF, 1871.

Jouvenel, Robert. *La République des Camarades*. 2ª. Éditons Équateurs, 2014.

Kahn, Paul W. *The Reign of Law: Marbury v. Madison and the Construction of America*. New Haven, Conn.: Yale Univ. Press, 1997.

Karsch, Friederun and Schmiederer Ursula. "Evolución Funcional del Poder Legislativo." In *Introdución a la Ciencia Politica*, 373. Barcelona: Anagrama, 1971.

Krynen, Jacques. *L'Idéologie de La Magistrature Ancienne*. Bibliothèque Des Histoires. Paris: Gallimard, 200932.

Lambert, Edouard. *Le gouvernement des juges et la lutte contre la legislation sociale*. Paris: Ed. Dalloz, 2005.

Larenz, Karl. *Metodologia da Ciência do Direito*. Lisboa: Calouste Gulbenkian, 1978.

Locke, John. *Ensaio sobre a Verdadeira Origem, Extensão e Fim do Governo Civil*. Lisboa: Edições70, 1999.

Loewenstein, Karl. *Teoria de la Constitución*. Barcelona: Ariel, 1976.

Luhmann, Niklas. *La Legitimation Par La Procedure*. Laval: Les Presses de L'Universite Laval, 2001.

———. *Sociologia do Direito*. Vol. 1. 2 vols. Rio de Janeiro: Tempo Brasileiro, 1983.

———. *Sociologia Do Direito*. Vol. 2. 2 vols. Rio de Janeiro: Tempo Brasileiro, 1985.

Luque, Luis Aguiar de. "El Gobierno Judicial en el Derecho Comparado: Entre la Dirección Política y la Gestión Administrativa." In *El Gobierno del Poder Judicial. Una Perspectiva Comparada*, 25. Madrid: Centro de Estudios Políticos y Constitucionales, 2012.

Malberg, R. Carré de. *Contribuition à la Théorie Générale de l'État*. Paris: Recueil Sirey, 1920.

Masson, Gérard. *Les Juges et le Pouvoir*. Langres: Moreau Syros, 1977.

——— *Les Juges et le Pouvoir*. Langres: Moreau Syros, 1977.

1. 2 vols. Lisboa: Editorial Estampa, 1985.

Mattoso, José. *Identificação de um País. Ensaio sobre as Origens de Portugal. 1096-1325*. Vol. 1. 2 vols. Lisboa: Editorial Estampa, 1985.

Mayer, David N. *The Constitutional Thought of Thomas Jefferson*. 1. paperpack ed. Constitutionalism & Democracy, n.d.

Mecham, Leonidas Ralph. *The Federal Court System in the United States*. Washington, D.C: Administrative Office of the U.S. Courts, 2011.

Merkl, Adolf. *Teoria General del Derecho Administrativo*. Madrid: Revista de Derecho Privado, 1935.

Michelet, Jules. *Histoire de la Révolution française. 1: ...* 3. réimpr. Bouquins. Paris: Laffont, 1988.

———. *Historie de la Révolutin Française*. Paris: J Hetzel, 1868.

Montesquieu. *De L'Esprit Des Lois*. Vol. 2. 2 vols. Paris: Garnier-Flammarion, Paris, 1979.

———. *De L'Esprit des Lois*. Vol. 1. 2 vols. Paris: Garnier-Flammarion, paris, 1979.

Mountjoy, Shane. *Marbury v. Madison: Establishing Supreme Court Power*. Great Supreme Court Decisions. New York: Chelsea House, 2007.

Neves, António Castanheira. *O Instituto dos "Assentos" e a Função Jurídica dos Supremos Tribunais*. Coimbra: Coimbra Editora, 1983.

Pansieri, Flávio. "Conselho Nacional de Justiça." In *Enciclopédia Jurídica da PUCSP. Direito Administrativo e Constitucional*, 2:2 a 20. São Paulo: Pontifícia Universidade Católica de São Paulo,. Accessed July 28, 2022. https://enciclopediajuridica.pucsp.br.

Perron, Walter. "El Gobierno de la Justicia en Alemania." In *El Gobierno de la Justicia. El Consejo Genenral del Poder Judicial*, 587. Universidad de Valladolid, 1996.

Prélot, Marcel. *Institutions Politiques et Droit Constitutionnel*. Paris, 1957.

Rivero, Jean. *Direito Administrativo*. Coimbra: Almedina, 1981.

Roosevelt, Theodore. "A Charter for Democracy, Discurso de Theodore Roosevelt Em Ohio Na Convenção Constitucional," February 1912. Https://teachingamericanhistory.org/library/document/a-charter-for-democracy/. https://teachingamericanhistory.org/library/document/a-charter-for-democracy/.

Rousselet, Marcel. *Histoire de la Magistrature Française des Origines à nos Jours*. Vol. 2. 2 vols. Paris: Librairie Plon, 1957.

———. *Histoire de la Magistrature Française des Origines à nos Jours*. Vol. 1. 2 vols. Paris: Librairie Plon, 1957.

Russell, Peter H. "Toward a General Theory of Judicial Independence." In *Judicial Independence in the Age of Democracy. Critical perspectives from Around the World*, 325. Charlotteville: University Press of Virginia, 2001.

Samaniego, Jose Luis Manzanares. "Las Atribuciones del Consejo General del Poder Judicial." In *El Gobieno de la Justicia. El Consejo General del Poder Judicial*, 109 a 125. Valladolid: Unversidad de Valladolid, 1996.

Schwartz, Bernard. *Main Currents in American Legal Thought*. Durham, N.C: Carolina Academic Press, 1993.

Senese, Salvatore. "El Gobierno de la Justicia en Italia." In *El Gobierno de la Justicia. El Consejo General del Poder Judicial*, 587. Valladolid: Universidad de Valladolid, 1996.

Sieyès, Emmanuel. "Opinions sur les Attributions et L'Organisation du Jury Constitutionnaire," 1795.

———. *Qu'est Que Le Tier État?* Paris: Sociète de l'Historie de la Révolution Française, 1888.

Simon, Dieter. *La independencia del juez*. Barcelona: Ariel, 1985.

Slapper, Gary, and David Kelly. *The English Legal System*, 2017.

Slaugther-House v. The Crescent City LIive-Stock Landing, Judge Miller (Supreme Court of United States. 1873).

Soares, Rogério E. *Direito Público e Sociedade Técnica*. Coimbra Editora, 1969.

Solís, David Ordóñez. *Jueces, Derecho y Política. Los Poderes del Juez en una Sociedad Democrática*. Editorial Aranzadi, Navarra, 2004.

Stammler, Rudolf. "El Juez." In *Lecturas de Filosfoia del Derecho*, II:323 a 463. Mexico: Dirección General del Anales de Jurisprudencia y Boletín Judicial, 2001.

Stelzer, Manfred. *The Constitution of the Republic of Austria: A Contextual Analysis*. Constitutional Systems of the World. Oxford; Portland, OR: Hart Pub, 2011.

Stoner, Jones R. "Common Law and Liberal Theory: Coke, Hobbes, and the Origins of American Constitutionalism." Univ. Press of Kansas, 1992.

Thayer, James Bredly. *Legal Essay*. Oxford: Oxford University Press, 1908.

Thouret, Jacques Gillaume. "Discours sur la Réorganization du Pouvoir Judiciaire la Justice," n.d. Archives parlementaires de 1787 à 1860,. Accessed May 20, 2020.

Tobeñas, José Castám. *Poder Judicial e Independência Judicial.* Madrid: Instituto Editorial Reus, 1951.

Tocqueville, Alexis. *L´Ancien Régime et la Révolution.* Paris: Michel Lévi Frères, s/d.

———. *O Antigo Regime e a Revolução.* Brasília: Editora Universitária de Brasília, 1979.

———.*De la Démocracie en Amérique.* Paris: Institut Coppet, 2012.

Tort, Olivier. "La magistrature française face aux deux Restaurations (1814-1815),." *Révue d'Histoire du XIXéme Siècle,* no. 49 (2014). https://doi.org/10.4000/rh19.4749.

Volpi, Mauro. "Informe Nacional. Itália. Consiglio Superiore della Magistratura e Sistema Político in Italia." In *El Gobierno del Poder Judicial. Una Perspectiva Comparada,* 369 a 375. Madrid: Centro de Estudios Políticos y Constitucionales, 2012.

Voltaire. "Dictionnaire Philosophique." In *Oeuvres Philosophiques.* Arvensa, 2020.

———. *Oeuvres Philosophiques.* Arvensa, 2020.

Zanon, Nicolò, and Francesca Biondi. *Il Sistema Costituzionale Della Magistratura.* 2. ed. Bologna: Zanichelli, 2008.

DOCUMENTOS

1881

"Journal Officiel de la République Française. Chambre des Députes. 38.ª Séance, 26 March 1881," March 26, 1871. https://gallica.bnf.fr/ark:/12148/bpt6k2093198v.

1882

"Journal Officiel de la République Française . Chambre des Députés 52.ª Séance, 30 May 1882," 1882. https://gallica.bnf.fr/ark:/12148/bpt6k97574028.

"Journal Officiel de la République Françaose. Chambre des Députés. 55.ª Séance, 5 Juin 1882," Juin 1882. https://gallica.bnf.fr/ark:/12148/bpt6k6385084c/f1.item.

"Journal Officiele de la République Françaose. Chambre des Députés. 56.ª Séance, 6 Juin 1882.," Juin 1882. https://gallica.bnf.fr/ark:/12148/bpt6k6385084c/f18.item.

"Journal Officiel de la République Française. Chambre des Députés.58.ª Séance, 10 Juin 1882," Juin 1882. https://gallica.bnf.fr/ark:/12148/bpt6k6385087m/f1.item.

1883

"Journal Officiel de la République Française . Chambre des Députes 5.ª Séance, 15 Janvier 1883," January 15, 1883. https://gallica.bnf.fr/ark:/12148/bpt6k65132254/f1.item.

"Journal Officiel de la République Française. Chambre des Députés. 5.ª Séance, 15 Janvier 1883," January 16, 1883. https://gallica.bnf.fr/ark:/12148/bpt6k65132254

Chambre des Députés. Session Ordinaire. 5.ª Séance de 16 Janvier 1883, publicado em 17 Janvier 1883. https://gallica.bnf.fr/ark:/12148/bpt6k6513226j

Chambre de Députés. Sessoion Ordinaire. 7ª.ª Séance de 20-01-1883. Publcado em 20 Janvier 1883. https://gallica.bnf.fr/ark:/12148/bpt6k6513228c

Chambre des Députés. Session Ordinaire 8ª Séance de 22 Janvier 1883. Publicado em 23 Janvier 1883. https://gallica.bnf.fr/ark:/12148/bpt6k6513229s

"Journal Officiel de la République Française . Chambre des Députes 10.ª Séance, 25 Janvier 1883," January 26, 1883. https://gallica.bnf.fr/ark:/12148/bpt6k6513231v/f1.item

"Journal Officiel de la République Française . Chambre des Députes 10.ª Séance, 25 Janvier 1883," January 26, 1883. https://gallica.bnf.fr/ark:/12148/bpt6k6513231v/f1.item

"Journal Officiel de la République Françaose. Chambre des Députés. 7.ª Séance, 20 Janvier1883.," 1883. https://gallica.bnf.fr/ark:/12148/bpt6k6513228c.

"Journal Officiel de la République Française . Chambre des Députes 12.ª Séance, 29 Janvier 1883," January 29, 1883. https://gallica.bnf.fr/ark:/12148/bpt6k6513233p/f1.image.

"Journal Officiel de la République Française . Chambre des Députes 31.ª Séance, 10 Mars 1883," March 11, 1883.

"Journal Officiel de la République Française . Chambre des Députes 54.ª Séance, 24 Maio 1883," May 25, 1883. https://gallica.bnf.fr/ark:/12148/bpt6k6513276f/f1.image.

"Journal Officiel de la République Française . Chambre des Députes 55.ª Séance, 26 May 1883," May 27, 1883. https://gallica.bnf.fr/ark:/12148/bpt6k6513276f/f9.item#.

"Journal officiel de la République française. Débats parlementaires. Chambre des députés 61.ª Séance, 5 Juin 1883," Juin 1883. https://gallica.bnf.fr/ark:/12148/bpt6k6513283k.

"Journal officiel de la République française. Débats parlementaires. Chambre des députés 99.ª Séance, 1 Aout 1883," August 1, 1883. https://gallica.bnf.fr/ark:/12148/bpt6k6435819d/f1.image.

"Journal Officiel de la République Française . Chambre des Députes 15.ª Séance, 13 Novembre 1905," November 13, 1905.

1905

"Journal Officiel de la République Française . Chambre des Députes 15.ª Séance, 13 Novembre 1905," November 13, 1905.

1946

"Journal Officiel de la République Française . Débats de L'Assemblée Nationale Constituante 1eme séance, 17 Avril 1946," Avril 1946. http://4e.republique.jo-an.fr/?q=17+avril+1946.

1947

"Journal Officiel de la République Française n.º 267. Lois 47-1366 du 22 Julliet 1947," November 14, 1947.

1969

Senato della Republica - V Legislatura. 69.ª Seduta Publica, https://www.senato.it/service/PDF/PDFServer/BGT/395452.pdf

DOCUMENTOS RELATIVOS À REFORMA DA ORGANIZAÇÃO JUDICIÁRIA.

Pretende-se somente autonomizar os documentos que se referem a essa reforma, mas que podem estar já indicado nos documentos acima, sem essa concreta indicação.

Réforme de l' Organisation Judiciaire. Chambre des Députés. Session Ordinaire. 56.ª Séance de 06 Juin 1882. Publicado a 07 Juin 1882. https://gallica.bnf.fr/ark:/12148/bpt6k6385085s

Réforme de l' Organisation Judiciaire. Chambre des Députés. Session Ordinaire. 57.ª Séance de 10 Juin 1882. Publicado em 11 Juin 1882. https://gallica.bnf.fr/ark:/12148/bpt6k6385087m

Réforme de l' Organisation Judiciaire. Chambre des Députés. Session Ordinaire, 4.ª Séance de 15 Janvier 1883. Publicado a 16 Janvier 1883. https://gallica.bnf.fr/ark:/12148/bpt6k65132254.

Réforme de l' Organisation Judiciaire. Chambre des Députés. Session Ordinaire. 5.ª Séance de 16 Janvier 1883, publicado em 17 Janvier 1883.," January 17, 1883. Bibliothèque Nationale de France. https://gallica.bnf.fr/ark:/12148/bpt6k6513226j.

Réforme de l' Organisation Judiciaire. Chambre de Députés. Session Ordinaire. 7.ª Séance de 20-01-1883. Publicado em 20 Janvier 1883. https://gallica.bnf.fr/ark:/12148/bpt6k6513228c

Réforme de l' Organisation Judiciaire. Chambre des Députés. Session Ordinaire 8ª Séance de 22 Janvier 1883. Publicado em 23 Janvier 1883. https://gallica.bnf.fr/ark:/12148/bpt6k6513229s

"Proclamation des résultats des votes émis par le Peuple français à l'occasionde sa consultation par voie de referendum, le 13 Octobre 1946." Accessed February 5, 2021. https://gallica.bnf.fr/ark:/12148/bpt6k96173475/f2.item.

JURISPRUDÊNCIA

"Ação Direta de Constitucionalidade n. 12-MC. (ADC 12-MC)," February 16, 2006. https://redir.stf.jus.br/paginadorpub/paginador.jsp?docTP=AC&docID=372910.

"Ação Direta de Inconstitucionalidade - ADI 3.367 DF," 2006. https://stf.jusbrasil.com.br/jurisprudencia/14738814/acao-direta-de-inconstitucionalidade-adi-3367-df.
Coppage v. Kansas, (U.S. Supreme Court January 25, 1915).
Davidson v. New Orleans, Judge Miller (U.S. Supreme Court 1878).
Glass v Ives, No. 29743 (Louisina Supreme Court June 17, 1929).
Godcharles and Cª v. Wiegeman, Gordon (Supreme Court of Pensnsylvanie 1886).
Holmes. Otis v. Parker, Judge Holmes (U.S. Supreme Court 1903).
Agostinho, Santo. *Confissões*. Braga: Livraria Apostalado da Imprensa, 1990.
Coppage v. Kansas, (U.S. Supreme Court January 25, 1915).
Davidson v. New Orleans, Judge Miller (U.S. Supreme Court 1878).
Glass v Ives, No. 29743 (Louisina Supreme Court June 17, 1929).
Godcharles and Cª v. Wiegeman, Gordon (Supreme Court of Pensnsylvanie 1886).
Hitchman Coal & Coke Company v. Mitchell, Individually et ali., Judge Pitney (Supreme Court of United States. 1917).
Holmes. Otis v. Parker, Judge Holmes (U.S. Supreme Court 1903)
Jouvenel, Robert. *La République des Camarades*. 2ª. Éditons Équateurs, 2014.
Kahn, Paul W. *The Reign of Law: Marbury v. Madison and the Construction of America*. New Haven, Conn.: Yale Univ. Press, 1997.
Lambert, Edouard. *Le gouvernement des juges et la lutte contre la legislation sociale*. Paris: Ed. Dalloz, 2005.
Lochner v. New York, No. 198 U.S. 45 (1905). 292 (U.S. Supreme Court April 17, 1906).
"Lois 30 Aout 1883," Aout 1883. https://gallica.bnf.fr/ark:/12148/bpt6k5823821b/f5.item.texteImage.
Masson, Gérard. *Les Juges et le Pouvoir*. Langres: Moreau Syros, 1977.
Mayer, David N. *The Constitutional Thought of Thomas Jefferson*. 1. paperpack ed. Constitutionalism & Democracy, n.d.
Mountjoy, Shane. *Marbury v. Madison: Establishing Supreme Court Power*. Great Supreme Court Decisions. New York: Chelsea House, 2007.
United States v. Morrison, Judge Rehnquist (Supreme Court of the United States 2000).

LEGISLAÇÃO

Emenda Constitucional n.º 45, de 30 de Dezembro de 2004 (2004). http://www.planalto.gov.br/ccivil_03/constituicao/emendas/emc/emc45.htm.
Emenda Constitucional n.º 7/1977 (1977). http://www.planalto.gov.br/ccivil_03/constituicao/emendas/emc_anterior1988/emc07-77.htm.
Legge 24 marzo 1958, n. 195. Norme sulla costituzione e sul funzionamento del Consiglio superiore della Magistratura. (1958). https://www.normattiva.it/uri-res/N2Ls?urn:nir:stato:legge:1958-03-24;195.

Legge 689, de 31 de Ottobre de 1907, https://www.gazzettaufficiale.it/eli/gu/1907/10/31/258/sg/pdf

Legge 24 marzo 1958, n. 195. Norme sulla costituzione e sul funzionamento del Consiglio superiore della Magistratura. https://www.normattiva.it/uri-res/N2Ls?urn:nir:stato:legge:1958-03-24;195

Legge 17 giugno 2022, n. 71. Deleghe al Governo per la riforma dell'ordinamento giudiziario e per l'adeguamento dell'ordinamento giudiziario militare, nonché disposizioni in materia ordinamentale, organizzativa e disciplinare, di eleggibilità e ricollocamento in ruolo dei magistrati e di costituzione e funzionamento del Consiglio superiore della magistratura. https://www.gazzettaufficiale.it/eli/gu/2022/06/20/142/sg/pdf

Legge 14 luglio 1907, n. 511, https://www.gazzettaufficiale.it/eli/gu/1907/07/23/174/sg/pdf

Lei Complementar n.º 35/1979 Lei Orgânica da Magistratura - LOMAN (1979). https://www.trt24.jus.br/arq/download/biblioteca/alertas/LOMAN_ANOTADA.pdf.

"Ley 1/80, 10 enero," enero 1980. https://www.boe.es/boe/dias/1980/01/12/pdfs/A00837-00842.pdf.

"Ley, 2/2001, 28 Junio," June 28, 2001. https://www.boe.es/eli/es/lo/2001/06/28/2/dof/spa/pdf.

"Ley Orgânica 6/1985, 1 de Julio," July 1, 1985.

"Lois 30 Aout 1883," Aout 1883. https://gallica.bnf.fr/ark:/12148/bpt6k5823821b/f5.item.texteImage.

"Ordonnance de 15 Fevrier 1815," Février 1815. https://books.google.pt/books?id=nq0_AAAAcAAJ&pg=RA1-PA920&lpg=RA1-PA920&dq=Ordonnance+15+F%C3%A9vrier+1815&source=bl&ots=Yd1wJzMxaG&sig=ACfU3U0Rnh3WRYwoQi8VSVpb5uYwy5HAww&hl=pt-PT&sa=X&ved=2ahUKEwjuuYmek_ftAhVTBGMBHTZxDM04FBDoATAFegQIBRAC#v=onepage&q=Ordonnance%2015%20F%C3%A9vrier%201815&f=false.

"Ordonnance de 15 Fevrier 1815," Février 1815. https://books.google.pt/books?id=nq0_AAAAcAAJ&pg=RA1-PA920&lpg=RA1-PA920&dq=Ordonnance+15+F%C3%A9vrier+1815&source=bl&ots=Yd1wJzMxaG&sig=ACfU3U0Rnh3WRYwoQi8VSVpb5uYwy5HAww&hl=pt-PT&sa=X&ved=2ahUKEwjuuYmek_ftAhVTBGMBHTZxDM04FBDoATAFegQIBRAC#v=onepage&q=Ordonnance%2015%20F%C3%A9vrier%201815&f=false.

"Ordonnance nº 58-1270 du 22 décembre 1958," Décembre 1958. https://publicofficialsfinancialdisclosure.worldbank.org/sites/fdl/files/assets/law-library- files/France_Judiciary%20Law_1958_%28as%20amended%29_fr.pdf.

"RegioDecreto 30 dicembre 1923, n. 2786. Testo unico delle disposizioni sull'ordinamento degli uffici giudiziari e del personale della magistratura," de Dicembre 1923. https://www.gazzettaufficiale.it/eli/gu/1923/12/31/306/sg/pdf.

Regio Decreto Legislativo 31 maggio1946, n.511. Guarentigie della Magistratura. https://www.consiglionazionaleforense.it/documents/20182/42852/Regio+Decreto+Legislativo+31+maggio+1946%2C+n.+511/a8e8fefb-521d-4119-82cb-7395e0ec8ed2
Richterwahlgesetz, http://www.gesetze-im-internet.de/riwg/RiWG.pdf

PROJECTOS DE LEI

"Projet de constitution du 19 avril 1946," n.d. https://mjp.univ-perp.fr/france/co1946p.htm.
1923. https://www.gazzettaufficiale.it/eli/gu/1923/12/31/306/sg/pdf.

ÍNDICE